O sonho de d'Alembert
e outros escritos

FUNDAÇÃO EDITORA DA UNESP

Presidente do Conselho Curador
Mário Sérgio Vasconcelos

Diretor-Presidente / Publisher
Jézio Hernani Bomfim Gutierre

Superintendente Administrativo e Financeiro
William de Souza Agostinho

Conselho Editorial Acadêmico
Divino José da Silva
Luís Antônio Francisco de Souza
Marcelo dos Santos Pereira
Patricia Porchat Pereira da Silva Knudsen
Paulo Celso Moura
Ricardo D'Elia Matheus
Sandra Aparecida Ferreira
Tatiana Noronha de Souza
Trajano Sardenberg
Valéria dos Santos Guimarães

Editores-Adjuntos
Anderson Nobara
Leandro Rodrigues

DENIS DIDEROT

O sonho de d'Alembert
e outros escritos

Tradução
Maria das Graças de Souza

Organização
Pedro Paulo Pimenta

© 2023 Editora Unesp

Títulos originais:
Les Principes philosophiques sur la matière et le mouvement
Le Rêve de D'Alembert
Eléments de Physiologie

Direitos de publicação reservados à:
Fundação Editora da Unesp (FEU)
Praça da Sé, 108
01001-900 – São Paulo – SP
Tel.: (0xx11) 3242-7171
Fax: (0xx11) 3242-7172
www.editoraunesp.com.br
www.livrariaunesp.com.br
atendimento.editora@unesp.br

Dados Internacionais de Catalogação na Publicação (CIP) de acordo com ISBD
Elaborado por Odilio Hilario Moreira Junior – CRB-8/9949

D555s	Diderot, Denis
	O sonho de D'Alembert e outros escritos / Denis Diderot; organizado por Pedro Paulo Pimenta; traduzido por Maria das Graças de Souza. – São Paulo: Editora Unesp, 2023.
	Inclui bibliografia. ISBN: 978-65-5711-095-9
	1. Filosofia. 2. Denis Diderot. 3. Materialismo. I. Pimenta, Pedro Paulo. II. Souza, Maria das Graças de. III. Título.
	CDD 100
2023-670	CDU 1

Editora afiliada:

Sumário

O materialismo biológico de Diderot . *7*
  Pedro Paulo Pimenta

Princípios filosóficos da matéria e do movimento . *19*

O sonho de d'Alembert . *29*

Continuação de uma conversa entre o sr. d'Alembert
    e o sr. Diderot . *31*
O sonho de d'Alembert . *51*
Continuação da conversa precedente Interlocutores:
    srta. de Lespinasse, Bordeu . *115*

Elementos de Fisiologia . *125*

Primeira parte: Dos seres . *127*
Segunda parte: Elementos e partes do corpo humano . *161*
Terceira parte: Fenômenos do cérebro . *249*

Índice de nomes próprios . *309*

O materialismo biológico de Diderot

> O estudo da medicina e da fisiologia está para a metafísica como o da geometria está para o da lógica. Não há boa metafísica sem um conhecimento extenso das duas primeiras ciências e de seus diferentes ramos; não há boa lógica sem a aplicação direta do método e dos princípios da geometria.
>
> Jacques-André Naigeon,
> *Memória sobre a vida e a obra de Diderot*, 1821.

Qual o lugar de Diderot na história do pensamento biológico? Quando o filósofo morreu, em 1784, não existia a disciplina científica e acadêmica a que damos o nome de "biologia". No espaço que depois seria ocupado por ela, encontramos uma pletora de saberes, reunidos sob a alcunha de história natural, e que, a essa altura do século, empenhavam-se em investigar os seres vivos utilizando os métodos e os princípios da filosofia natural de Newton. Era possível ser newtoniano de diferentes maneiras, mas quase todas as pessoas que comungavam desse credo — dentre elas filósofas importantes, como a marquesa de Châtelet — tendiam a concordar que a grande contribuição do geômetra inglês para a filosofia é o método indutivo. Este consiste em chegar às leis gerais a partir da análise dos casos particulares, feita pela observação e confirmada pela experimentação. O século XVII fora o dos grandes sistemas, que apregoavam a dedução das leis do mundo a partir de princípios universais e necessários encontrados na razão e exprimidos na língua da matemática (geometria analítica, cálculo algébrico). Os sistemas criados no século XVIII, a começar pelo do próprio Newton, exposto com elegância impecável no último livro dos *Princípios matemáticos de filosofia natural* (1679), têm outro feitio. O universal dá lugar ao geral, e o método substitui a *mathesis* — em cada ciência, a generalização deve respeitar as particularidades constitutivas da classe de objetos de que ela se ocupa.

A história natural não se parece muito com o que entendemos hoje por ciência, assemelhando-se mais a uma arte — na qual os melhores resultados são produzidos pelos homens mais talentosos (no período que nos interessa, não há mulheres naturalistas de vulto). A análise dos fenômenos fisiológicos nem sempre corrobora as generalizações previamente estabelecidas pelos naturalistas, introduzindo exceções que não raro levam à revisão de teses até há pouco tidas como certas. Domínio da verdade provisória, a história natural vai acumulando, entre 1749, com Buffon, e 1859, com Darwin, conhecimentos cada vez mais ricos e preciosos, que, no entanto, parecem resistir à sistematização definitiva. Não por acaso, a síntese da *Origem das espécies* é produto de um golpe de gênio — a aplicação, sem mais, do modelo político-econômico da escassez ao reino da natureza, por definição estranho à economia política — e prescinde inteiramente do conhecimento do mais importante, as leis de transmissão dos caracteres adquiridos no decorrer do processo de seleção natural.

O sonho de d'Alembert e outros escritos

Diderot não ficaria espantado com esse evento tão inusitado na história do conhecimento da vida. Em 1753, ele publica um panfleto intitulado *Pensamentos sobre a interpretação da natureza*, no qual defende que, enquanto a geometria e a álgebra são ciências cultivadas por homens talentosos e estudiosos, a história natural é província do gênio, que adivinha a verdade da natureza por trás do "véu" com que ela insiste em se furtar ao observador desavisado. Pensava, sem dúvida, nos inúmeros achados dos tratados biológicos de Aristóteles, esse monumento até hoje inigualado, se pensarmos que foi erguido sobre os alicerces de uma física que quase nos parece de outro mundo. Mas pensava também em Maupertuis, que na *Vênus física* (1753) esboça uma teoria da geração e da reprodução a partir de um esquema puramente formal de manutenção dos caracteres específicos nas sucessivas gerações de indivíduos, e em Buffon, que, recusando a via da classificação taxonômica, proposta por Lineu, que conduz do sexo das plantas à existência de Deus, punha o acento na desproporção entre o entendimento humano, com sua ânsia de estabilidade, e o fluxo constante de uma natureza que parece não conhecer nenhum limite. Literalmente perdido no mundo, o homem se põe em seu centro por conveniência metodológica, que lhe permite instituir uma ordem, uma hierarquia, e, logo, uma inteligibilidade que depende unicamente dessa ficção de que haveria um centro, que seria ocupado pela sua espécie.

Esse recurso um pouco desesperado, e, convenhamos, bastante precário, é a consequência necessária do abandono do postulado da centralidade humana garantido pelo Antigo Testamento e por inúmeras outras mitologias, inclusive as que não são de extração semítica. Discretamente, a partir de 1753-54, a história natural se torna uma disciplina ateia, que dispensa a

Denis Diderot

ideia de uma divindade e muitas vezes chega mesmo a contestá-la. Para Diderot, tudo o que é necessário ao conhecimento dos seres vivos é a ideia de um arquétipo geral das formas orgânicas, a partir do qual derivam, por combinação ao acaso, embora constante, protótipos de espécies e, a partir destes, os indivíduos. Adotado pelos anatomistas, esse recurso metodológico substitui a metafísica da criação. É verdade que uma tensão permanece. Buffon se vê obrigado, por recomendação de amigos censores, a temperar seu ateísmo e a mencionar, sempre que oportuno, um Deus, é verdade que bastante exíguo, nas páginas de sua *História natural*. O próprio Darwin se enreda nessa teia, declarando a existência de um criador que parece ter um gosto peculiar pelas soluções complicadas e imperfeitas, tendo em vista os resultados altamente insatisfatórios da seleção natural – quando comparados, por exemplo, à perfeição matemática das leis da física.

Mais uma vez, Diderot percebeu o mais importante, quando declarou, em carta a Voltaire datada de 1758, que o império da geometria está em vias de ser contestado pelos naturalistas – que dispensam o uso da matemática como crivo último do que é ou não ciência. A ousadia e a insolência desse diagnóstico se explicam, ao menos em parte, pelo discernimento de que a crença nas verdades geométricas, de resto amparada pela razão em seu uso mais saudável, é a derradeira morada da teologia. Como poderia haver uma ordem perfeita sem uma inteligência perfeita? Apenas no século XXI é que os arautos da matematização começam a se dar conta desse problema, empenhando-se, inclusive, em dar à teoria da evolução uma roupagem matemática que não a comprometa com uma teologia disfarçada. Note-se o seguinte: falar em "relojoeiro cego" é insistir na ideia do artífice, ainda que pela via negativa, privilegiando-se a visão.

O sonho de d'Alembert e outros escritos

Mas basta ler a *Carta sobre os cegos para uso dos que veem* para se dar conta, nos passos de Diderot, de que a visão é, precisamente, o sentido da ilusão metafísica, sendo a cegueira um privilégio que conduz ao conhecimento da inexistência de um artífice. Ordem sem sentido, regularidade sem necessidade, sistema sem perfeição: tais são os contrassensos metafísicos que a história natural impõe ao século XVIII, e que continuam a desafiar nosso senso comum (científico e filosófico, inclusive).

* * *

Os três escritos aqui reunidos expõem o cerne do pensamento biológico de Diderot. Seria um desacerto buscar em suas páginas um avanço em relação às teorias correntes na época ou, pior, a prefiguração do que, visto retrospectivamente, estaria por vir (mas poderia não ter vindo). Para tirar proveito da leitura, é preciso pôr de lado, por um instante, o que sabemos ou pensamos saber sobre o desenvolvimento da biologia como ciência. O pensamento filosófico de Diderot se desenvolveu a partir de uma lógica própria e tem uma dinâmica reflexiva interna, que o autor faz questão de deixar muito clara em cada uma das peças que escreveu.

Os *Princípios*, o *Sonho* e os *Elementos* pertencem a um período, que começa em 1768, no qual Diderot, desembaraçado das obrigações que havia vinte anos o prendiam à edição da *Enciclopédia*, pode, enfim, retomar o projeto de uma filosofia da natureza, tal como esboçado na já mencionada *Interpretação*, de 1753. Com uma diferença importante, pois, agora, ele pode contar com aliados – os médicos e fisiologistas da Escola de Montpellier – que embasam a ideia de que toda a matéria é dotada de sensibilidade, e, portanto, de que a diferença entre o vivo e o inerte é de

Denis Diderot

grau, e não de gênero. Esses fisiologistas, Théophile de Bordeu à frente, contribuem com dezenas de verbetes da *Enciclopédia*, nos quais a investigação dos fenômenos vitais é realizada em conformidade ao preceito newtoniano, com prioridade para a observação: o que o médico vê e sente no seu paciente obriga-o a pensar leis gerais para fenômenos aparentemente desconexos, obtendo uma representação coerente do ser vivo, ou do organismo.

Isso obriga uma revisão gramatical, pois, até então, vigorara no século, via de regra, a metáfora do ser vivo como máquina (pensemos no cérebro como computador, processador etc.). A origem dessa figuração é cartesiana, e depende, com efeito, do postulado metafísico, que Descartes se empenha em demonstrar, da existência de duas substâncias, a alma espiritual e inextensa, e o corpo, extenso e material. Elas se combinam na joia da criação, o homem, de uma maneira tal que não se encontra em nenhum outro ser vivo – todo o resto são autômatos, ou puras máquinas. Estamos simplificando uma história bem mais rica, mas é o suficiente para o que nos interessa aqui. Pois, em 1768, quando Diderot começa a escrever os três diálogos que compõem a peça central deste volume – *O sonho de d'Alembert* –, muita gente já percebeu que a teoria cartesiana não resiste à observação de alguns fatos triviais, dentre os quais a presença de sensibilidade, sentimento e razão em outros animais que não os humanos, o que sugere fortemente a inutilidade da ideia de alma para a fisiologia. Se é verdade, como quer Descartes, que os animais não têm alma, e se, como tudo indica, eles raciocinam, melhor inferir, em nome da parcimônia, que o animal humano não precisa de alma para raciocinar. Esse pequeno sofisma não é proposto por Diderot em nenhuma parte, mesmo porque a primeira conversa entre dois personagens – "Diderot" e "d'Alembert" – começa

12

em trono de um "ponto" misterioso de matéria a partir do qual se desenvolvem todas as propriedades do ser pensante, inclusive desse ilustre geômetra que foi também, durante um tempo, coeditor da *Enciclopédia*, ao lado de Diderot. Cai o dualismo, e a ideia de máquina tem de ser revista. Diderot escreve a torto e a direito, inclusive nas páginas aqui traduzidas, que o animal é uma máquina, que o corpo humano é uma máquina, e assim por diante. Mas pensa no que ele chama de máquina natural ou máquina orgânica: não tanto um produto técnico fabricado por uma inteligência quanto um sistema organizado de tal maneira que cada uma das partes se refere às demais, formando um todo, que se reproduz e que, ao fazê-lo, varia de aspecto sem, no entanto, perder a forma fundamental.

Estamos, alguém diria, a um passo de Darwin, mas não cedamos a essa doce tentação. Algo ainda mais saboroso nos aguarda. A variação, tal como pensada por Diderot, a transformação da matéria organizada, é uma ideia poética, que ele colhe junto a Virgílio, a Horácio, a Lucrécio, mas, principalmente, ao Ovídio das *Metamorfoses*. O ser vivo do *Sonho de d'Alembert* é um paradoxo encantador, aranha que se tece a si mesma, enxame de abelhas, cacho de uvas, crisálida que voa sem direção nem destino. Em constante transformação, a Natureza é fluxo, e a forma é ilusão – a relatividade da vida e da morte, a transitoriedade das espécies, a ausência de sentido, a força de uma sensibilidade eterna e onipotente, que se põe e se renova sem nenhuma intenção e que vai deixando, no rastro desse processo terrível, uma benesse incomparável: o prazer que todo ser vivo tem de desfrutar de uma sensibilidade que cada um sente como sua (o seu "eu", dirá a filosofia moral, cometendo um abuso – justificável – de palavras).

Denis Diderot

* * *

Talvez o efeito mais curioso dos escritos "biológicos" de Diderot aqui reunidos seja a impressão de alucinação que eles provocam no leitor. Élisabeth de Fontenay cunhou a expressão "materialismo encantado" para se referir a esse efeito: uma doutrina que não esclarece muita coisa, mas, em compensação, desperta e anima uma reflexão que, de tão intensa e prazerosa, funciona como o atestado da sua pertinência. O efeito alucinatório é dissimulado, nos *Elementos de fisiologia*, pelo ar sisudo da exposição — o que não é suficiente para conter a irrupção, em numerosas passagens, de um registro aforismático que, decididamente, põe Diderot na companhia dos irmãos Schlegel. No *Sonho de d'Alembert*, a cabeça do leitor oscila desde a apresentação dos personagens, todos eles calcados em figuras reais, ainda vivas na época da composição: "d'Alembert" e "Diderot", o "Dr. Bordeu" já mencionado e "Julie de l'Espinasse", amiga íntima do geômetra. Não é este o lugar para dissecar a estrutura da ação, de resto evidente desde a primeira leitura. Mas gostaríamos de mencionar alguns elementos que a tornam especialmente interessante; a começar pela desavença entre Diderot, o materialista, e d'Alembert, o cético, passando pela agilidade das trocas entre Bordeu e Julie, até as sugestões maliciosas que, ao longo das conversas, vão sugerindo que a reprodução e o gozo ligado a ela são o motor da Natureza em constante e eterno movimento. Tudo se passa como se, nesse teatro de claro e escuro, a fabulação sobre a ordem levasse à celebração da libertinagem — sexual, por certo, mas também, e principalmente, intelectual. Convém não esquecer, o pensamento, excretado pelo cérebro, é tão físico quanto qualquer outro produto dos processos fisiológicos do

O sonho de d'Alembert e outros escritos

corpo animal. Deliberadamente infiel aos modelos reais, inclusive a si mesmo, Diderot imortaliza essas pessoas ao transformá-las em personagens difíceis de esquecer, e cuja companhia relutamos em abandonar. Mas não há problema: o, *Sonho de d'Alembert*, escrito tão desconcertante quanto elegante, é dessas obras que o leitor frequenta com proveito, descobrindo algo novo e inesperado a cada vez.

* * *

Os escritos que formam este volume foram publicados postumamente, os *Princípios* em 1798, o *Sonho* em 1823, os *Elementos de fisiologia* em 1875. Unidos por uma temática em comum, diferem consideravelmente quanto à forma e ao estilo. Os *Princípios* têm a aparência de um pequeno tratado filosófico; os diálogos do *Sonho* são estruturados à maneira dos atos de um drama; os *Elementos*, obra inacabada, oferecem a propedêutica filosófica para uma nova ciência. O agrupamento entre eles, jamais sugerido por Diderot, foi adotado por Dieckmann e Varloot no volume 17 das Obras completas, que serviu de base às presentes traduções (Paris: Hermann, 1987). Como se espera de um escritor de seu porte, Diderot varia o estilo conforme as exigências de cada um desses gêneros, dominando com maestria a demonstração, a conversação e a dogmática. Mas essa unidade tem algo de provisório, e não deve fechar, aos nossos olhos, as aberturas desses escritos para outros, compostos no mesmo período, e também publicados postumamente. Embora não lidem diretamente com isso que estamos chamando de filosofia da natureza, obras como *O sobrinho de Rameau*, *Suplemento à viagem de Bougainville*, *Jacques, o Fatalista* e *Paradoxo do comediante* são em

15

alguma medida indispensáveis, se quisermos ter uma ideia justa do escopo em que o *Sonho* se insere, trazendo consigo e justificando a existência dos *Princípios* e dos *Elementos* — peças que não teriam o mesmo interesse sem o tríptico de diálogos que as liga entre si. Em todo caso, temos aí, nesses grandes textos de maturidade, o testemunho da envergadura de Diderot como filósofo e como escritor. Nas placas que sinalizam o boulevard Diderot em Paris, ele é dito "filósofo", à diferença de Voltaire, que, em seu boulevard, é nomeado "escritor". Qualquer um que tenha se dedicado à difícil tarefa de vertê-lo fielmente a partir do francês sabe que essas duas ocupações eram, para ele, como, de resto, também para Voltaire, inseparáveis. As traduções que se seguem foram realizadas com a intenção de trazer para nossa língua senão toda ao menos uma boa parte da leveza, da agilidade e do gênio filosófico desse autor incomparável.

* * *

Dirigindo-se a nós sem ter a intenção de fazê-lo, pronunciando-se a partir de um século, de uma época cada vez mais estranha à nossa, Diderot, filósofo da natureza, é portador de um segredo que nos interessa conhecer. Para haver biologia, foi preciso antes haver materialismo — não como uma ontologia alternativa às existentes, mas como ponto de vista da enunciação do "real": da sua realização no discurso.

Pedro Paulo Pimenta
Universidade de São Paulo, janeiro de 2023

Alguns estudos

BARROUX, G. *La Médécine de l'Encyclopédie*: entre tradition et modernité. Paris: CNRS, 2017.

CHOUILLET, J. *Diderot poète de l'énergie*. Paris: PUF, 1984.

CURRAN, A. *Diderot, a arte de pensar livremente*. Trad. João Geraldo Couto. São Paulo: Todavia, 2019.

DELON, M. *Diderot*: le cul par-dessus tête. Paris: Albin Michel, 2013.

DUCHESNEAU, F. Diderot et la physiologie de la sensibilité. *Dix-huitème siècle*, v.31, 1999, p.195-216.

DUFLO, C. *Diderot*: du matérialisme à la politique. Paris: CNRS Éditions, 2013.

FONTENAY, E. *Diderot ou le matérialisme enchanté*. 2.ed. Paris: Grasset, 2001.

FRANCE, P.; STRUGNELL, A. (Eds.). *Diderot*: les derniers années. Edinburgh: University Press, 1985.

FRANKLIN DE MATTOS. *A cadeia secreta*. 2.ed. São Paulo: Editora Unesp, 2018.

NAIGEON, J.-P. *Mémoires historiques et philosophiques sur la vie de Diderot*. Ed. Caroline Warman. Disponível em: https://books.openedition.org/obp/16144. Acesso em: 10 jul. 2022.

QUINTILLI, P. Introduction. In: DIDEROT, D. *Éléments de physiologie*: texte établi, présenté et commenté par Paolo Quintilli. Paris: Honoré Champion, 2004.

REY, R. *Naissance et dévelopement du vitalisme en France*. Oxford: Voltaire Foundation, 2000.

ROGER, J. *Les sciences de la vie dans la pensée française du dix-huitième siècle*. 2. ed. Paris: Albin Michel, 1970.

SOUZA, M. G. *Natureza e ilustração*: sobre o materialismo de Diderot. São Paulo: Editora Unesp, 2002.

STAROBINSKI, J. *Diderot, un diable de ramage*. Paris: Gallimard, 2013.

STENGER, G. *Nature et liberté chez Diderot après l'Encyclopédie*. Paris: Universitas, 1994.

WARMAN, C. *The Atheist's Bible*: Diderot and the Éléments de physiologie. Cambridge: Open Book Publishers, 2020.

WENGER, A. *Le médecin et le philosophe*: Théophile de Bordeu selon Diderot. Paris: Hermann, 2012.

WILSON, A. *Diderot*. Tradução de Bruna Torlay. São Paulo: Perspectiva, 2012.

*Princípios filosóficos da
matéria e do movimento*

Princípios filosóficos da matéria e do movimento

Não sei qual o sentido da suposição dos filósofos de que a matéria é indiferente ao movimento e ao repouso. O que há de certo é que todos os corpos gravitam uns para os outros, que todas as partículas dos corpos gravitam umas para as outras, e que, neste universo, tudo está em translação ou *in nisu*, ou em translação e *in nisu* ao mesmo tempo.

Essa suposição dos filósofos se parece com as daqueles geômetras que admitem pontos sem nenhuma dimensão, linhas sem largura ou profundidade, superfícies sem espessura, e falam, ainda, no repouso relativo de uma massa em relação a outra. Em um barco atingido pela tempestade, tudo se encontra em repouso relativo e nada está em repouso absoluto, nem mesmo as moléculas agregadas do barco ou dos corpos que ele contém.

Se eles não concebem num corpo qualquer uma tendência nem ao repouso nem ao movimento, é porque, aparentemente, tomam a matéria como homogênea, abstraem todas as suas qualidades essenciais e a consideram inalterável, no instante, quase indivisível, em que se dá a sua especulação. Raciocinam sobre o repouso relativo de um agregado em relação a outro, mas se esquecem de que, enquanto raciocinam sobre a indiferença do corpo em relação ao movimento ou ao repouso, o bloco de mármore tende à dissolução. Suprimem, em pensamento, o movimento geral que anima todos os corpos, que promove a ação de uns sobre os outros em particular e que destrói a todos eles. Mas essa indiferença, em si mesma falsa, é momentânea e não anula as leis do movimento.

O corpo não tem por si mesmo ação nem força, no dizer de certos filósofos. Trata-se de uma afirmação inteiramente falsa e contrária à boa física e à boa química. O corpo é, em si mesmo, pleno de ação e força, pela natureza de suas qualidades essenciais, tanto em suas moléculas quanto em massa.

Para representar o movimento, acrescentam eles, *é preciso imaginar, além da existência da matéria, também uma força que atue sobre ela*. Mas não se trata disso. Pois a molécula, dotada de uma qualidade própria à sua natureza, é por si mesma uma força ativa, que se exerce sobre outra molécula que, por sua vez, exerce sua força sobre ela. Todos esses paralogismos se devem à falsa suposição de que a matéria é homogênea. Poderiam os senhores, que tão facilmente imaginam a matéria em repouso, imaginar também o fogo em repouso? Tudo na natureza tem uma ação própria, e esse aglomerado de moléculas chamado fogo não é exceção. Cada molécula tem aí sua natureza, sua ação.

A verdadeira diferença entre o repouso e o movimento consiste no seguinte. O repouso absoluto é um conceito abstrato que não existe na natureza, o movimento é uma qualidade tão real quanto comprimento, largura e profundidade. Que me importa o que se passa em sua cabeça? Que me importa se considera a matéria homogênea ou heterogênea? Se, abstraindo de suas qualidades e considerando apenas a sua existência, a encontra em repouso? Se, por conseguinte, busca por uma causa que a move? Faça com a geometria e a metafísica o que bem entender; eu, que sou físico e químico, tomo os corpos na natureza, não os extraio de minha cabeça. Vejo-os como eles existem, diversificados, revestidos de propriedades e ações, agitando-se no universo como num laboratório, em que uma fagulha que resvale numa combinação de três moléculas de salitre, carvão e enxofre, provocará, necessariamente, uma explosão.

O peso não é *tendência ao repouso*, é tendência ao movimento local.

Para que a matéria se mova, dizem ainda, *é necessária uma ação, uma força*, é claro que sim, exterior à molécula ou inerente, essencial, intrínseca a ela, que constitua sua natureza, de molécula ígnea, aquosa, nitrosa, alcalina ou sulfurosa. Qualquer que seja essa natureza, segue-se a ela uma força, ação dela fora de si mesma, ação das outras moléculas sobre ela.

A força que atua sobre a molécula se esgota; a força intrínseca não. É imutável, eterna. Essas duas forças podem produzir duas espécies de *nisus*: a primeira, um *nisus* que cessa; a segunda, um *nisus* que não cessa nunca. Logo, é absurdo dizer que a matéria realmente se opõe ao movimento.

Na natureza, a quantidade de força é constante, mas a soma dos *nisus* e das translações é variável. Quanto maior a soma dos *nisus*, menor a das translações, e, inversamente, quanto maior a das translações, menor a do *nisus*. O incêndio de uma cidade aumenta de um só golpe, em quantidade prodigiosa, a soma das translações.

Um átomo move o mundo: nada mais certo, assim como é certo que o mundo move o átomo. Pois o átomo tem uma força própria, que tem necessariamente um efeito.

O físico jamais poderia dizer *o corpo enquanto corpo*, isso não é mais física, é uma abstração que não leva a nada.

Não se deve confundir a ação com a massa. Pode haver uma grande massa e uma ação pequena. Uma molécula provoca a explosão de um bloco de aço. Para implodir um rochedo, bastam quatro grãos de pólvora.

Sem dúvida, quando comparamos um agregado homogêneo com outro agregado homogêneo da mesma matéria, quando falamos em ação e reação a propósito desses dois agregados, suas energias relativas estão em razão direta com suas massas. Mas, quando se trata de agregados heterogêneos, as leis deixam de ser as mesmas. Há tantas leis diversas quanto são as variedades de força própria e intrínseca de cada molécula elementar que constitui os corpos.

O corpo resiste ao movimento horizontal. O que significa isso? Sabemos que há uma força geral e comum a todas as moléculas do globo que habitamos, força que as pressiona, em direção perpendicular ou quase, contra a superfície do globo. Mas existem mil outras forças contrárias a essa força geral e comum. Filetes de ouro rodopiam num tubo de vidro aquecido. Um furacão enche o ar de poeira. O calor volatiza a água, a água volatizada traz consigo moléculas de sal; quando essa massa pousa sobre a terra, o ar age sobre ela, transforma sua superfície em cal metálico, e começa a destruir esse corpo. O que digo sobre as massas vale também para as moléculas.

Toda molécula é animada por três espécies de ação: a do peso, ou gravitação, a da força intrínseca própria à sua natureza, seja ela água, fogo, ar ou enxofre, e a de todas as outras moléculas sobre ela. Essas três ações podem ser divergentes ou convergentes. Se forem convergentes, a molécula terá a ação mais forte possível. Para se ter uma ideia dessa ação, seria necessário fazer uma série de suposições absurdas, e como que situar a molécula numa situação, na verdade, metafísica.

Em que sentido se pode dizer que a resistência de um corpo ao movimento será maior quanto maior for a sua massa? Não no sentido de que quanto maior for a sua massa, mais fraca será a sua pressão contra um obstáculo. Todo estivador sabe que é o contrário. A resistência só é maior quando a direção do movimento se opõe à pressão do corpo. Nessa direção, é certo que sua resistência ao movimento será maior quanto maior for a sua massa. Também na direção da gravidade, é igualmente certo que a sua pressão ou força, ou tendência ao movimento, cresce em razão de sua massa. Mas, afinal, o que isso significa? Nada.

Eu não me surpreendo ao ver um corpo cair, não mais do que ao ver uma chama subir, ou a água se esparramar por todos os lados e ter um peso proporcional à sua altura e base, de modo que, com pouca quantidade de fluido, é possível quebrar os vasos mais sólidos, ou ver ainda, na máquina de Papin, que o vapor em expansão dissolve os corpos mais duros, ou, na bomba d'água, eleva os corpos mais pesados. Mas, quando detenho meu olhar no agregado geral dos corpos, vejo que tudo é ação e reação, que tudo é destruído sob uma forma e recomposto em outra, vejo sublimações, dissoluções, combinações de todas as espécies, fenômenos incompatíveis com a homogeneidade da matéria: e concluo que ela é heterogênea, que existe na natureza uma infinidade de elementos os mais diversos, que cada um desses elementos tem, por sua diversidade, uma força particular, inata, imutável, eterna, indestrutível, e que essas forças intrínsecas ao corpo atuam fora do corpo. Vejo, numa palavra, de onde vem o movimento, ou melhor, a fermentação geral do universo.

Que fazem os filósofos cujos erros e paralogismos eu refuto? Eles se atêm a uma única força, talvez comum a todas as moléculas da matéria. Se digo talvez, é porque não me surpreenderia se houvesse na natureza uma molécula que, adicionada a outra, tornasse mais leve a mistura resultante dessa reunião. Todos os dias, no laboratório, corpos inertes são volatizados por um corpo inerte. Quanto aos que não consideram no universo nada além da gravitação, que concluem pela indiferença da matéria ao repouso ou ao movimento, ou antes, pela tendência da matéria ao repouso, e pensam que, com isso, teriam resolvido a questão, eles apenas a resvalam.

Quando consideramos um corpo como dotado de maior ou menor resistência, mas não como dotado de gravitação, ou seja, pesado e tendente ao centro da terra, reconhecemos que ele tem uma força, uma ação própria e intrínseca. Mas existem muitas outras forças, algumas se exercem em todos os sentidos, outras em direções particulares.

A suposição de que existe um ser situado fora do universo material é impossível. Não se deve jamais fazer suposições como essa, pois delas não se pode inferir nenhuma existência.

Tudo o que se diz sobre a impossibilidade de aumento do movimento ou de velocidade derruba a hipótese da matéria homogênea. Mas o que isso importa, para aqueles que deduzem o movimento da matéria da sua heterogeneidade? A suposição de uma matéria homogênea está sujeita a muitos outros absurdos, além desse.

Se nos obstinarmos em considerar as coisas não como as encontramos em nossa própria cabeça, mas como elas existem no universo, poderemos nos convencer, a partir da diversidade dos fenômenos, de que há uma diversidade das matérias elementares, uma diversidade das forças, uma diversidade das ações e reações, e uma necessidade do movimento. Uma vez admitidas essas verdades, não se dirá mais: vejo que a matéria existe, e vejo-a primeiro em repouso, pois ficará claro que isso é uma abstração, da qual nada se pode concluir. A existência não implica nem repouso nem movimento; ela não é a única qualidade dos corpos.

Os físicos que supõem que a matéria é indiferente ao movimento e ao repouso não têm ideias claras da resistência. Para que pudessem concluir algo sobre a resistência, seria necessário que essa qualidade se exercesse indistintamente em todos os sentidos e que sua energia fosse a mesma em todas as direções, e então haveria uma força intrínseca, tal como a das moléculas. Mas essa resistência é tão variada quanto as direções em que o corpo possa ser empurrado, e é maior verticalmente do que horizontalmente.

A diferença entre o peso e a força de inércia é que o peso não resiste igualmente em todas as direções, enquanto a força de inércia resiste igualmente em todas as direções.

Por que a força de inércia não teria o efeito de reter o corpo em seu estado de repouso e de movimento? Não seria uma decorrência da noção de que a resistência é proporcional à quantidade de matéria? A noção de resistência pura se aplica igualmente ao repouso e ao movimento: ao repouso, quando o corpo está em movimento, ao movimento, quando o corpo está em repouso. Sem essa resistência, não poderia haver choque antes do movimento, pois o corpo não seria nada.

Na experiência da bola suspensa por um fio, a gravidade é anulada. A bola puxa o fio tanto quanto o fio puxa a bola. Logo, a resistência do corpo vem unicamente da força de inércia.

Denis Diderot

Se o fio puxasse a bola mais do que a gravidade, a bola iria para o alto. Se a bola fosse puxada mais pela gravidade do que pelo fio, ela iria para baixo. E assim por diante.

O sonho de d'Alembert

Continuação de uma conversa entre o sr. d'Alembert e o sr. Diderot

D'Alembert – Confesso que é difícil aceitar um ser que existe em algum lugar e não corresponde a nenhum ponto no espaço; que é inextenso e ocupa a extensão, e que se encontra inteiro em cada parte dessa extensão; que é essencialmente diferente da matéria, mas está unido a ela; que a segue e a move, sem se mover; que age sobre ela e sofre cada uma de suas vicissitudes; um ser do qual não tenho a menor ideia, e de uma natureza tão contraditória. Mas, outras obscuridades aguardam aquele que o rejeita; pois, afinal, se essa sensibilidade pela qual você o substitui é uma qualidade essencial da matéria, então segue-se que a pedra sente.

Diderot – E por que não?

D'Alembert – É difícil acreditar nisso.

Diderot – Sim, é difícil para quem a serra, entalha, tritura e não a ouve gritar.

D'Alembert – Eu gostaria que o senhor me dissesse que diferença existe entre o homem e a estátua, o mármore e a carne.

Diderot – Ela é mínima. Pode-se fazer mármore com carne, e carne com mármore.[1]

D'Alembert – Mas uma coisa não é a outra.

Diderot – Assim como essa força que o senhor chama de viva não é força morta.

D'Alembert – Não entendi.

Diderot – Eu me explico. O transporte de um corpo, de um lugar para outro, não é movimento, é apenas o seu efeito. O movimento se encontra igualmente no corpo que é transferido e no corpo que permanece imóvel.

D'Alembert – É uma maneira inusitada de ver as coisas.

Diderot – Mas nem por isso menos verdadeira. Tire o obstáculo que se opõe ao transporte do corpo imóvel de um lugar para outro, e ele será transferido. Suprima, por uma súbita rarefação, o ar que envolve este enorme tronco de carvalho, e a água que ele contém entrará imediatamente em expansão e o dispersará em mil pedaços. Digo o mesmo sobre o seu corpo.

D'Alembert – Que seja. Mas qual a relação entre o movimento e a sensibilidade? Por acaso reconheceria uma sensibilidade ativa e uma sensibilidade inerte, assim como há uma força viva e uma força morta? Uma força viva que se manifesta pela translação, uma força morta que se manifesta pela pressão; uma sensibilidade ativa, que se caracteriza por certas ações observáveis no animal e talvez na planta, e uma sensibilidade inerte, da qual

---

1 A ideia do mármore é discutida por d'Alembert no *Ensaio sobre os Elementos de filosofia*, "esclarecimentos", seções V, VIII (1759) (trad. Beatriz Sidou. Campinas: Editora da Unicamp, 2014).

poderíamos nos certificar pela passagem ao estado de sensibilidade ativa?

Diderot – Perfeito. É o que o senhor disse.

D'Alembert – Assim, a estátua tem apenas uma sensibilidade inerte, e o homem, o animal, quem sabe a planta, uma sensibilidade ativa.

Diderot – Sem dúvida, existe essa diferença entre o bloco de mármore e o tecido da carne; mas, como deve imaginar, não é a única.

D'Alembert – Certamente que não. Qualquer que seja a semelhança entre a forma externa do homem e a da estátua, não há relação alguma entre suas organizações internas. O cinzel do mais hábil escultor não poderia fazer sequer uma pedaço de pele. Mas, há um procedimento muito simples, se quisermos fazer com que uma força morta passe ao estado de força viva; é uma experiência que se repete diante de nossos olhos cem vezes por dia. Mas não vejo como um corpo poderia passar do estado de sensibilidade inerte ao de sensibilidade ativa.

Diderot – O senhor é que não quer ver. É outro fenômeno muito comum.

D'Alembert – E qual é, por favor, esse fenômeno tão comum?

Diderot – Vou lhe dizer, já que quer passar vergonha. Isso acontece todas as vezes que come.

D'Alembert – Todas as vezes que eu como!

Diderot – Sim; pois, ao comer, o que o senhor faz? Retira os obstáculos que se opunham à sensibilidade ativa do alimento, assimila o alimento a si mesmo, faz carne com ele, e o animaliza.

O que o senhor faz com um alimento, eu farei com o mármore, quando quiser.

D'Alembert – Mas como?

Diderot – Ora, como? Tornando-o comestível.

D'Alembert – Não me parece fácil.

Diderot – Cabe a mim lhe indicar o procedimento. Tomo esta estátua que o senhor tem diante de si, coloco-a num pilão e, com golpes fortes do soquete...

D'Alembert – Mais cuidado, por favor: é a obra-prima de Falconet! Se fosse uma peça de d'Huez ou de outro qualquer...[2]

Diderot – A Falconet pouco importa. Ele recebeu pela estátua, não faz muito caso da estima presente e nenhum da futura.

D'Alembert – Vamos então; pulverize-a.

Diderot – Quando o bloco de mármore estiver reduzido a um pó finíssimo, misturo-o ao humo ou terra vegetal. Amasso bem a mistura e a umedeço. Deixo que apodreça por um ano ou dois, por um século, o tempo não importa. Quando o todo estiver transformado numa matéria mais ou menos homogênea, sabe o que farei?

D'Alembert – Tenho certeza de que não comerá humo.

Diderot – Não, mas há um meio de apropriação do humo por mim, de união entre nós, um *latus*, como lhe diria o químico.[3]

---

2 Étienne-Maurice Falconet (1716-1791), escultor francês. Amigo de Diderot, autor do verbete "Escultura" para a *Eciclopédia* (XI, 834; ver v.5 da edição brasileira); Jean-Baptiste d'Huez (1728-1793), escultor e acadêmico francês.

3 *Latus*: "[Rouelle] dá esse nome à parte do princípio que forma o exterior a partir do misto, sem que haja penetração". Diderot, Manuscrito do curso de Rouelle, ed. Christine Sehman, p.12.

O sonho de d'Alembert e outros escritos

D'Alembert – Esse *latus* é a planta?

Diderot – Isso mesmo. Nesse humo semeio ervilhas, repolhos e outras leguminosas. As plantas se alimentam da terra e eu me alimento das plantas.

D'Alembert – Verdadeira ou não, agrada-me essa passagem do mármore ao humo, do humo ao reino vegetal, e do vegetal ao animal, ou à carne.

Diderot – Eu faço, pois, da carne ou da alma, como diz minha filha,[4] uma matéria ativamente sensível. E, se com isso não resolvo o problema que o senhor havia proposto, pelo menos chego perto de resolvê-lo, pois há de convir que a distância entre um pedaço de mármore e um ser que sente é bem maior do que entre um ser que sente e um ser que pensa.

D'Alembert – Concordo. Mas nem por isso o ser sensível é um ser pensante.

Diderot – Antes de dar um passo a mais, permita-me que lhe conte a história de um dos maiores geômetras da Europa.[5] No início, o que era esse ser maravilhoso? Nada.

D'Alembert – Como nada! Nada se faz a partir do nada.

Diderot – O senhor toma as palavras ao pé da letra. Quero dizer que antes que sua mãe, a bela e malvada cônega Tencin, tivesse atingido a puberdade, e que o militar La Touche se tornasse

---

4 "Que belo caminho essa criança não percorreu sozinha! Ocorreu-me perguntar a ela, há alguns dias atrás, o que é a alma; ora, a alma, respondeu ela, é feita quando se faz a carne." Carta a Sophie Volland, 9 de agosto de 1769; *Correspondance de Diderot*, v.9, p.101. Marie-Angélique tinha então 15 anos de idade.

5 O próprio d'Alembert.

adolescente, as moléculas que iriam formar os primeiros rudimentos de meu geômetra estavam dispersas nas jovens e frá-
geis máquinas de uma e do outro, depois foram filtradas com
a linfa, circularam com o sangue, até que por fim se dirigiram
para os reservatórios destinados à sua reunião, os ovários de sua
mãe e os testículos de seu pai. Formou-se assim um raro germe,
levado, segundo a opinião mais comum, pelas trompas de Falópio até o útero, ligado ao útero por um longo pedículo, cres-
cendo sucessivamente e avançando para o estado de feto. Chega
o momento de deixar a obscura prisão: ele nasce, é abandonado
nos degraus da igreja de Saint-Jean-le-Rond, é retirado do asilo
de crianças órfãs e pendurado nos seios de uma boa vidraceira,
a sra. Rousseau. Amamentado, torna-se grande, de corpo e de
espírito, um literato, um físico, um geômetra. Como isso aconteceu? Com a alimentação e outras operações puramente mecânicas. Em poucas palavras, a fórmula geral é a seguinte: coma,
digira, *in vasi licito, et fiat homo secundum artem*.[6] Quem expusesse na
Academia de Ciências o progresso da formação de um homem
ou de um animal não empregaria nada além de agentes materiais,
cujos efeitos seriam, em sucessão, um ser inerte, um ser sensível,
um ser pensante resolvendo o problema da precessão dos equi-
nócios, um ser sublime, maravilhoso, que envelhece, enfraquece,
morre e é devolvido à terra vegetal.

D'Alembert – Então o senhor não acredita nos germes
preexistentes?[7]

---

6 "Em um recipiente legítimo, e torne-se um homem de acordo com a
arte." Ao que parece, fórmula cunhada por Diderot.

7 A teoria da pré-formação dos germes propõe que os corpos vivos esta-
riam dados em germe com a mesma forma que adquirem na maturidade

O sonho de d'Alembert e outros escritos

Diderot – Não.

D'Alembert – Ah, isso me agrada!

Diderot – São contra a experiência e contra a razão: contra a experiência, que procuraria inutilmente esses germes no ovo e na maioria dos animais, antes de certa idade; contra a razão, que nos ensina que a divisibilidade da matéria na natureza tem um término, embora não no entendimento, e que reluta muito em conceber um elefante formado por inteiro num átomo, e, nesse mesmo átomo, outro elefante formado por inteiro, e assim por diante, ao infinito.

D'Alembert – Mas, sem esses germes preexistentes, é impossível conceber a primeira geração dos animais.

Diderot – Se a questão da prioridade do ovo ou da galinha o incomoda, é porque o senhor supõe que os animais eram na origem tais como são hoje. Que tolice! Não sabemos como eles eram, e tampouco o que se tornarão. Pode ser que a pequena larva que se agita no lodo esteja se encaminhando para o estado de um grande animal, e que o animal enorme, que nos assusta com seu tamanho, esteja se encaminhando para o estado de larva, e seja, afinal, uma produção particular e fugaz deste planeta.

D'Alembert – Como pode dizer isso?

Diderot – Eu lhe dizia... Mas isso vai nos afastar de nossa discussão inicial.

---

de seu desenvolvimento. Contrapõe-se a ela a teoria da epigênese, formulada por Maupertuis na *Vênus física* (1749), segundo a qual a forma definitiva dos seres vivos é produto do desenvolvimento de germes que os contêm estruturalmente, porém não efetivamente (trad. Maurício de Carvalho Ramos. São Paulo: Scientiae Studia, 2005). A versão de Diderot para essa teoria é exposta mais à frente, na segunda conversa; ver nota 23.

D'Alembert – O que importa? Voltaremos a ela, ou não.

Diderot – Permitiria que eu retrocedesse alguns milhares de anos no tempo?

D'Alembert – Por que não? O tempo não é nada para a natureza.

Diderot – Concorda, então, que eu apague nosso sol?

D'Alembert – Sim, mesmo porque não será o primeiro a ser extinto.

Diderot – Uma vez apagado o sol, o que acontecerá? As plantas e os animais perecerão, e a Terra ficará solitária e muda. Reacenda esse astro, e no mesmo instante restabelecerá a causa necessária de uma infinidade de novas gerações. Mas eu não ousaria dizer se, na sequência dos séculos, as plantas e os animais que conhecemos seriam novamente produzidos ou não.

D'Alembert – Os mesmos elementos dispersos, uma vez reunidos, não produziriam resultados idênticos?

Diderot – É que tudo na natureza está ligado, e quem supõe um novo fenômeno ou traz de volta um instante passado cria um mundo novo.

D'Alembert – Um pensador profundo não poderia negar que é assim. Voltando, porém, ao homem, pois a ordem geral quis que ele existisse, gostaria de lembrar ao senhor que o mencionamos quando da passagem do ser sensível ao ser pensante.

Diderot – Eu me lembro bem.

D'Alembert – Francamente, eu ficaria muito grato se avançássemos. Estou um pouco aflito com esses pensamentos.

Diderot – Mesmo que eu não chegasse ao fim, o que isso diria contra o encadeamento de fatos incontestáveis?

D'Alembert – Nada, apenas que teríamos parado nesse ponto, simplesmente.

Diderot – E se quiséssemos ir além, seria lícito inventar um agente dotado de atributos contraditórios, uma palavra sem sentido, ininteligível?

D'Alembert – Não.

Diderot – O senhor poderia me dizer o que é a existência de um ser sensível, em relação a si mesmo?

D'Alembert – É a consciência de ter sido ele, desde o primeiro instante de sua reflexão até o momento presente.

Diderot – Qual o fundamento dessa consciência?

D'Alembert – A memória de suas ações.

Diderot – E se não houver memória?

D'Alembert – Nesse caso não haveria um eu, pois, como só sentiria sua existência no momento da impressão, não teria nenhuma história de sua vida, ela seria uma sequência descontínua de sensações sem ligação entre si.

Diderot – Muito bem. E o que é a memória? De onde ela vem?

D'Alembert – De uma certa organização, que cresce, se enfraquece e por vezes se perde por inteiro.

Diderot – Se, pois, um ser sensível, dotado de organização apropriada para a memória, liga as impressões que recebe, ele forma, por essa ligação, uma história, que é a da sua vida, e adquire consciência de si; ele nega, afirma, conclui, pensa.

D'Alembert – Parece-me que sim. Mas tenho ainda uma dificuldade.

Denis Diderot

Diderot – O senhor se engana; tem muitas outras.

D'Alembert – Mas uma é principal. Ao que eu saiba, só podemos pensar em uma coisa de cada vez, mas, para formar, não digo essas enormes cadeias de raciocínios que abarcam milhares de ideias, uma simples proposição, dir-se-ia que é preciso ter pelo menos duas coisas presentes, o objeto, que permanece sob o olho do entendimento, e a qualidade da qual ele se ocupa, afirmando-a ou negando-a a propósito desse mesmo objeto.

Diderot – Também penso assim, e por isso às vezes sou levado a comparar as fibras de nossos órgãos a cordas vibratórias sensíveis. A corda vibratória sensível oscila e ressoa por muito tempo após ter sido tocada. Essa oscilação, essa espécie de ressonância necessária, mantém presente o objeto enquanto o entendimento se ocupa da qualidade que convém a ele. As cordas vibratórias têm, além disso, outra propriedade, a de reverberar outras cordas. Desse modo, uma primeira ideia leva a uma segunda, ambas levam a uma terceira, as três a uma quarta, e assim por diante, sem que haja um limite fixo para as ideias que são despertadas, encadeadas, no filósofo que medita ou que ouve a si mesmo no silêncio e no escuro. Esse instrumento dá saltos espantosos. Uma ideia despertada pode estremecer um harmônico que se encontra num intervalo incomensurável com ela. Se esse fenômeno é observado entre duas cordas sonoras, inertes e separadas, não deve também ocorrer entre dois pontos vivos interligados, entre fibras sensíveis contínuas?

D'Alembert – Se não é verdade, é ao menos engenhoso. Mas somos tentados a crer que o senhor incorre, sem se dar conta, no inconveniente que queria evitar.

O sonho de d'Alembert e outros escritos

Diderot – Qual seja?

D'Alembert – Recupera a distinção entre duas substâncias.

Diderot – E o faço abertamente.

D'Alembert – Se examinar de perto, verá que faz do entendimento do filósofo um ser distinto do instrumento, uma espécie de músico que presta atenção nas cordas vibratórias e se pronuncia sobre a consonância ou dissonância entre elas.

Diderot – Pode ser que tenha dado ocasião a essa objeção; mas o senhor talvez não a dirigisse contra mim, se considerasse a diferença entre o instrumento-filósofo e o instrumento-cravo.[8] O instrumento filósofo é sensível, e é instrumento e músico ao mesmo tempo. Porque é sensível, tem a consciência momentânea do som que produz; porque é animal, tem memória. Essa faculdade orgânica, que liga os sons no próprio filósofo, também produz e conserva a melodia. Suponha que o cravo tenha sensibilidade e memória, e diga-me se ele não poderá repetir, e se não o fará por si mesmo, as árias que o senhor havia executado em suas teclas. Somos instrumentos dotados de sensibilidade e memória. Nossos sentidos são como teclas pinçadas pela natureza ao nosso redor, e que, com frequência, pinçam a si mesmas. Na minha opinião, o que se passa num cravo organizado como eu e o senhor é o seguinte. Há uma impressão, cuja causa está dentro ou fora do instrumento; há uma sensação, que nasce dessa impressão e perdura, pois é inconcebível que ela ocorra e se extinga num instante indivisível; há outra impressão, que

---

8 Para a ideia do filósofo como instrumento que se afina (ou se monta, de desmonta e remonta) a si mesmo, ver na *Enciclopédia* o verbete "Filósofo", de Dumarsais (v.12, p.509; edição brasileira v.6).

41

Denis Diderot

sucede à primeira e cuja causa também está dentro ou fora do animal; há uma segunda sensação, e, por fim, há vocábulos que a designam por meio de sons, naturais ou convencionais.

D'Alembert – Entendo. Portanto, se esse cravo sensível e animado fosse dotado das faculdades de se nutrir e se reproduzir, ele viveria e geraria, por si mesmo ou com sua fêmea, pequenos cravos vivos e ressonantes.

Diderot – Sem dúvida. Na sua opinião, que outra coisa é um pintassilgo, um rouxinol, um músico, um homem? E que diferença há entre o canário e um órgão mecânico? Está vendo este ovo? Com ele se derrubam todas as escolas de teologia e todos os templos da Terra. O que é este ovo? No início, é uma massa imperceptível, antes que o germe fosse nele introduzido. Introduza o germe e ele continua sendo uma massa imperceptível, pois esse germe é ele mesmo apenas um fluido inerte e grosseiro. Como esta massa passará a outra organização, à sensibilidade, à vida? Pelo calor. O que o calor produzirá nela? O movimento. Quais serão os efeitos sucessivos do movimento? Em vez de responder, sente-se ao meu lado e com os próprios olhos acompanhe cada uma das etapas. No início, é um ponto que oscila, um filamento que se distende e ganha cor; forma-se a carne; surgem um bico, pontas de asas, olhos, patas; uma matéria amarelada se divide e produz os intestinos: é um animal. Esse animal se move, se agita, grita; ouço seus gritos através da casca; ele é recoberto por uma penugem; vê. O peso de sua cabeça, que oscila, impele o seu bico, de maneira incessante, contra a parede interna de sua prisão. De súbito, ele irrompe a casca, deixa-a, perambula, voa, irrita-se, vai, volta, lamuria, sofre, ama, deseja, goza. Ele sente todas as vossas afecções, e pratica todas as vossas

O sonho de d'Alembert e outros escritos

ações. Defenderia, com Descartes, que é uma pura máquina de imitação?[9] Mas as crianças zombariam do senhor, e os filósofos replicariam que, se isto é uma máquina, o senhor é outra. Se reconhecer que entre o animal e o senhor não há mais que uma diferença mínima na organização, mostrará bom senso e razão, terá boa-fé. Mas, então, alguém poderia concluir, contra a sua intenção, que, com uma matéria inerte, disposta de certa maneira, impregnada de outra matéria inerte, dotada de calor e movimento, obtém-se sensibilidade, vida, memória, consciência, paixões, pensamento. Só lhe resta então tomar um destes dois partidos: imaginar que na massa inerte do ovo há um elemento oculto que aguardava o desenvolvimento para manifestar sua presença ou supor que esse elemento imperceptível se insinuou nela através da casca em determinado instante do desenvolvimento. Mas o que é esse elemento? Ocupava um espaço, ou não ocupava espaço algum? Como chegou a ele ou o deixou, sem se mover? Onde se encontrava? Que fazia ali ou alhures? Foi criado por um ato de necessidade? Existia? Aguardava um domicílio? Era homogêneo ou heterogêneo? Se homogêneo, era material; se heterogêneo, impossível conceber sua inércia antes do desenvolvimento do animal e sua energia no animal desenvolvido. Se o senhor prestar atenção no que diz, sentirá pena de si mesmo. Verá que, para não admitir uma suposição simples que explica tudo, a sensibilidade, propriedade geral da matéria ou produto da organização, o senhor renuncia ao senso comum e se precipita num abismo de mistérios, contradições e absurdos.

---

9 Descartes, *Discurso do método*, 5ª parte. (org. Pablo Rubén Mariconda. Trad. Pablo Rubén Mariconda et al. São Paulo: Editora Unesp, 2018).

Denis Diderot

D'Alembert – Uma suposição! Com que prazer o senhor não o diz! Mas, e se a sensibilidade fosse uma qualidade incompatível com a matéria?

Diderot – Como pode saber que ela é essencialmente incompatível com a matéria, o senhor que não conhece a essência de qualquer coisa que seja, nem da matéria nem da sensibilidade? Ou dirá que compreende a natureza do movimento, sua existência num corpo e sua comunicação de um corpo a outro?

D'Alembert – Mesmo sem conceber a natureza da sensibilidade e a da matéria, vejo que a sensibilidade é uma qualidade simples, uma, indivisível, e, portanto, incompatível com um sujeito ou suporte divisível.

Diderot – Galimatias metafísico-teológica. Como assim? Não vê que todas as qualidades, todas as formas sensíveis de que a matéria é revestida, são essencialmente indivisíveis? Não há nem mais nem menos impenetrabilidade; há a metade de um corpo redondo, mas não há metade da redondeza; há movimentos em maior ou menor número, mas não há movimento a mais ou a menos; não há metade, um terço ou um quarto de um pensamento. Se não existe no universo sequer uma molécula similar a outra e não existe numa molécula sequer um ponto similar a outro, o senhor há de convir que o próprio átomo é dotado de uma qualidade, de uma forma indivisível, e que a divisão é incompatível com a essência das formas, já que ela as destrói. Seja físico e aceite a produção de um efeito quando ele for produzido, por mais que não possa explicar a ligação entre a causa e o efeito. Seja lógico e não substitua uma causa que é, e que tudo explica, por outra, inconcebível, cuja ligação com o efeito é mais

O sonho de d'Alembert e outros escritos

inconcebível ainda, que introduz uma infinidade de dificuldades e não resolve nenhuma.

D'Alembert – Mas, e se eu renunciar a essa causa?

Diderot – Não restará mais que uma substância, no universo, no homem, no animal. O órgão mecânico é de madeira, o homem é de carne. O canário é de carne; o músico é de uma carne com organização diferente; mas, tanto um quanto o outro têm a mesma origem, a mesma formação, as mesmas funções e o mesmo fim.

D'Alembert – E como se estabelece a convenção dos sons entre esses dois cravos?

Diderot – Se um animal é um instrumento sensível perfeitamente semelhante a outro, dotado da mesma conformação, montado com as mesmas cordas, pinçado da mesma maneira, pela alegria, pela dor, pela fome, pela sede, pela cólica, pela admiração, pelo terror, mesmo nos polos ou sob a linha do Equador ele produzirá os mesmos sons. Isso explica por que as interjeições são mais ou menos as mesmas em todas as línguas, mortas ou vivas. A proximidade entre os sons de convenção deve ser extraída da necessidade e da proximidade que eles têm em suas origens. O instrumento sensível ou animal experimenta, a partir da produção de determinado som, este ou aquele efeito que ocorre fora dele. Ora, quando outros instrumentos sensíveis iguais a ele, ou outros animais semelhantes a ele se aproximam, afastam-se, pedem-lhe ou lhe oferecem algo, agridem-no, acariciam-no, esses efeitos se ligam em sua memória e na dos outros graças à formação dos sons. Observe que na convivência entre os homens tudo o que existe são ruídos e ações. E, para dar ao meu sistema toda a sua força, observe ainda que ele está sujeito à dificuldade insuperável que Berkeley propôs contra a existência dos corpos.[10] Pois, por um instante, o cravo sensível delira, pensa que está sozinho no mundo e que a harmonia do universo se encontra inteiramente nele.

D'Alembert – Haveria muito a dizer sobre isso.

Diderot – É verdade.

D'Alembert – Por exemplo, é difícil explicar, a partir do seu sistema, como formamos os silogismos e extraímos as consequências.

Diderot – É que não as extraímos: são todas extraídas pela natureza. Apenas enunciamos fenômenos conjugados, cuja ligação é necessária ou contingente, e que a experiência nos dá a conhecer: necessários em matemática, física e outras ciências rigorosas, contingentes em moral, política e outras ciências conjecturais.

D'Alembert – A ligação entre fenômenos é menos necessária num caso que no outro?

Diderot – Não. Mas a causa sofre muitas vicissitudes particulares que nos escapam, e não podemos contar infalivelmente com o efeito que se seguirá. A certeza que temos de que um homem violento vai se irritar com uma injúria não é como a certeza de que um corpo, ao bater noutro menor, o colocará em movimento.

D'Alembert – E quanto à analogia?

Diderot – Nos casos mais complexos, é uma simples regra de três, executada no instrumento sensível. Se um fenômeno

---

10 Berkeley, *Tratados sobre os princípios do conhecimento humano*, Introdução. (trad. Jaimir Conte. São Paulo: Editora Unesp, 2010).

O sonho de d'Alembert e outros escritos

conhecido na natureza é seguido por outro igualmente conhecido na natureza, qual não será o quarto fenômeno consequente a um terceiro, dado pela natureza ou imaginado por imitação da natureza? Se a lança de um guerreiro comum tem três metros de comprimento, qual não será o comprimento da lança de Ajax? Se consigo atirar longe uma pedra de dois quilos, Diomedes moverá rochedos inteiros. As passadas dos deuses e os saltos de seus cavalos corresponderão às relações imaginadas entre os deuses e o homem. A analogia é uma quarta corda harmônica, proporcional às três outras, cuja ressonância o animal espera sempre sentir em si mesmo, mas que nem sempre se sente na natureza. Pouco importa ao poeta; nem por isso ela é menos verdadeira. Para o filósofo, a questão é outra; ele tem sempre de interrogar a natureza, que, oferecendo-lhe com frequência um fenômeno inteiramente diferente daquele que ele havia presumido, mostra-lhe que a analogia o havia seduzido.

D'Alembert – Adeus, meu amigo; tenha uma boa noite e um bom descanso.

Diderot – Pode caçoar à vontade, mas, no travesseiro, sonhará com esta conversa, e, se parecer inconsistente, tanto pior para o senhor, que será obrigado a adotar hipóteses ridículas.

D'Alembert – É aí que se engana. Cético me deito, e cético acordarei.

Diderot – Cético? Mas como é possível ser cético?

D'Alembert – Esta não! Agora dirá que não posso ser cético? Quem sabe isso melhor do que eu?

Diderot – Conceda-me mais um instante.

D'Alembert – Que seja breve, pois tenho sono.

Diderot – De acordo. Acredita que haveria uma única questão controversa em relação à qual um homem poderia permanecer a favor e contra, com razões igualmente válidas de lado a lado?

D'Alembert – Não. A não ser que ele fosse o asno de Buridan.[11]

Diderot – Sendo assim, ninguém é realmente cético, já que, exceto pelas verdades matemáticas, que não comportam a menor incerteza, em todas as outras há um pró e um contra. A balança, pois, nunca é igual, é impossível que ela não se incline para o lado no qual acreditamos encontrar mais verossimilhança.

D'Alembert – Pela manhã vejo verossimilhança à minha direita, à tarde à minha esquerda.

Diderot – Ou seja, pela manhã o senhor é dogmático de um lado e pela tarde, de outro.

D'Alembert – E à noite, quando me lembro dessa inconstância de meus julgamentos, não acredito mais em nada daquilo em que acreditei durante o dia.

Diderot – Quer dizer que não se lembra mais da preponderância de uma opinião das duas entre as quais oscilou, que essa preponderância lhe parece demasiado tênue para sustentar um sentimento fixo, e toma o partido de não mais se ocupar de assuntos tão problemáticos, deixando a discussão para os outros.

D'Alembert – Provavelmente.

---

11 Paradoxo de Jean Buridan: um asno que tem diante de si, de um lado, um monte de feno, de outro, um balde d'água, morre paralisado, pois não consegue decidir entre qual dos dois deve escolher.

O sonho de d'Alembert e outros escritos

Diderot – Mas, se alguém lhe perguntasse qual dos dois partidos, em sã consciência, é aquele no qual encontra menos dificuldade – responda de boa-fé –, ficaria constrangido e personificaria o asno de Buridan?

D'Alembert – Creio que não.

Diderot – Então, meu amigo, se pensar bem, verá que nosso verdadeiro sentimento não é aquele a respeito do qual nunca vacilamos, mas aquele ao qual costumamos voltar.

D'Alembert – Parece-me que tem razão.

Diderot – Eu também acho. Boa noite, amigo; *memento quia pulvis es, et in pulverem reverteris.*[12]

D'Alembert – Isso é triste.

Diderot – E necessário. Dê ao homem, não digo a imortalidade, mas o dobro de tempo de vida, e verá o resultado.

D'Alembert – Que resultado? O que tenho com isso? Que aconteça o que tem de acontecer. Vou me deitar, boa noite.

---

12 Evocação irônica do Gênesis, III, 19: "Lembra-te que és pó, e ao pó voltarás".

O sonho de d'Alembert

Bordeu – E então? Alguma novidade? Ele continua doente?

Srta. de Lespinasse – Temo por ele; teve uma noite muito agitada.

Bordeu – Está acordado?

Srta. de Lespinasse – Ainda não.

Bordeu (*após ter se aproximado do leito de d'Alembert e apalpado seu pulso e sua pele*) – Isto não há de ser nada.

Srta. de Lespinasse – Acredita mesmo?

Bordeu – Sei o que digo. O pulso está bom... um pouco fraco... a pele está ligeiramente úmida... a respiração é fácil.

Srta. de Lespinasse – Não podemos ajudá-lo?

Bordeu – Não.

Srta. de Lespinasse – Tanto melhor, pois ele detesta os remédios.

Bordeu – Eu também. O que ele comeu no jantar?

Srta. de Lespinasse – Não quis nada. Não sei onde passou a tarde, mas voltou preocupado.

Bordeu – É uma pequena febre, que não terá consequências.

Srta. de Lespinasse – Quando chegou, vestiu seu roupão, pôs sua touca de dormir e se jogou na poltrona, onde adormeceu.

Bordeu – O sono é bom em qualquer lugar. Mas teria se sentido melhor na cama.

Srta. de Lespinasse – Ele se aborreceu com Antônio, que lhe dizia isso; foi preciso puxá-lo diversas vezes para fazê-lo se deitar.

Bordeu – É o que me acontece todos os dias, embora eu esteja bem.

Srta. de Lespinasse – Quando se deitou, em vez de repousar como sempre, pois dorme como uma criança, virou-se e se revirou, puxou os braços, afastou as cobertas e falou alto.

Bordeu – O que ele dizia? Falava sobre geometria?

Srta. de Lespinasse – Não; parecia um delírio. No começo, era um galimatias a respeito de cordas vibratórias e fibras sensíveis. Pareceu-me algo tão louco que, decidida a não mais deixá-lo sozinho de noite e sem saber o que fazer, puxei uma mesinha para perto de sua cama e me pus a escrever tudo o que pude captar de seus devaneios.

Bordeu – Boa solução, bem ao seu feitio. E pode-se ver o que a senhorita escreveu?

Srta. de Lespinasse – Não há problema, mas juro que não entendo nada.

Bordeu – Quem sabe se não entendeu algo.

Srta. de Lespinasse – Posso começar?

Bordeu – Sim.

O sonho de d'Alembert e outros escritos

Srta. de Lespinasse – Ouça isto. "Um ponto vivo... Não, eu me engano... De início, nada, depois um ponto vivo... A esse ponto vivo se aplica outro, e mais outro; dessas aplicações sucessivas, resulta um ser uno, pois é certo que eu sou um ser, disso eu não poderia duvidar... (Enquanto ele falava, apalpava o corpo todo.) Mas, como essa unidade foi feita? (Ao que eu lhe disse, mas meu amigo, de que isso lhe importa? Durma... Ele se calou. Depois de um momento de silêncio, recomeçou, como se se dirigisse a alguém.) Olhe, Filósofo,[13] vejo bem um agregado, um tecido de pequenos seres sensíveis. Mas, um animal? Um todo? Um sistema uno, consciente de sua unidade? Isso eu não vejo, de modo algum...". Doutor, entende alguma coisa?

Bordeu – Perfeitamente.

Srta. de Lespinasse – Que sorte a sua... Minha dificuldade talvez venha de uma ideia falsa.

Bordeu – É a senhorita que o diz?

Srta. de Lespinasse – Não, é o sonhador.

Bordeu – Se puder prosseguir.

Srta. de Lespinasse – Prosseguirei. Então ele acrescentou, interpelando a si mesmo:[14] "Meu amigo d'Alembert, tenha cuidado, não suponha contiguidade onde há continuidade... Tem de ser malicioso para me dizer isso... A formação dessa continuidade

---

13 O próprio Diderot.

14 As anotações de Julie compõem, nesse ponto, um diálogo em forma de rapsódia, no qual não se sabe ao certo quando o "Filósofo" (Diderot) tem a palavra e quando ela está com d'Alembert (como personagem de seu próprio sonho). O mesmo efeito será produzido mais à frente nesta mesma conversa.

não é difícil de conceber... Assim como uma gota de mercúrio se funde com outra gota de mercúrio, uma molécula sensível e viva se funde em outra sensível e viva... De início, duas gotas, depois do contato, apenas uma... Antes da assimilação, duas moléculas, depois, uma... Uma sensibilidade comum à massa comum... Certamente, por que não? Distinguirei pelo pensamento, no comprimento da fibra animal, tantas partes quanto eu quiser, mas a fibra será contínua, una... Sim, una... O contato entre duas moléculas homogêneas, perfeitamente homogêneas, forma a continuidade... É o caso da união, da coesão, da combinação, da identidade mais ou menos completa que se possa imaginar... Sim, Filósofo, se essas moléculas forem elementares e simples, mas e se forem agregadas e compostas?... Mesmo assim, haverá combinação, e, portanto, identidade, continuidade... Em seguida, a ação e reação habituais... É certo que o contato entre duas moléculas vivas é totalmente diferente da contiguidade entre duas massas inertes... Deixemos isso de lado, eu lhe peço... Poderia discordar do senhor; mas isso não me interessa, não saio em busca de querelas... Entretanto, retomemos. Recordo-me de uma comparação que fez, entre um filete de ouro puríssimo e uma rede homogênea, e entre as moléculas dessa rede outras se interpõem, formando quem sabe outra rede homogênea, um tecido de matéria sensível, um contato que assimila, uma sensibilidade, ativa nesta parte, inerte em outra, que se comunica como o movimento. Sem contar, como disse muito bem, que deve haver uma diferença entre o contato entre duas moléculas sensíveis e entre duas desprovidas de sensibilidade. E qual seria essa diferença?... Uma ação e uma reação habituais... Dotadas de um caráter próprio... Tudo converge para produzir uma espécie de unidade que só existe no animal. Juro, se não for essa a verdade, é algo bastante similar a ela...". (Está rindo, doutor; vê algum sentido nisso tudo?)

Bordeu – Muito.

Srta. de Lespinasse – Então, ele não está louco?

Bordeu – Não, de modo algum.

Srta. de Lespinasse – Após esse preâmbulo, ele começou a gritar: "Srta. de Lespinasse! Srta. de Lespinasse! – O que o senhor quer? – Porventura já viu um enxame de abelhas[15] escapar de sua colmeia? O mundo, ou a massa geral da matéria, é a colmeia... Já viu como, na ponta de um galho de árvore, as abelhas formam um longo cacho de pequenos animais alados, agarrados uns aos outros pelas patas? Esse cacho é um ser, um indivíduo, um animal qualquer... Mas esses cachos são todos parecidos... Sim, se só se admitisse uma matéria homogênea... Viu-os? – Sim, eu os vi. – Viu-as? – Sim, meu amigo, já disse que sim. – E o que acha que acontece quando uma dessas abelhas beliscar outra à qual está agarrada? Diga, pois. – Eu não sei. – Diga assim mesmo... A senhorita o ignora, mas o Filósofo não. Se alguma vez o encontrar, e quem sabe quando – mas ele prometeu encontrá-la, ele lhe dirá que a abelha que foi pinçada irá pinçar a próxima, que em cada colmeia serão excitadas tantas sensações quanto forem os pequenos animais, que o todo se agitará, se remexerá, mudará de posição e de forma, que um ruído se elevará, pequenos gritos, de modo que quem nunca viu como uma colmeia se organiza seria tentado a pensar que se trata de um único animal,

---

15 Analogia empregada por Théophile de Bordeu em suas *Recherches sur la position des glandes* (1752), extraída de Virgílio, *Bucólicas*, IV, 557-58 (trad. Odorico Mendes. São Paulo: Ateliê, 2008).

com quinhentas ou seiscentas cabeças, e entre 1.000 e 1.200 asas...". (E então, doutor?)

Bordeu – Sabe que esse sonho é muito belo, e fez muito bem em transcrevê-lo?

Srta. de Lespinasse – O senhor também sonha?

Bordeu – Sim, mas tão pouco, que eu quase poderia relatar a sequência de meus sonhos.

Srta. de Lespinasse – Eu o desafio a fazê-lo.

Bordeu – É um desafio?

Srta. de Lespinasse – Sim.

Bordeu – E se eu conseguir?

Srta. de Lespinasse – Se conseguir, eu lhe prometo... que hei de tomá-lo pelo maior tolo do mundo.

Bordeu – Olhe bem o seu papel e me ouça. O homem que julgasse que esse enxame é um animal estaria enganado; mas presumo que nosso amigo disse mais coisas. Quer que o juízo desse homem que sonha seja mais sadio? Quer transformar o enxame de abelhas num só e único animal? Amoleça as patas pelas quais elas se agarram; de contíguas que eram, tornar-se-ão contínuas. Entre esse novo estado e o precedente, há certamente uma grande diferença; e que diferença é essa, senão que agora se trata de um todo, de um animal único, onde antes havia apenas uma reunião de animais? Como todos os nossos órgãos...

Srta. de Lespinasse – Ora essa, todos mesmo?

Bordeu – Sim, para aquele que exerceu a medicina e fez algumas observações...

Srta. de Lespinasse – E quanto aos outros animais?

Bordeu – Quanto a eles? São tão somente animais distintos, que a lei da continuidade mantém em relação de simpatia, em uma unidade e identidade gerais.

Srta. de Lespinasse – Estou confusa. Foi isso mesmo que ele disse, quase palavra por palavra. Posso agora afirmar, para o mundo inteiro, que não existe diferença alguma entre um médico acordado e um filósofo que sonha.

Bordeu – Provavelmente. É tudo?

Srta. de Lespinasse – Ah, não. Longe disso. Depois de todas essas coisas insensatas, dele e suas, ele me disse: "Senhorita? – Meu amigo. – Aproxime-se... mais... um pouco mais... Eu tenho algo mais a lhe dizer. – O que é? – Veja este enxame; está aí, bem aí; façamos uma experiência. – Qual? – Pegue uma tesoura; está afiada? – Perfeitamente. – Aproxime-se com a tesoura, delicadamente, suavemente, e separe essas abelhas. Mas cuidado para não cortar nenhuma ao meio, corte exatamente no lugar em que elas se conectam pelas patas. Não tema; a senhorita pode até feri-las de leve, mas não as matará... Muito bem, é hábil como uma fada... Vê como cada uma delas voa em uma direção? Uma a uma, duas a duas, três a três. Quantas! Entendeu?... Compreendeu bem? – Muito bem – Suponha agora... suponha...". (Por Deus, doutor, eu mal compreendia o que estava anotando; ele falava tão baixo, e esta parte do papel está tão borrada que não consigo ler.)

Bordeu – Completarei as lacunas, se quiser.

Srta. de Lespinasse – Se puder...

Bordeu – Nada mais fácil. Suponha que essas abelhas sejam tão pequenas que sua organização se furte à lâmina grosseira de sua tesoura. Pode levar a divisão tão longe quanto quiser sem matar nenhuma. Esse todo formado por abelhas imperceptíveis é um verdadeiro pólipo, e, se quiser destruí-lo, terá que esmagá-lo. A diferença entre o enxame contínuo e o enxame contíguo é precisamente como a que existe entre os animais comuns, como nós, e os peixes, entre estes e os vermes, entre estes e as serpentes, e entre estas e os animais poliposos, por mais que essa teoria admita alguns ajustes... (*A srta. de Lespinasse se levanta bruscamente e vai puxar o cordão da sineta.*) Baixinho, senão a senhorita o acorda, e ele precisa de repouso.

Srta. de Lespinasse – Estou tão aturdida que nem pensei nisso. (*Dirige-se ao empregado que entra.*) Quem de vocês esteve na casa do doutor?

O empregado – Fui eu, senhorita.

Srta. de Lespinasse – Há muito tempo?

O empregado – Não faz uma hora que voltei de lá.

Srta. de Lespinasse – Não levou nada consigo?

O empregado – Nada.

Srta. de Lespinasse – Uma folha de papel?

O empregado – Não.

Srta. de Lespinasse – Está bem, pode ir. Estou surpresa. Veja, doutor, suspeitei que alguém lhe havia transmitido o meu rascunho.

Bordeu – Eu lhe asseguro de que isso não aconteceu.

Srta. de Lespinasse – Doutor, agora que conheço seu talento, será para mim muito útil no trato social. Mas o devaneio dele não parou aí.

O sonho de d'Alembert e outros escritos

Bordeu – Tanto melhor.

Srta. de Lespinasse – Não vê nada de mal nisso?

Bordeu – Em absoluto.

Srta. de Lespinasse – Ele continuou: "Pois bem, Filósofo, o senhor concebe pólipos de toda espécie, até pólipos humanos? Mas a natureza não nos mostra nada disso".

Bordeu – Ele não estava a par do caso das duas meninas grudadas pela cabeça, pelos ombros e pelas costas, pelas nádegas e pelas coxas, que viveram até a idade de 22 anos e morreram juntas, no intervalo de alguns minutos. O que mais ele disse?

Srta. de Lespinasse – Loucuras como as que se ouvem nos hospícios. "Isso já passou ou ainda virá. E quem sabe o estado das coisas em outros planetas?"

Bordeu – Talvez não precisemos ir tão longe.

Srta. de Lespinasse – "Pólipos humanos em Júpiter e em Saturno! Machos se decompondo em machos, fêmeas em fêmeas, que coisa mais agradável... (Nesse momento, deu uma gargalhada assustadora.) O homem se decompondo numa infinidade de homens atômicos, que podemos dispor sobre folhas de papel como se fossem ovas de insetos que fiam seus invólucros, permanecem por um tempo na forma de crisálidas, e, irrompendo esses invólucros, voam nos ares na forma de borboletas. Uma sociedade de homens, uma província inteira formada e povoada pelos detritos de um só indivíduo, que coisa mais agradável de se imaginar... (Nesse ponto as gargalhadas voltaram.) Se em alguma parte do universo o homem se decompõe numa infinidade de homens-animálculos, a repugnância pela morte será

59

menor, e a perda de um homem será a tal ponto compensada que poucos a lamentarão."

Bordeu – Essa suposição extravagante é quase a história real de todas as espécies de animais existentes e que estão por vir. O homem não se decompõe numa infinidade de homens, mas numa infinidade de animálculos cujas metamorfoses e cuja organização futura e última são impossíveis de prever. Quem sabe se o homem não é o viveiro de uma segunda geração de seres, separada desta por um intervalo inconcebível de séculos de sucessivos desenvolvimentos?

Srta. de Lespinasse – O que está murmurando tão baixo, doutor?

Bordeu – Nada, eu sonhava também. Continue a ler, senhorita.

Srta. de Lespinasse – "Tudo bem considerado, entretanto, prefiro a nossa maneira de povoamento, ele acrescentou... Diga-me, Filósofo, o senhor que sabe o que se passa aqui e em todo lugar, se a dissolução das diferentes partes não resulta em homens de diferentes caracteres. O cérebro, o coração, o tórax, os pés, as mãos, os testículos... Oh! Como isso simplifica a moral... Um homem saudável... uma mulher fértil... (Se me permite, doutor, pularei essa parte...) Numa sala aquecida, pequenos casulos, em cada um deles uma etiqueta: guerreiros, magistrados, filósofos, poetas, cortesãos, putas, reis..."

Bordeu – Isso é bem engraçado, e bem tolo. Chama-se sonhar. Essa visão sugere alguns fenômenos bastante singulares.

Srta. de Lespinasse – Em seguida, ele se pôs a murmurar um não-sei-o-quê a respeito de grãos, de pedaços de carne postos na água em maceração, de diferentes raças sucessivas de animais que ele via nascer e desaparecer. Com sua mão direita, imitava

O sonho de d'Alembert e outros escritos

um tubo de microscópio, e com a esquerda, creio, o orifício de um recipiente. Olhava o recipiente por esse tubo e dizia: "Voltaire pode zombar à vontade, mas o Homem-Enguia[16] tem razão; acredito em meus olhos; vejo essas enguias, e quantas! Para lá e para cá, como são agitadas!". Ele comparava o recipiente onde via tantas coisas ao próprio universo; numa gota d'água, via a história do mundo. Essa ideia lhe parecia grandiosa, e perfeitamente adequada à boa filosofia, que estuda os grandes corpos a partir dos pequenos. "Na gota d'água de Needham, tudo é feito e se passa num piscar de olhos. No mundo, o mesmo fenômeno dura um pouco mais; mas o que é nossa duração, comparada à eternidade do tempo? Menos que a gota que peguei com a ponta da agulha em comparação com o espaço ilimitado que me rodeia. A série irrestrita de animálculos no átomo que chamamos de Terra. Quem conhece as raças de animais que nos precederam e as que sucederão às nossas? Tudo muda, tudo passa, só o todo permanece. O mundo começa e termina sem cessar, a cada instante se encontra no início e no fim, nunca houve outro e jamais haverá. Neste imenso oceano de matéria, nenhuma molécula se parece com outra, nenhuma se parece consigo mesma num mesmo instante. *Rerum novus nascitur ordo*,[17] eis sua inscrição eterna..."
Ao que ele acrescentava, suspirando: "Oh, vaidade dos nossos pensamentos! Oh, pobreza de nossa glória e de nossas obras! Oh, miséria! Oh, pequenez de nossas visões! Não há nada de sólido, exceto beber, viver, amar e dormir... Srta. de Lespinasse,

---

16 Referência ao apelido dado ao naturalista inglês John Needham (1713-1781), autor de *New Microscopical Discoveries* (1745), traduzidas para o francês em 1747 e utilizadas por Buffon na *História natural*.

17 "Nasce uma nova ordem de coisas." É o lema da república de Veneza.

onde está?" "Estou aqui". Então, seu rosto ganhou cor. Tentei apalpar seu pulso, mas não sei onde ele escondera a mão. Parecia experimentar uma convulsão. Sua boca se entreabriu, sua respiração ficou ofegante; soltou um suspiro profundo, em seguida um mais fraco e depois outro, mais profundo ainda que o primeiro. Revirou a cabeça no travesseiro e dormiu. Eu o observava com atenção; fiquei emocionada, sem saber por quê; meu coração batia forte, e não era de medo. Passados alguns instantes, vi nos seus lábios um ligeiro sorriso; ele dizia baixinho: "Em um planeta em que os homens se multiplicassem como os peixes, em que as ovas de um homem, pressionadas contra as de uma mulher... Num lugar assim, eu não ficaria insatisfeito... Não se deve descartar nada que possa ser útil. Senhorita, pode recolher isto, fechá-lo num vidro e enviá-lo amanhã cedinho para Needham...". (Doutor, o nome disso não é desrazão?)

Bordeu – Ao seu lado, certamente que sim.

Srta. de Lespinasse – Ao meu lado ou não, tanto faz, e o senhor também não sabe o que diz. Esperava que o resto da noite fosse mais tranquilo.

Bordeu – Normalmente essas coisas produzem esse efeito.

Srta. de Lespinasse – Não neste caso. Por volta de duas horas da manhã, ele voltou a falar da gota d'água, que chamava de mi... cro...

Bordeu – Um microcosmo.

Srta. de Lespinasse – É essa a palavra. Ele admirava a sagacidade dos filósofos antigos. Dizia, ou fazia seu filósofo dizer, não sei ao certo qual dos dois: "Se Epicuro, que afirmava que a Terra continha os germes de tudo, e que a espécie animal era o produto da fermentação, tivesse se proposto a mostrar uma imagem em miniatura do que ocorreu em larga escala na origem dos tempos, o que lhe teriam respondido?... Mas você tem essa imagem diante dos olhos, e ela não lhe ensina nada... Quem sabe se a fermentação e seus produtos se esgotaram? Quem sabe em que momento nos encontramos na sucessão das gerações de animais? Quem sabe se este bípede deformado, com 1,20m de altura, que habita a vizinhança do polo e ainda é chamado de homem – mas que perderá esse nome, caso se deforme ainda mais – não é a imagem de uma espécie que passa? Quem sabe se o mesmo não acontece com todas as espécies de animais? Quem sabe se tudo não tende a se reduzir a um grande sedimento inerte e imóvel? Quem sabe que raça nova poderia resultar de uma massa de pontos sensíveis e vivos? Por que não um só animal? O que era o elefante, em sua origem? Talvez um animal enorme, como o vemos hoje, talvez um átomo, as duas coisas são igualmente possíveis, dependem apenas do movimento e das diversas propriedades da matéria... O elefante, essa massa enorme, organizada, produto da fermentação!... Por que não? A relação desse grande quadrúpede com sua primeira matriz é mais longínqua que a de um verme com a molécula de farinha que o produziu, mas o verme é apenas um verme... Ou seja, a pequenez que escamoteia a sua organização priva o elefante do que ele tem de fantástico... O prodígio é a vida, é a sensibilidade, mas esse prodígio não é mais um prodígio... Depois que vi a matéria inerte passar para o estado sensível, nada mais me espanta... Que comparação, entre um pequeno número de elementos postos em fermentação na palma de minha mão, e esse imenso reservatório de elementos diversos, dispersos nas entranhas da Terra, na sua superfície, no seio dos mares, na vaga dos ares!... Entretanto, se as mesmas causas subsistem, por que os efeitos cessaram? Por que não vemos mais o touro irromper da terra com seus chifres, apoiar suas patas dianteiras sobre o solo, e se esforçar para extrair de suas profundezas o seu pesado corpo?... Deixe que a atual raça dos animais existentes se vá, deixe que atue, por alguns milhões de séculos, o grande sedimento inerte. Talvez seja necessário, para renovar as espécies, mais tempo do que é concedido à sua duração. Espere, e não se apresse em se pronunciar sobre a grande obra da natureza. Existem dois fenômenos principais: a passagem do estado de inércia ao estado de sensibilidade, e as gerações espontâneas. Contente-se com eles: extraia deles as devidas consequências, e numa ordem em que não há grande ou pequeno, duradouro ou passageiro, não em sentido absoluto; evite o sofisma do efêmero...". (Doutor, o que é o sofisma do efêmero?)

Bordeu – É o do ser passageiro que crê na imortalidade das coisas.

Srta. de Lespinasse – Como a rosa, que, como diz Fontenelle,[18] não se lembra da morte de nenhum jardineiro?

Bordeu – Precisamente; isso é leve e profundo.

Srta. de Lespinasse – Por que seus filósofos não se exprimem com a mesma graça? Seriam compreensíveis.

Bordeu – Francamente, não sei se esse tom frívolo convém aos assuntos sérios.

Srta. de Lespinasse – O que o senhor chama de assunto sério?

Bordeu – A sensibilidade geral, a formação do ser sensível, sua unidade, a origem dos animais, sua duração e todas as questões relativas a isso.

---

18 Fontenelle, *Diálogos sobre a pluralidade dos mundos*, 5º serão (trad. Denise Bottman. Campinas: Editora da Unicamp, 2013).

O sonho de d'Alembert e outros escritos

Srta. de Lespinasse – De minha parte, prefiro chamá-las de loucuras. É aceitável sonhar com elas durante o sono, mas um homem de bom senso jamais poderia se ocupar delas durante a vigília.

Bordeu – E por que isso, poderia explicar?

Srta. de Lespinasse – É que algumas são tão claras que é inútil buscar por sua razão, enquanto outras são tão obscuras que não têm sentido e são inteiramente inúteis.

Bordeu – Senhorita, pensa que é indiferente negar ou admitir uma inteligência suprema?

Srta. de Lespinasse – Não.

Bordeu – Essas questões não são, pois, tão estéreis quanto diz.

Srta. de Lespinasse – Mas, de que me vale sua importância, se não posso esclarecê-las?

Bordeu – Como o poderia, se não as examina? Poderia me dizer quais, dentre elas, lhe parecem tão claras que seu exame chega a ser supérfluo?

Srta. de Lespinasse – A da minha unidade, por exemplo, a do meu eu. Ora, parece-me que não é preciso muita conversa para saber que eu sou eu, sempre fui eu e jamais serei outra.

Bordeu – Sem dúvida, o fato é claro, mas a razão do fato não, sobretudo na hipótese daqueles que só admitem uma única substância e explicam a formação do homem e do animal em geral pela sucessiva aposição de várias moléculas sensíveis. Cada molécula sensível tinha seu eu antes da aplicação a outras; resta saber como o teriam perdido, e como, dessas perdas, resultou a consciência de um todo.

Srta. de Lespinasse – Parece-me que o contato é suficiente. Eis uma experiência que fiz com vezes... Mas espere. Preciso ver o que acontece atrás das cortinas... ele dorme... Quando ponho minha mão sobre minha coxa, sinto de início que minha mão não é minha coxa. Mas, algum tempo depois, quando o calor é igual nas duas, não as distingo mais; os limites das duas partes se confundem, e elas são uma.

Bordeu – Sim, até que alguém belisque uma ou outra. Então a distinção renasce. Há, pois, na senhorita, alguma coisa que não ignora se é a mão ou a coxa que foi beliscada, e essa coisa não é seu pé, tampouco a mão beliscada; a mão sofre, mas outra coisa, que não sofre, é o que sabe que ela sofre.

Srta. de Lespinasse – Creio que é a minha cabeça.

Bordeu – Sua cabeça inteira?

Srta. de Lespinasse – Não. Espere, doutor, vou me explicar por meio de uma comparação. A razão das mulheres e dos poetas praticamente se resume à comparação. Imagine uma aranha...

D'Alembert – Quem está aí? É você, srta. de Lespinasse?

Srta. de Lespinasse – Calma, calma... (*A srta. de Lespinasse e o doutor ficam em silêncio durante um tempo, e em seguida a senhorita fala, em voz baixa.*) Parece que voltou a dormir.

Bordeu – Creio que não; acho que ouvi alguma coisa.

Srta. de Lespinasse – Tem razão, será que ele voltou a sonhar?

Bordeu – Escutemos.

D'Alembert – Por que sou assim? Por uma necessidade... Aqui, sim; mas, e em outro lugar? No polo? Sob o Equador? Em Saturno?... Se uma distância de alguns mil quilômetros transforma minha espécie, o que não faria um intervalo de alguns milhares de diâmetros terrestres? Se tudo está num fluxo geral, como mostra, por toda parte, o espetáculo do universo, o que não produziriam a duração e as vicissitudes de alguns milhões de séculos, aqui e alhures?... Quem sabe o que é o ser pensante e sensível em Saturno?... Mas em Saturno há sentimento e pensamento?... Por que não? O ser sensível e pensante em Saturno teria mais sentidos do que eu?... Se for assim, como é infeliz o saturnino!... Mais sentidos, mais necessidades.

Bordeu – Ele tem razão. Os órgãos produzem as necessidades, e, reciprocamente, as necessidades produzem os órgãos.

Srta. de Lespinasse – Doutor, está delirando também?

Bordeu – Por que não? Vi dois tocos com o tempo se transformarem em braços.

Srta. de Lespinasse – Está mentindo.

Bordeu – É verdade. E, na ausência de dois braços, vi duas escápulas se alongarem, moverem-se como uma pinça e se tornarem dois tocos.

Srta. de Lespinasse – Que loucura!

Bordeu – É um fato. Suponha uma longa série de gerações de manetas, suponha esforços contínuos, e verá os dois lados dessa pinça se estendendo cada vez mais, cruzando-se sobre as costas, voltando pela frente, ganhando, talvez, dedos nas extremidades, compondo braços e mãos. A conformação original se altera ou se aperfeiçoa pela necessidade e pelas funções habituais. Andamos tão pouco, trabalhamos tão pouco e pensamos tanto que não duvido que o homem acabe por se tornar apenas uma cabeça.

Srta. de Lespinasse – Uma cabeça! Ora, uma cabeça! É muito pouco. Espero que não se deixe levar pelo galanteio desenfreado... O senhor me inspira ideias bastante ridículas.

Bordeu – Acalme-se.

D'Alembert – Se, portanto, eu sou eu, é porque foi necessário que eu fosse assim. Mude o todo e eu também mudarei, necessariamente. O todo muda sem cessar... O homem é apenas um efeito comum; o monstro é um efeito raro. Ambos são igualmente naturais, igualmente necessários, estão igualmente na ordem universal e geral. Admira que seja assim? Todos os seres circulam uns nos outros; por conseguinte, as espécies também... Tudo está em fluxo perpétuo... todo animal tem algo de homem, todo mineral tem algo de planta, toda planta tem algo de animal. Na natureza, nada é determinado... O cravo ótico do padre Castel...[19] Sim, padre Castel, é vosso cravo, e nada mais. Toda coisa é em parte outra coisa. Parte terra, parte água, parte ar, parte fogo; parte de um reino, parte de outro... logo, nada pertence à essência de um ser em particular... Não, sem dúvida, visto que não existe qualidade que não pertença a cada um dos seres... A relação maior ou menor dessa qualidade com um ser é o que nos leva a atribuí-la a ele de preferência a outro. E vós, pobres filósofos, falai em indivíduos! Ponham de lado vossos indivíduos, e respondei. Existe na natureza um átomo exatamente igual a outro?... Não... Tudo está ligado na natureza e é impossível um vazio na cadeia... Se é assim, por que falai em

---

19 Padre Castel (1688-1757), jesuíta, autor de uma proposta de *Clavecin pour les yeux, avec l'art de peindre les sons et toutes sortes de pièces de musique*, publicada no Mercure de France em 1725.

indivíduos... Não, os indivíduos simplesmente não existem... Há apenas um grande indivíduo, o todo. Nesse todo, assim como numa máquina ou num animal qualquer, há uma parte que chamai de tal ou tal... mas, quando dai o nome de indivíduo a essa parte do todo, é por meio de um conceito tão falso como se desse o nome de indivíduo à asa, à pena da asa de um pássaro... E falais em essência, pobres filósofos! Ponham de lado vossas essências. Eis a massa geral, ou, se tiverdes uma imaginação mais limitada, vede sua origem primeira e seu fim derradeiro... Oh, Árquitas, que mediu[20] o globo, quem é o senhor? Um montinho de cinzas. O que é um ser? A soma de certo número de tendências... Como eu poderia ser outra coisa, além de uma soma de tendências? Não, eu vou em direção a um término... E as espécies? São meras tendências para um término comum que lhes é próprio... E a vida? É uma sequência de ações e reações... Quando estou vivo, ajo e reajo em massa... Quando estou morto, ajo e reajo em moléculas... Então eu não morro?...[21] Não, sem dúvida, nesse sentido não morro, e não só eu, tudo o mais... Nascer, viver, passar, é mudar de forma... Que importa se uma forma ou outra? Cada forma tem sua própria felicidade e infelicidade. Desde o elefante até o pulgão... Desde o pulgão até a molécula sensível e viva, origem de tudo, não há um ponto na natureza que não sofra ou não sinta prazer.

Srta. de Lespinasse – Não está dizendo coisa com coisa.

---

20 Árquitas de Tarento, matemático grego.

21 Paráfrase do verbete "Nascer" da *Enciclopédia* (v.11, p.10), atribuído a Diderot (volume 3 da edição brasileira).

Bordeu – Não. Mas fez uma bela digressão. É uma filosofia elevada; sistemática,[22] por certo, neste momento, mas creio que, quanto mais progridam os conhecimentos humanos, mais verificável ela será.

Srta. de Lespinasse – E nós, onde estávamos?

Bordeu – Por Deus, não me lembro mais; ele me fez lembrar tantos fenômenos, enquanto o ouvia!

Srta. de Lespinasse – Espere, espere... Eu falava da aranha.

Bordeu – Sim, sim.

Srta. de Lespinasse – Doutor, chegue mais perto. Imagine uma aranha no centro de sua teia. Balance um fio; o animal, alerta, acorre. Bem! E se os fios que o inseto tira de seus intestinos e retrai a bel-prazer fossem parte dele mesmo?

Bordeu – Entendo. Imagine, em algum lugar, num recanto de sua cabeça, nas chamadas meninges, por exemplo, um ou vários pontos para os quais se dirigem todas as sensações excitadas ao longo dos fios.

Srta. de Lespinasse – Certo.

Bordeu – Sua ideia não poderia ser mais justa; mas não vê que é mais ou menos a mesma coisa que um enxame de abelhas?

Srta. de Lespinasse – Ah! É verdade; foi o que eu disse sem perceber.

Bordeu – E disse muito bem, como verá. Aquele que só conhece o homem sob a forma que ele nos apresenta ao nascer não tem

---

22 Alusão irônica à crítica do próprio d'Alembert à ideia de sistema como construção racional independente da experiência; ver "Discurso preliminar", v.I da edição brasileira da *Enciclopédia*.

a menor ideia do que ele seja. Sua cabeça, seus pés, suas mãos e seus membros, suas vísceras e seus órgãos, seu nariz, seus olhos e suas orelhas, seu coração, seus pulmões e seus intestinos, seus músculos, seus ossos, seus nervos e membranas não são, rigorosamente falando, mais do que desenvolvimentos grosseiros de uma teia que se forma, cresce, se espalha e lança uma multidão de fios imperceptíveis.

Srta. de Lespinasse – É a minha teia; o ponto original de todos esses fios é minha aranha.

Bordeu – Esplêndido.

Srta. de Lespinasse – E os fios da teia, onde estão? Onde está a aranha?

Bordeu – Os fios estão por toda parte; não há na superfície do corpo nenhum ponto ao qual eles não cheguem; quanto à aranha, está instalada numa parte de seu cérebro chamada meninges, que, se atingida, provoca o torpor da máquina inteira.

Srta. de Lespinasse – E, se um átomo faz oscilar um dos fios da teia, a aranha se alarma, e, inquieta, corre ou foge. Por estar no centro, está ciente de tudo o que se passa em cada parte da imensa morada que ela atapetou. Mas, então, por que eu, que sou um novelo de pontos sensíveis, pressionado de todas as partes, não sei o que se passa na minha morada ou no mundo, neste momento?

Bordeu – É que as impressões se enfraquecem em razão da distância do ponto de que partem.

Srta. de Lespinasse – Se tocar, ainda que seja levemente, a extremidade de uma longa viga de madeira, poderei ouvir esse toque, se posicionar meu ouvido na extremidade oposta. O mesmo efeito seria produzido se essa viga tocasse a Terra com uma das pontas e com a outra tocasse Sirius. Se tudo está ligado e é contíguo, se a viga existe e é real, por que não ouço o que se passa no espaço imenso que me rodeia, sobretudo quando presto atenção?

Bordeu – E quem lhe disse que não ouve algo? É que a distância é muito grande, as impressões são muito fracas e se entrecruzam no caminho. A senhorita está rodeada de muitos diferentes ruídos intensos que a ensurdecem. Entre Saturno e a senhorita, há apenas corpos contíguos, mas seria preciso que houvesse continuidade.

Srta. de Lespinasse – É uma pena que seja assim.

Bordeu – Verdade; mas, de outro modo, a senhorita seria Deus: em identidade com todos os seres da natureza, saberia tudo o que acontece; com sua memória, saberia tudo o que aconteceu.

Srta. de Lespinasse – E quanto ao que está para acontecer?

Bordeu – Formaria conjecturas verossímeis sobre o futuro, embora sujeitas a erros. É como se tentasse adivinhar o que se passa dentro de si, na extremidade de seus pés ou de suas mãos.

Srta. de Lespinasse – Mas quem lhe disse que o mundo não tem também suas meninges, ou que em algum recanto do espaço não há uma aranha, pequena ou grande, cujos fios se estendem por toda parte?

Bordeu – Ninguém, e menos ainda que ela não existiu ou não existirá.

Srta. de Lespinasse – Assim como essa espécie de Deus...

Bordeu – A única que se pode conceber...

Srta. de Lespinasse – ... ela poderia ter existido e depois desaparecido?

O sonho de d'Alembert e outros escritos

Bordeu – Sem dúvida; mas, como seria matéria do universo, parte dele, estaria sujeita a vicissitudes, envelheceria e morreria.

Srta. de Lespinasse – Outra extravagância me ocorre.

Bordeu – Não precisa dizer qual é, já sei.

Srta. de Lespinasse – Então me diga: qual é?

Bordeu – Vê a inteligência unida a porções de matéria intensamente enérgicas e vê a possibilidade de toda espécie de prodígios imagináveis. Outros pensaram como a senhorita.

Srta. de Lespinasse – Acertou; e o estimo ainda mais. Deve ter uma inclinação especial para as tolices.

Bordeu – Concordo. Mas o que tem essa ideia de espantoso? Implica uma epidemia de bons e maus gênios; a interrupção, por agentes naturais, das leis mais constantes da natureza; nossa física geral tornar-se-ia mais difícil, mas não haveria milagres.

Srta. de Lespinasse – Mas deve-se ser circunspecto sobre o que se afirma ou se nega.

Bordeu – Ora, vamos! Aquele que relatasse um fenômeno desse gênero teria o ar de um grande mentiroso. Mas deixemos para lá esses seres imaginários, inclusive sua aranha de teias infinitas: voltemos ao seu ser e à sua formação.

Srta. de Lespinasse – Consinto.

D'Alembert – Senhorita, alguém está consigo. Com quem está falando?

Srta. de Lespinasse – Com o doutor.

D'Alembert – Bom dia, doutor. Que faz aqui nesta manhã?

Bordeu – O senhor logo saberá. Volte a dormir.

D'Alembert – Por Deus, se preciso dormir. Creio que nunca tive uma noite agitada como essa. Só não vá embora enquanto eu não me levantar.

Bordeu – Não irei. Eu aposto, senhorita, que, como acreditou que, por ter sido, aos doze anos, uma mulher com metade do tamanho atual, aos quatro, uma menor ainda, quando feto, uma mulher diminuta, e, nos ovários de sua mãe, uma mulher em miniatura, conclui que foi sempre uma mulher com a forma atual, exceto pelas diferenças introduzidas pelo crescimento sucessivo.

Srta. de Lespinasse – Isso mesmo.

Bordeu – Nada mais falso que essa ideia. No início, não era nada além de um ponto imperceptível, formado por moléculas minúsculas, dispersas no sangue e na linfa de seu pai e de sua mãe.[23] Esse ponto imperceptível se tornou um filamento delgado, depois um feixe de filamentos. Não se encontra aí o menor vestígio do seu formoso aspecto. Seus olhos, tão belos, tampouco pareciam ser olhos, não mais do que a garra de uma anêmona se parece com uma anêmona. Com a nutrição, cada um dos filamentos do feixe se transformou num órgão particular. Abstração feita dos órgãos em que os filamentos se metamorfoseiam e aos quais eles dão origem, o feixe é um sistema puramente sensível. Se o feixe permanecesse com essa forma, seria suscetível a todas as impressões relativas à sensibilidade pura, como o frio, o calor, o suave, o áspero. Essas impressões sucessivas, tão variadas entre si e oscilando em intensidade, poderiam produzir a memória, a consciência de si, e uma razão, ainda que muito limitada. Mas essa sensibilidade pura e simples, esse tato,

---

23 Ver na primeira conversa a nota 7.

se diversifica a partir dos órgãos que emanam de cada um dos filamentos. Um filamento fino produz uma orelha e surge uma espécie de tato, chamado ruído ou som; outro forma o palato e surge uma segunda espécie de tato, chamado gosto; um terceiro produz o nariz e surge uma nova espécie de tato, chamado olfato; um quarto forma um olho e surge uma quarta espécie de tato, chamada cor.

Srta. de Lespinasse – Se entendi bem, os que negam a possibilidade de um sexto sentido, de um sentido hermafrodita, são inconsequentes. Quem disse que a natureza não poderia formar um feixe com um filamento que produzisse um órgão que desconhecemos?

Bordeu – Ou um novo feixe com dois filamentos que caracterizam os dois sexos? Tem razão. Conversar consigo é um prazer, não apenas entende o que é dito, mas extrai consequências com uma exatidão espantosa.

Srta. de Lespinasse – O doutor diz isso para me encorajar.

Bordeu – Por Deus, não, digo o que penso.

Srta. de Lespinasse – Compreendo o emprego de alguns filamentos do feixe; mas e quanto aos demais?

Bordeu – Acreditaria se lhe dissesse que outra senhorita já cogitou essa mesma questão?

Srta. de Lespinasse – Claro que sim.

Bordeu – Não é pretensiosa. Os filamentos restantes formarão tantas outras espécies de tato quantos forem os diferentes órgãos e partes do corpo.

Srta. de Lespinasse – E como se chamam? Nunca ouvi falar deles.

Bordeu – Não têm nome.

Srta. de Lespinasse – Por que não?

Bordeu – É que a diferença entre as sensações excitadas por seu intermédio e as que o são por meio de outros órgãos não é assim tão grande.

Srta. de Lespinasse – Fala a sério quando sugere que os pés, as mãos, as coxas, o ventre, o estômago, o tórax, o pulmão e o coração têm suas sensações particulares?

Bordeu – Claro que sim. Se tivesse a audácia, eu lhe perguntaria se, entre essas sensações que não têm nome, não se encontra...

Srta. de Lespinasse – Já entendi. Não, ela é diferente, é única em sua espécie, e é uma pena que seja assim. Mas, afinal, que razão o senhor tem para nos gratificar, com visível deleite, com tantas sensações dolorosas e tão poucas agradáveis?

Bordeu – A razão? É que discernimos boa parte delas. Não fosse pela infinita diversidade do tato, saberíamos que experimentamos prazer ou dor, mas não teríamos como situá-los. Seria preciso recorrer à visão. Não seria mais uma questão de sensação, mas de experiência e observação.

Srta. de Lespinasse – Se eu dissesse que sinto uma dor no dedo, e me perguntassem por que digo que ela está no dedo, eu teria de responder não que sinto que ela está aí, mas que sinto uma dor e vejo que meu dedo está machucado.

Bordeu – É isso! Venha cá, lhe darei um abraço.

Srta. de Lespinasse – De bom grado.

D'Alembert – Doutor, está abraçando a senhorita... Pois faz muito bem.

O sonho de d'Alembert e outros escritos

Bordeu – Pensei muito a respeito e concluí que a direção e o lugar do abalo não seriam suficientes para determinar um juízo tão precipitado sobre a origem do feixe.

Srta. de Lespinasse – Disso eu não sei.

Bordeu – Sua dúvida me agrada. É tão comum tomar as qualidades naturais por hábitos adquiridos e quase tão velhos como nós.

Srta. de Lespinasse – E inversamente.

Bordeu – De qualquer modo, a senhorita vê que, numa questão que trata da primeira formação do animal, fixar o olhar e suas reflexões sobre o animal formado é chegar tarde demais; é preciso remontar aos seus primeiros rudimentos, e é oportuno se desfazer de sua organização atual e voltar ao instante em que a senhorita era tão somente uma substância flácida, filamentosa, informe, vermicular, mais semelhante ao bulbo e à raiz de uma planta do que a um animal.

Srta. de Lespinasse – Se fosse usual andar nua pelas ruas, eu não seria nem a primeira nem a última a me acostumar. Por isso, faça de mim o que quiser, desde que me instrua. O senhor disse que cada fio do feixe formava um órgão particular; qual é a prova de que isso ocorre assim?

Bordeu – Faça, pelo pensamento, o que a natureza às vezes faz; mutile um dos filamentos do feixe que formará os olhos, por exemplo; o que que acontecerá?

Srta. de Lespinasse – Talvez o animal não tenha olhos.

Bordeu – Ou terá um único, bem no meio da fronte.

Srta. de Lespinasse – Será, então, um ciclope.

Bordeu – Um ciclope.

Srta. de Lespinasse – Talvez o ciclope seja lendário?

Bordeu – Tanto não o é, que lhe mostro um quando quiser.

Srta. de Lespinasse – E quanto à causa dessa diversidade, quem saberia dizê-la?

Bordeu – Aquele que dissecou esse monstro encontrou nele apenas um filamento ótico. Faça pelo pensamento o que a natureza às vezes faz. Retire do feixe um outro filamento, o que forma o nariz. O animal não terá nariz. Retire o que formaria a orelha, e o animal não terá orelha, ou terá uma só, e o anatomista não encontrará na dissecação nem filamentos olfativos nem auditivos. Continue a retirar os filamentos e o animal não terá cabeça, nem pés, nem mãos; sua vida será curta, mas ele terá vivido.

Srta. de Lespinasse – Existem exemplos disso?

Bordeu – Certamente. E isso não é tudo. Duplique um desses filamentos do feixe e o animal terá duas cabeças, quatro olhos, quatro orelhas, três testículos, três pés, quatro braços, seis dedos em cada mão. Embaralhe os filamentos do feixe e os órgãos serão deslocados: a cabeça ocupará o meio do peito, os pulmões ficarão à esquerda, o coração à direita. Cole dois filamentos e os órgãos se confundirão; os braços ficarão colados no corpo, as coxas, as pernas e os pés se juntarão. Terá assim todas as espécies imagináveis de monstros.

Srta. de Lespinasse – Mas, parece-me que uma máquina complexa como um animal, que nasce de um ponto, de um fluido agitado, talvez de dois fluidos misturados ao acaso – quem saberia dizer o que acontece? –, que caminha rumo à perfeição através de uma infinidade de desenvolvimentos sucessivos, cuja formação regular ou irregular depende de uma porção de

O sonho de d'Alembert e outros escritos

filamentos finos, delgados e flexíveis, de uma espécie de labirinto em que o menor filamento não poderia faltar, ser quebrado, rompido ou deslocado, sem consequências prejudiciais para o todo – uma máquina como essa, eu digo, teria de se enrolar, de se entrelaçar com o lugar em que nasce, de maneira ainda mais intensa que as minhas sedas sobre o carretel.

Bordeu – Por isso ela sofre mais do que pensamos. Como não as dissecamos em quantidade suficiente, nossas ideias sobre a sua formação ainda estão muito longe da verdade.

Srta. de Lespinasse – Haveria outros exemplos notáveis de deformidades, para além dos corcundas e mancos, cujo estado defectivo poderia ser atribuído a um vício hereditário?

Bordeu – Sim, inúmeros. Recentemente veio a morrer, na Casa de Caridade de Paris, aos 25 anos, em consequência de um refluxo no peito, um marceneiro nascido em Troyes, chamado Jean-Baptiste Macé, cujas vísceras internas do tórax e do abdome estavam em posição invertida: o coração à direita, como o da senhorita está à esquerda, o fígado, à direita, o estômago, o baço e o pâncreas no hipocôndrio direito, a veia porta do fígado do lado direito, a mesma inversão ao longo do canal dos intestinos; e os rins, apoiados um no outro sobre as vértebras lombares, imitavam a figura de uma ferradura. Venham me falar de causas finais!

Srta. de Lespinasse – Isso é singular.

Bordeu – Se Jean-Baptiste Macé se casasse e tivesse filhos...

Srta. de Lespinasse – Então, doutor, esses filhos...

Bordeu – Seguiriam a conformação geral. Mas, ao cabo de uma centena de anos, pode ser que um dos filhos de seus filhos retornasse à conformação bizarra de seu ancestral, pois essas irregularidades se dão aos saltos.

Srta. de Lespinasse – E de onde vêm esses saltos?

Bordeu – Quem saberia dizer? Para fazer um filho, é necessário haver um par, como a senhorita está ciente. Talvez um dos agentes repare o vício do outro, e a teia defeituosa só ressurja quando o descendente da raça monstruosa predomine e dê a lei para a formação da teia. O feixe de filamentos constitui a diferença original e primeira de todas as variedades monstruosas desta espécie. (*Após um longo silêncio, a srta. de Lespinasse saiu de seu devaneio e tirou o doutor do devaneio dele com a seguinte questão:*) Veio-me uma ideia bem louca.

Bordeu – Qual?

Srta. de Lespinasse – Talvez o homem seja o monstro da mulher, e a mulher o monstro do homem.

Bordeu – Essa ideia teria lhe ocorrido antes, se soubesse que a mulher possui todas as partes do homem. A única diferença é que nela a bolsa é revirada para dentro, e no homem, para fora. O feto feminino é tão similar ao masculino que nos confunde. A parte que dá margem ao erro afunda, à medida que a bolsa interior se estende, mas não desparece a ponto de perder sua forma inicial. Guarda essa forma em tamanho reduzido. Essa parte é suscetível dos mesmos movimentos; é também o órgão da volúpia, tem sua glande, seu prepúcio e na extremidade se observa um ponto que parece ter sido o orifício de um canal urinário que se fechou. Existe no homem um intervalo, entre o ânus e o escroto, chamado períneo, e uma costura, do escroto até a extremidade do pênis, que parece retomar a vulva alinhavada. As mulheres com clitóris muito grande possuem barba; os eunucos não, e têm as coxas fortes, os quadris alargados, os joelhos arredondados. Quando um dos sexos perde as suas características, parece adquirir a conformação do outro. Muitos árabes se tornam castrados devido à prática constante da equitação: perdem a barba, sua voz afina, vestem-se como mulheres, sentam-se entre elas nas charretes, agacham-se para urinar e afetam costumes e usos do belo sexo... Mas com isso nos afastamos de nosso objeto. Voltemos ao nosso feixe de filamentos animados e vivos.

D'Alembert – Creio que diz coisas grosseiras à srta. de Lespinasse, doutor.

Bordeu – Quando se fala de ciência, é preciso usar os termos técnicos.

D'Alembert – O senhor tem razão. Neste caso, os termos se descolam do cortejo de ideias acessórias que os tornariam desonestos. Continue, doutor. Dizia, pois, à senhorita que o útero é tão somente um escroto revirado de fora para dentro, movimento no qual os testículos foram expelidos da bolsa que os continha e distribuídos pela cavidade à esquerda e à direita; que o clitóris é um membro viril acanhado que vai diminuindo à medida que o útero ou o escroto revirado se amplia, e que...

Srta. de Lespinasse – Sim, sim, agora cale-se, e não se intrometa em nossos assuntos.

Bordeu – Veja, senhorita, que na questão de nossas sensações em geral, que são apenas um mesmo tato diversificado, é preciso deixar de lado as formas sucessivas assumidas pela rede e concentrar-se na própria rede.

Srta. de Lespinasse – É possível ferir ou tocar cada fio da teia sensível ao longo de toda a sua extensão. O prazer e a dor estão em alguma parte das longas patas da minha aranha. Eu sempre retorno a ela, pois é a origem comum de todas as patas, é ela que leva o prazer e a dor a este ou aquele lugar, sem, no entanto, experimentá-lo.

Bordeu – A unidade do animal, sua origem comum, é constituída pela relação constante e invariável entre todas essas impressões.

Srta. de Lespinasse – A memória de todas essas impressões sucessivas constitui a história da vida ou eu de cada animal.

Bordeu – A memória e a comparação que se seguem necessariamente dessas impressões produzem o pensamento e o raciocínio.

Srta. de Lespinasse – E onde se dá essa comparação?

Bordeu – Na origem da teia.

Srta. de Lespinasse – E o que é essa teia?

Bordeu – Em sua origem, ela ainda não tem um sentido próprio: não vê, não escuta, não sofre. É produzida, alimentada; emana de uma substância flácida, desprovida de sensibilidade, inerte, que lhe serve como estofo, que é a sua sede, que escuta, julga e se pronuncia.

Srta. de Lespinasse – Ela mesma, porém, não sofre.

Bordeu – Não. A mais leve impressão suprime a sua presença e o animal cai num estado de morte. Suspenda a impressão, as funções retornarão, e o animal renasce.

Srta. de Lespinasse – Como sabe disso? Alguma vez já matou e ressuscitou um homem quando quis?

Bordeu – Sim.

O sonho de d'Alembert e outros escritos

Srta. de Lespinasse – Como?

Bordeu – Vou lhe dizer; é um fato curioso. La Peyronie, talvez o conheça, foi chamado junto a um doente que recebera um violento golpe na cabeça.[24] Pôs os dedos sobre ela e sentiu sua pulsação. Parecia não haver dúvida de que um abscesso se formara no cérebro, e não havia um minuto a perder. Ele raspa a cabeça do doente e a perfura. A ponta do instrumento entra precisamente no centro do abscesso. Formara-se pus; ele limpa o abscesso com uma seringa. Quando o cirurgião injeta a agulha, o doente fecha os olhos, seus membros ficam paralisados, sem o menor sinal de vida; quando ele retira a agulha, o doente reabre os olhos, movimenta-se, volta a falar, sente: renasce, vive.

Srta. de Lespinasse – Isso é singular. E o doente se cura?

Bordeu – Sim. E, uma vez curado, reflete, pensa, raciocina, mostra-se cheio de espírito e revela o mesmo bom senso, a mesma concentração, embora tenha perdido uma parte de seu cérebro.

Srta. de Lespinasse – Mas que juiz extraordinário não é o cérebro!

Bordeu – Porventura ele engana; está sujeito à força do hábito. Sente dor num membro que foi amputado. É fácil enganá-lo: cruze dois dedos um sobre o outro, toque numa pequena bola e ele dirá que são duas.

Srta. de Lespinasse – É como todos os juízes do mundo, precisa da experiência; sem ela, tomará a sensação do gelo pela do fogo.

Bordeu – Comete outros enganos: dá um volume quase infinito ao indivíduo ou então o resume a um ponto.

---

24 François Gigot de La Peyronie (1678-1747), cirurgião francês, médico de Luís XV.

Srta. de Lespinasse – Não entendi.

Bordeu – O que circunscreve a sua extensão real, a verdadeira esfera da sua sensibilidade?

Srta. de Lespinasse – Minha visão e meu tato.

Bordeu – De dia; mas, à noite, no escuro, quando pensa em alguma coisa abstrata, ou mesmo de dia, quando seu espírito está ocupado, o que a circunscreve?

Srta. de Lespinasse – Nada. Existo como se fosse num ponto; quase deixo de ser matéria, só sinto meu pensamento; para mim, não há mais lugar, movimento, corpo, distância ou espaço; tornei-me nula.

Bordeu – Eis o termo último de concentração da sua existência. Mas a sua dilatação ideal pode não ter limites. Se o verdadeiro limite da sua sensibilidade for ultrapassado, seja pela aproximação, seja pela condensação de si mesma, não saberá mais o que pode se tornar.

Srta. de Lespinasse – Tem razão, doutor. Várias vezes, em sonhos, pareceu-me...

Bordeu – Como aos que padecem de gota...

Srta. de Lespinasse – ... que me tornava imensa...

Bordeu – ... e que o seu pé tocava o baldaquim da cama...

Srta. de Lespinasse – ... que meus braços e pernas se alongavam ao infinito, que o resto de meu corpo tomava um volume proporcional. Que Encélado,[25] da fábula, era um pigmeu; que Anfi-

---

25 Hesíodo, *Teogonia*, v.183 ss. Encélado é o líder dos gigantes que escalam o Olímpio (trad. Jaa Torrano. São Paulo: Iluminuras, 2000).

trite, de Ovídio,[26] cujos longos braços formavam um cinturão imenso em torno da Terra, era uma anã em comparação comigo, que escalava o céu e abarcava os dois hemisférios.

Bordeu – Muito bem. Conheci uma mulher que sentiu o contrário.

Srta. de Lespinasse – O quê? Ela diminuía gradativamente e encolhia em si mesma?

Bordeu – A ponto de se sentir tão pequena como uma agulha; ela via, ouvia, raciocinava, julgava e tinha um pavor mortal de se perder. Tremia à aproximação dos menores objetos, não ousava sair do lugar.

Srta. de Lespinasse – Que sonho singular; muito desagradável, e incômodo também.

Bordeu – Ela não estava sonhando; era um desses episódios em que as regras são suspensas.

Srta. de Lespinasse – Por quanto tempo ela permanecia sob essa forma miúda e imperceptível, de mulher em miniatura?

Bordeu – Por uma ou duas horas, e depois voltava aos poucos ao seu volume natural.

Srta. de Lespinasse – Qual a razão dessas sensações bizarras?

Bordeu – Em seu estado natural e tranquilo, os filamentos do feixe têm uma certa tensão, um tônus. Se essa energia habitual varia, altera-se o volume do nosso corpo.

Srta. de Lespinasse – Tanto no físico quanto no moral estamos sujeitos a crer que somos maiores do que na realidade?

---

26 Ovídio, *Metamorfoses*, I, v.252 ss. Anfitrite é dita a deusa dos mares (trad. Paulo Farmhouse Alberto. Lisboa: Cotovia, 2007).

Denis Diderot

Bordeu – O frio nos encolhe, o calor nos dilata, e um indivíduo pode, durante toda a sua vida, acreditar que é menor ou maior do que realmente é. Se acontecer de a massa do feixe entrar num eretismo violento, se os filamentos entrarem em ereção e a multidão infinita de suas extremidades se lançar para além do limite costumeiro, então a cabeça, os pés, os outros membros, todos os pontos da superfície do corpo serão distendidos a uma distância imensa, e o indivíduo se sentirá gigantesco. O fenômeno contrário ocorrerá se a insensibilidade, a apatia e a inércia ganharem os filamentos e eles pouco a pouco se retraírem em direção à origem do feixe.

Srta. de Lespinasse – Presumo que essa expansão e contração não seja mensurável, e que essa insensibilidade da extremidade dos filamentos, esse torpor, pode, decorrido algum progresso, se deter, interromper-se...

Bordeu – Como aconteceu com La Condamine:[27] então, o indivíduo sente como se tivesse balões nos pés.

Srta. de Lespinasse – Ele existe para além do termo último de sua sensibilidade, e, se os sentidos fossem envolvidos por essa apatia, ele seria um homenzinho vivendo sob um homem morto.

Bordeu – Do que a senhorita pode concluir que o animal, que na origem era apenas um ponto, continua sem saber se é, realmente, algo mais que isso. Mas voltemos.

Srta. de Lespinasse – Para onde?

---

27 Charles Marie la Condamine, célebre físico e naturalista francês, próximo ao círculo dos enciclopedistas. É autor de *Relation abrégée d'un voyage fait dans l'intérieur del'Amérique méridionale* (1759)

O sonho de d'Alembert e outros escritos

Bordeu – Para onde? Para o trepanado de La Peyronie... É isso, creio, que a senhorita me pede, o exemplo de um homem que viveu e morreu alternadamente... Mas há algo melhor ainda...

Srta. de Lespinasse – O que poderia ser?

Bordeu – A fábula de Castor e Pólux concretizada. Havia duas crianças, a primeira viveu logo após a morte da segunda, que viveu logo após a morte da primeira.

Srta. de Lespinasse – Ah, que bela história! E por quanto tempo?

Bordeu – Sua existência durou dois dias, que elas compartilharam de maneira equânime e alternada, de modo que cada uma teve um dia de vida e um dia de morte.

Srta. de Lespinasse – Receio que abusa um pouco de minha credulidade, doutor. Cuidado; se me engana uma vez, não acredito mais no senhor.

Bordeu – Já leu alguma vez a *Gazeta da França*?

Srta. de Lespinasse – Nunca, embora seja a obra-prima de dois homens de espírito.

Bordeu – Pegue emprestado o jornal do dia 4 deste mês de setembro [1769] e verá que, em Rabastens, na diocese de Albi, duas meninas nasceram de costas uma para a outra, unidas pelas vértebras lombares, pelas nádegas e pela região hipogástrica. Se uma era posta em pé, a outra ficava de cabeça para baixo. Deitadas, elas se olhavam; suas coxas eram dobradas entre os dois troncos e tinham as pernas erguidas; no meio da linha circular comum que as ligava por seus hipogástrios, se discernia o sexo, e, entre a coxa direita de uma, que correspondia à coxa esquerda da outra, encontrava-se numa cavidade um pequeno ânus, pelo qual escorria o mecônio.

Srta. de Lespinasse – Que coisa mais bizarra.

Bordeu – Elas bebiam o leite que lhes foi dado numa colher. Viveram por doze horas, como eu disse, em alternância: quando uma desmaiava, a outra despertava, uma morria enquanto a outra vivia. O primeiro desmaio de uma e o primeiro despertar da outra duraram quatro horas; os desmaios e os retornos alternados à vida foram menos longos; expiraram juntas, no mesmo instante. Foi observado que os umbigos se moviam alternadamente, quando contraía-se o daquela que desmaiava e distendia-se o daquela que despertava.

Srta. de Lespinasse – O que o senhor tem a dizer sobre essas alternâncias entre a vida e a morte?

Bordeu – Nada que valha a pena, provavelmente. Mas, como vemos tudo pela luneta de nosso próprio sistema – e não serei eu a exceção à regra –, digo que é o fenômeno do trepanado de La Peyronie duplicado em dois seres unidos; que essas crianças estavam tão amalgamadas que agiam e reagiam uma sobre a outra. Quando prevalecia a origem do feixe de uma, ele arrastava a teia da outra, que desmaiava imediatamente; acontecia o contrário quando a teia desta última dominava o sistema comum. No trepanado de La Peyronie, a pressão se dava de cima a baixo, pelo peso do fluido; nas gêmeas de Rabastens, era de baixo para cima, pela tração de certo número de fios da teia. Essa conjectura é reforçada pela contração e distensão alternada dos umbigos.

Srta. de Lespinasse – São duas almas interligadas.

O sonho de d'Alembert e outros escritos

Bordeu – Um mesmo animal, com o princípio de dois sentidos e duas consciências.

Srta. de Lespinasse – Tendo, contudo, a cada momento, o gozo de apenas uma. Quem sabe o que teria acontecido se esse animal tivesse vivido?

Bordeu – Que espécie de correspondência não teria estabelecido, entre esses dois cérebros, a experiência de cada momento da vida, que é, de todos os hábitos, o mais forte que se possa imaginar?

Srta. de Lespinasse – Sentidos duplicados, uma memória dupla, uma dupla imaginação, a dupla aplicação dessas faculdades. Uma metade observa, lê e medita, compenetrada; enquanto isso, a outra repousa. Em seguida, esta última assume as funções da companheira enquanto ela descansa. A vida dupla de um ser duplicado.

Bordeu – Isso é possível. E a natureza, fazendo com o tempo tudo o que é possível, formará algum estranho composto.

Srta. de Lespinasse – Como seríamos pobres, em comparação a esse ser!

Bordeu – Por quê? Existem tantas incertezas, contradições e tolices num entendimento simples, que não sei o que seria de um entendimento duplo... Senhorita, já são dez e meia, e ouço um paciente que me chama de longe, do subúrbio.

Srta. de Lespinasse – Corre algum risco se não for vê-lo?

Bordeu – Talvez menor do que se eu for. Se a natureza não fez o trabalho sem mim, dificilmente poderemos fazê-lo juntos, e eu certamente não o farei sem ela.

Srta. de Lespinasse – Se é assim, não tem que ir, pode ficar.

D'Alembert – Doutor, apenas uma palavra e o libero para o seu paciente. Dadas as vicissitudes que experimentei ao longo de minha existência, provavelmente não tenho mais nenhuma das moléculas que tinha ao nascer. Como permaneci eu mesmo, tanto para os outros quanto para mim?

Bordeu – Respondeu a essa questão sonhando.

D'Alembert – Eu sonhei?

Srta. de Lespinasse – A noite inteira; e, como parecia um delírio, mandei que se chamasse o doutor logo cedo.

D'Alembert – Tudo culpa das patas da aranha que se agitavam por si mesmas, mantendo-a alerta e falante. E o que disse o animal?

Bordeu – Que, graças à memória, ele é ele para os outros e para si; eu acrescentaria, o é também graças à lentidão das vicissitudes. Se tivesse passado da juventude à velhice num piscar de olhos, entraria neste mundo como no primeiro momento de seu nascimento. Não existiria nem para os outros nem para si, mesmo porque os outros não teriam sido eles mesmos para o senhor. Todas as relações teriam sido suprimidas, a história de sua vida para mim, a da minha vida para o senhor, tudo isso teria sido apagado. Como eu poderia saber que este homem, recurvado sobre uma bengala, praticamente cego, que caminha com dificuldade, mais diferente de si mesmo por dentro do que por fora, era o mesmo que, na véspera, andava com tanta leveza, carregava fardos pesados, entregava-se às meditações mais profundas, aos exercícios mais tranquilos e aos mais intensos? Ele mesmo não entenderia suas próprias obras, não se reconheceria a si mesmo, não reconheceria a ninguém, e ninguém o reconheceria. A cena do mundo estaria completamente alterada aos seus olhos. Pense que haveria menos diferença ainda entre o senhor ao nascer e jovem do que entre o senhor jovem e subitamente decrépito. Imagine que, embora seu nascimento esteja ligado à sua juventude por uma série de sensações ininterruptas, os três primeiros anos de sua existência nunca foram a história de sua vida. O que teria sido para o senhor o tempo de sua juventude, se nada o tivesse ligado ao momento de sua decrepitude? D'Alembert decrépito não teria a menor lembrança de d'Alembert jovem.

Srta. de Lespinasse – No enxame de abelhas, nenhuma teria tempo de adquirir o espírito coletivo.

D'Alembert – O que está dizendo?

Srta. de Lespinasse – Que o espírito monástico se conserva porque o monastério está sempre se refazendo, e, quando entra um monge novo, ele encontra uma centena de velhos que o levam a pensar e a sentir como eles. Uma abelha se vai, outra a sucede no enxame e logo está a par de tudo.

D'Alembert – A senhora está delirando com esses monges e abelhas, esse enxame e esse convento.

Bordeu – Menos do que parece. O animal tem uma única consciência, mas as vontades são incontáveis; cada órgão tem a sua.

D'Alembert – Como disse?

Bordeu – O estômago quer alimentos que não agradam ao paladar. A diferença entre o paladar e o estômago, e o animal como um todo, é que, se o animal sabe que quer, o estômago e o paladar querem sem sabê-lo. O estômago ou o paladar estão um para o outro mais ou menos como o homem está para os animais brutos. As abelhas podem não ter consciência, mas têm seus apetites e vontades. A fibra é um animal simples, o homem é um animal composto; mas guardemos isso para uma outra oportunidade. Para privar um homem da consciência de si não é preciso um acidente ou um mal como a decrepitude súbita; algo bem menor já basta. Um moribundo recebe os sacramentos com profunda piedade; ele se arrepende de seus erros, pede perdão à mulher, abraça os filhos, reúne os amigos, conversa com seu médico, dá ordens aos empregados, dita suas últimas vontades, organiza seus negócios, tudo isso com o juízo mais são e a mais perfeita presença de espírito. Então ele se cura e se restabelece, e não tem mais a menor ideia do que disse ou fez durante sua doença. Esse intervalo, às vezes bastante longo, desapareceu de sua vida. Existem até exemplos de pessoas que retomaram no mesmo pé a conversa ou a ação interrompida pelo mal súbito.

D'Alembert – Lembro-me de que, numa aula pública, um pedante de colégio, todo orgulhoso de seu saber, foi posto no chinelo por um capuchinho que ele desprezava. Logo ele, rebaixado dessa maneira! E por quem? Por um capuchinho! E a respeito do quê? Dos futuros contingentes, ciência à qual se dedicara por toda a vida! E em quais circunstâncias? Diante de uma assembleia numerosa, formada por seus alunos! O resultado foi inevitável: ele perdeu a sua reputação. Sua cabeça trabalhava tanto com essas ideias, que ele mergulhou numa letargia que lhe retirou todos os conhecimentos que até então adquirira.

Srta. de Lespinasse – Mas que felicidade!

Bordeu – Por Deus, tem razão. Seu bom senso permanecia intacto, mas ele se esquecera de tudo. Ensinaram-lhe a falar e

O sonho de d'Alembert e outros escritos

a ler; quando morreu, estava soletrando razoavelmente. Esse homem não ficou inepto; atribuíram-lhe até mesmo alguma eloquência.

Srta. de Lespinasse – Já que o doutor ouviu a sua história, que ouça a minha também. Um rapaz jovem de 18 a 20 anos, de cujo nome não me lembro...

Bordeu – É o sr. Schullemberg, de Winterthur; ele tem 15 ou 16 anos.

Srta. de Lespinasse – Esse jovem sofreu uma queda em que sua cabeça foi violentamente atingida.

Bordeu – Como assim violentamente atingida? Ele caiu do alto de um celeiro, teve a cabeça quebrada e ficou seis semanas inconsciente.

Srta. de Lespinasse – De toda forma, sabe qual foi a consequência desse acidente? A mesma sofrida pelo seu pedante: esqueceu tudo o que sabia, voltou a ser criança; teve uma segunda infância, e foi duradoura. Tornou-se medroso e covarde; divertia-se com brinquedos. Se fizesse algo errado e fosse advertido, escondia-se num canto; pedia permissão para ir ao banheiro. Ensinaram-lhe a ler e a escrever. Antes que eu me esqueça: teve de aprender a andar. Mais tarde, tornou-se um homem talentoso, e deixou como legado uma obra de história natural.

Bordeu – São gravuras, ilustrações para a obra do sr. Sulzer sobre os insetos de acordo com o sistema de Lineu.[28] Estou ciente do fato; aconteceu no cantão de Zurique, na Suíça. Há muitos exemplos semelhantes. Se alterar a origem do feixe,

---

28 Johann Heinrich Sulzer, *Die Kennzeichen der Insekten* (1761).

transformará o animal. Parece que ele está lá inteiro, ora dominando as ramificações, ora dominado por elas.

Srta. de Lespinasse – E o animal vive sob o despotismo ou na anarquia.

Bordeu – Sob o despotismo, excelente. A origem do feixe comanda, e o resto obedece. O animal é senhor de si, *mentis compos*.[29]

Srta. de Lespinasse – Ou na anarquia, em que todos os filetes da teia se rebelam contra seu chefe e onde não há mais autoridade suprema.

Bordeu – Esplêndido. Nos grandes acessos de paixão, no delírio, nos perigos iminentes, se o mestre conduz todas as forças de seus súditos para um ponto, o animal mais fraco mostra uma força inacreditável.

Srta. de Lespinasse – Nos vapores, uma espécie de anarquia peculiar à nossa espécie.

Bordeu – É a imagem de uma administração fraca, em que cada um atrai para si a autoridade do mestre. Só conheço uma cura para isso; é delicada, mas certa: que a origem da teia sensível, essa parte que constitui o eu, seja exposta a um estímulo violento, recobrando assim a sua autoridade.

Srta. de Lespinasse – E então o que acontece?

Bordeu – Ou ela de fato a recobra ou o animal perece. Se eu tivesse tempo, contaria dois fatos singulares a respeito.

Srta. de Lespinasse – Mas doutor, o horário de sua consulta já passou, seu paciente já não o espera.

---

29 Em latim no original: "serenidade mental".

Bordeu – Só posso vir aqui quando não tenho nada para fazer, pois é impossível ir embora.

Srta. de Lespinasse – Sua tirada humorística é absolutamente verdadeira! Mas, voltemos às suas histórias.

Bordeu – Comecemos por esta. Uma mulher que passou pelo parto mergulhou num terrível estado vaporoso. Chorava e ria involuntariamente. Sofria de asfixia, tinha convulsões, inchaços na garganta, alternava silêncios sombrios e gritos agudos, enfim, tudo o que pode haver de pior. Isso durou vários anos. Ela, que amava apaixonadamente o seu companheiro, acreditou que ele, cansado de sua doença, começava a se afastar. Então, decidiu que se curava ou morria. Deflagrou-se nela uma guerra civil, na qual ora ela, que era o mestre, vencia, ora venciam os súditos. Se a ação dos fios da teia era equivalente à reação de sua origem, ela desfalecia como morta. Levavam-na para a cama, onde passava horas inteiras sem se mexer, quase sem vida. Em outras ocasiões, experimentava apenas uma lassidão, uma fraqueza generalizada que parecia um presságio de sua derrota. O conflito se arrastou por seis meses. A revolta começava sempre pelos filetes; ela sentia a sua aproximação. Ao primeiro sintoma, erguia-se, corria, fazia exercícios intensos, subia e descia escadas, serrava madeira, escavava a terra. O órgão de sua vontade, a origem do feixe, se enrijecia. Dizia a si mesma: "Vencer ou morrer". Depois de inúmeras vitórias e derrotas, o mestre triunfou, e os súditos se mostraram tão submissos, que, embora desde então tenha passado por dificuldades domésticas e padecido de diferentes doenças, os vapores deixaram de ser um problema.

Srta. de Lespinasse – Foi corajosa; gosto de pensar que eu teria feito o mesmo.

Bordeu – É que a senhorita, se amasse, amaria bem, e com resolução.

Srta. de Lespinasse – Entendo. Somos firmes se o hábito ou a organização, a origem do feixe, domina os filetes, somos fracos se ele é dominado por eles.

Bordeu – Poderíamos extrair muitas outras consequências dessa história.

Srta. de Lespinasse – Prefiro ouvir a segunda história; extraia as consequências depois.

Bordeu – Uma jovem dera passos em falso. Até que um dia decidiu fechar a porta ao prazer. Ei-la de súbito sozinha, melancólica e vaporosa. Mandou me chamar. Aconselhei-a a vestir roupas de camponesa, trabalhar na terra o dia inteiro, dormir sobre a palha e comer pão duro. Esse regime não a agradou. "Então faça uma viagem", eu lhe disse. Ela fez um giro pela Europa e recuperou sua saúde percorrendo as grandes estradas.

Srta. de Lespinasse – Não é bem isso que tinha a dizer, doutor. Vamos às consequências.

Bordeu – Isso não acabará nunca.

Srta. de Lespinasse – Não importa. Diga assim mesmo.

Bordeu – Hesito.

Srta. de Lespinasse – Por quê?

Bordeu – É que, do jeito que estamos indo, afloramos tudo e não aprofundamos nada.

Srta. de Lespinasse – Que importa? Não estamos pintando um quadro, apenas conversando.

O sonho de d'Alembert e outros escritos

Bordeu – Por exemplo, se a origem do feixe convoca para si todas as forças, se o sistema se move, por assim dizer, a marcha ré, como creio que acontece no homem que medita profundamente, no fanático que vê os céus se abrirem, no selvagem que canta no meio das chamas, no êxtase, na alienação voluntária ou involuntária...

Srta. de Lespinasse – Nesse caso?

Bordeu – O animal se torna impassível, existe em um único ponto. Eu não vi o padre Calame, do qual fala Santo Agostinho, que se alienava a ponto de não sentir as brasas ardentes; não vi os selvagens que sorriam para seus inimigos quando estes os insultavam e lhes sugeriam tormentos ainda mais refinados do que aqueles que já lhes eram infligidos; não vi os gladiadores no circo, que, ao expirar, recordavam as graciosas lições de ginástica. Mas acredito em todos esses fatos, pois vi, com meus próprios olhos, um esforço tão extraordinário quanto qualquer um desses.

Srta. de Lespinasse – Agora conte-me, doutor. Sou como as crianças. Adoro fatos maravilhosos, e, quando eles honram a espécie humana, raramente me ocorre questionar sua veracidade.

Bordeu – Havia na pequena cidade de Champagne, em Langres, um bom pároco, chamado De Moni, imbuído da verdade da religião, penetrado por ela. Esse homem sofreu um ataque de pedra nos rins; foi preciso operá-lo. Marcado o dia da operação, o cirurgião, seus assistentes e eu nos dirigimos à sua casa. Ele nos recebe com um ar sereno, tira as roupas, reclina-se; sugerem amarrá-lo, ele se recusa. "Apenas me posicionem como convém"; ele é ajeitado. Então, pede que lhe deem um grande crucifixo que estava ao pé de sua cama. Ele o aperta entre os braços, e nele cola a sua boca. Começa a operação, ele permanece imóvel, não deixa escapar sequer uma lágrima ou um suspiro, e livra-se da pedra, cuja existência ele ignorava.

Srta. de Lespinasse – Que coisa mais tocante. Depois disso, alguém duvida que aquele, cujos ossos do peito eram quebrados com pedras, não viu os céus se abrirem?

Bordeu – Sabe o que é uma dor de ouvido?

Srta. de Lespinasse – Não.

Bordeu – Melhor para a senhorita. É o mais cruel dos males.

Srta. de Lespinasse – Pior que a dor de dentes? Essa eu conheço, infelizmente.

Bordeu – Sem comparação. Um filósofo amigo seu[30] padecia de uma dor de ouvido há quinze dias, até que, uma manhã, disse à mulher: "Não me sinto com coragem suficiente para enfrentar este dia até o fim...". Pensou que seu único recurso era burlar a dor com algum artifício. Pouco a pouco, foi mergulhando numa questão metafísica, a tal ponto que se esqueceu de seu ouvido. Deram-lhe comida, ele comeu sem percebê-la; chegou a hora de dormir, e ele se deitou sem sentir nenhum sofrimento. A terrível dor só retornou quando a contenção do espírito foi suspensa, e veio com um furor inesperado. De duas, uma: ou o cansaço irritou a dor, ou a fraqueza a tornou mais insuportável.

Srta. de Lespinasse – Quando saímos desse estado, sentimo--nos, de fato, exaustos. Como às vezes sucede a este homem aqui ao nosso lado.

---

30 Trata-se de Helvétius, autor do tratado *De l'Esprit* (1758).

O sonho de d'Alembert e outros escritos

Bordeu – Isso é perigoso; ele deveria se cuidar.

Srta. de Lespinasse – É o que eu sempre lhe digo, mas não adianta.

Bordeu – Ele não tem escolha; sua vida está em jogo, e poderá perdê-la por causa disso.

Srta. de Lespinasse – É um prognóstico assustador.

Bordeu – Esse esgotamento e essa lassidão, o que eles provam? Que os filamentos do feixe não permaneceram ociosos, e que havia, em todo o sistema, uma tensão violenta na direção de um centro comum.

Srta. de Lespinasse – E quando essa tensão ou tendência violenta é duradoura ou habitual?

Bordeu – Nesse caso, é um tique da origem do feixe, e o animal padece de uma loucura praticamente incurável.

Srta. de Lespinasse – Por quê?

Bordeu – É que o tique da origem não é como o tique de um dos filamentos. A cabeça pode comandar os pés, mas os pés não poderiam comandar a cabeça; a origem pode comandar um dos filamentos, mas um filamento não poderia comandar a origem.

Srta. de Lespinasse – Que diferença haveria, poderia explicar? Por que eu não penso em cada uma das partes do meu corpo? Não sei por que essa questão não me ocorreu antes.

Bordeu – A consciência está num único lugar.

Srta. de Lespinasse – Não seja tão sucinto, doutor.

Bordeu – Ela só pode estar num único lugar, o centro comum de todas as sensações, onde a memória se encontra e as comparações são feitas. Enquanto cada filamento é passível de um número limitado de impressões e sensações sucessivas, isoladas, sem memória, a origem é passível de todas as impressões, pois ela as registra e as armazena em sua memória ou registra uma sensação contínua delas. Desde a sua primeira formação, o animal é constrangido a se remeter a ela, a fixar-se nela e a existir por inteiro nela, como seu centro.

Srta. de Lespinasse – E se o meu dedo tivesse memória?

Bordeu – Então ele pensaria.

Srta. de Lespinasse – Mas o que é, afinal, a memória?

Bordeu – Ela é a propriedade do centro, o sentido específico da origem da teia, assim como a visão é propriedade do olho. É tão espantoso que a memória não esteja no olho quanto que a visão não esteja na orelha.

Srta. de Lespinasse – Doutor, elude as minhas questões mais do que as responde.

Bordeu – Não eludo nada. Digo-lhe o que sei, e eu saberia mais, se conhecesse tão bem a organização da origem da teia quanto seus fios e pudesse observá-la com a mesma facilidade. Mas minha fraqueza em relação aos fenômenos particulares é compensada por meu triunfo quando se trata de fenômenos gerais.

Srta. de Lespinasse – E o que seriam esses fenômenos gerais?

Bordeu – A razão, o juízo, a imaginação, a loucura, a imbecilidade, a ferocidade, o instinto.

Srta. de Lespinasse – Entendo, essas qualidades são meras consequências da relação original ou adquirida por hábito entre origem do feixe e suas ramificações.

O sonho de d'Alembert e outros escritos

Bordeu – Esplêndido. O princípio ou o tronco é por demais vigoroso em relação aos ramos? Temos poetas, artistas, pessoas de imaginação forte, homens pusilânimes, entusiastas, loucos. É muito fraco? Temos os chamados brutos, as bestas ferozes. O sistema é frouxo, flácido, desprovido de energia? Temos os imbecis. É enérgico, harmonioso, bem ordenado? Temos os bons pensadores, os filósofos, os sábios.

Srta. de Lespinasse – Dependendo de qual ramificação tirânica predomina, o instinto se torna diverso nos animais, o gênio nos homens. O cão tem o olfato, o peixe o ouvido, a águia a vista. D'Alembert é geômetra, Vaucanson[31] faz autômatos, Grétry[32] é músico, Voltaire é poeta. Esses efeitos decorrem do maior vigor de um feixe em particular, em cada um desses homens, do que costuma ser o caso em outros da sua espécie.

Bordeu – Sem esquecer o império dos hábitos, o velho que ama as mulheres, Voltaire que continua a escrever tragédias. (*Aqui o doutor se põe a divagar, e a senhorita lhe diz:*)

Srta. de Lespinasse – Doutor, está distraído.

Bordeu – É verdade.

Srta. de Lespinasse – Em que pensa?

Bordeu – No sr. Voltaire.

Srta. de Lespinasse – A propósito do quê?

Bordeu – Da maneira como os grandes homens são feitos.

Srta. de Lespinasse – E qual seria?

---

31 D'Alembert se refere às invenções de Vaucanson no verbete "Automate" da *Enciclopédia* (v.1, p.196; ver na edição brasileira o v.6).

32 André Gretry (1741-1813), autor de numerosas cômicas.

Denis Diderot

Bordeu – Qual? A sensibilidade...

Srta. de Lespinasse – A sensibilidade?

Bordeu – A maleabilidade extrema de certos fios da teia é uma qualidade predominante nos seres medíocres.

Srta. de Lespinasse – Ah, doutor, mas que blasfêmia!

Bordeu – Eu esperava isso. O que é um ser sensível? É um ser entregue ao poder do diafragma. Uma palavra terna abala o ouvido, um fenômeno singular chega ao olho, e eis que de repente se eleva um tumulto interior, os filamentos do feixe se agitam, um estremecimento se espalha, sobrevém um horror, lágrimas correm, suspiros sufocam, a voz se cala, a origem do feixe não sabe o que acontece, é incapaz de sangue-frio, razão ou juízo, não tem nenhum recurso.

Srta. de Lespinasse – Eu me reconheço nessa descrição.

Bordeu – Um grande homem que infelizmente tenha recebido essa disposição natural se empenhará constantemente em enfraquecê-la, dominá-la, tornar-se senhor de seus próprios movimentos e conservar a sede do império na origem do feixe. Será senhor de si mesmo em meio aos maiores perigos, julgará friamente, porém de modo sadio. Não deixará escapar nada que possa servir aos seus fins ou contribuir para realizar suas intenções. Será difícil surpreendê-lo; se tiver 45 anos, será um grande homem, um rei, um ministro, um político, um artista, um músico, um médico. Reinará sobre si mesmo e sobre tudo o que o rodeia. Não temerá a morte; o medo, no sublime dizer do estoico, é uma alça a que o robusto se apega para levar o fraco para onde quiser.[33]

---

33 Frase de Epiteto aludida novamente nos *Elementos de fisiologia* (p.307 desta edição).

O sonho de d'Alembert e outros escritos

O grande homem quebrará a alça e se libertará, de um só golpe, de todas as tiranias deste mundo. Os seres sensíveis e os tolos permanecerão em cena; ele, que é sábio, se sentará na plateia.

Srta. de Lespinasse – Deus me livre de frequentar esse sábio.

Bordeu – Por não querer ser como ele, a senhorita terá dores e prazeres violentos, e passará a vida a rir e a chorar, será sempre uma criança.

Srta. de Lespinasse – Prefiro assim.

Bordeu – Espera com isso ser mais feliz?

Srta. de Lespinasse – Não sei.

Bordeu – Senhorita, essa qualidade tão apreciada, que não conduz a nada de grande, quase nunca se manifesta com força sem dor ou fraca sem tédio, ou bocejamos ou ficamos inebriados. A senhorita se entrega desmedidamente à doce sensação de uma música deliciosa ou se deixa arrastar pelo encanto de uma cena patética: seu diafragma se fecha, o prazer passa e não lhe resta mais que uma falta de ar que dura o dia inteiro.

Srta. de Lespinasse – Mas não é essa a condição para usufruir da música sublime ou de uma cena emocionante?

Bordeu – Aí é que se engana. Também sei gozar e admirar, mas não sofro, a não ser de cólica. Tenho um prazer puro. Minha censura é muito mais severa, meu elogio é muito mais lisonjeiro e mais refletido. Será que existe tragédia ruim, para as almas movediças como a sua? Quantas vezes não sentiu vergonha, ao ler uma peça, dos arroubos que experimentou durante a encenação, e vice-versa?

Srta. de Lespinasse – Isso já me aconteceu.

Denis Diderot

Bordeu – Portanto, não é ao ser sensível como a senhorita, mas ao ser tranquilo e frio como eu, que cabe dizer: isto é verdade, isto é bom, isto é belo... Fortaleçamos a origem da teia, é o que temos de melhor a fazer. Sabe que a própria vida depende disso?

Srta. de Lespinasse – A vida, doutor? Isso é grave.

Bordeu – Sim, a vida. Não há ninguém que nunca teve um desgosto. Um único acontecimento basta para tornar essa sensação involuntária e habitual. A despeito das distrações, da variedade dos divertimentos, dos conselhos dos amigos, de seus próprios esforços, os filamentos insistem em comunicar abalos funestos para a origem do feixe. O infeliz pode se debater à vontade, mas, para ele, o espetáculo do universo é sempre sombrio, um cortejo de ideias lúgubres o acompanha, e ele termina por se livrar de si mesmo.

Srta. de Lespinasse – Doutor, o senhor me assusta.

D'Alembert (*de pé, com roupão e gorro de dormir*) – E o sono, doutor, o que lhe parece? É uma coisa boa.

Bordeu – O sono, esse estado em que, por lassidão ou por hábito, a teia inteira se distende e permanece imóvel, ou em que, como na doença, cada fio da teia se agita, movimenta-se, transmite à origem comum uma multidão de sensações frequentemente disparatadas, descosturadas, perturbadas, ou outras vezes tão interligadas, contínuas e bem ordenadas, que o mesmo homem, acordado, não mostraria tanta razão, tanta eloquência, uma imaginação e uma sensação porventura tão violentas e tão vivas, que, quando desperta, o homem fica em dúvida sobre a realidade da coisa...

Srta. de Lespinasse – E quanto ao sono?

Bordeu – É um estado do animal em que não há mais conjunto: toda convergência, toda subordinação deixa de existir. O mestre é entregue ao poder de seus vassalos e à energia desenfreada de sua própria atividade. O fio ótico foi abalado? A origem da teia vê, e ouve, se o fio auditivo a solicita. A única coisa que subsiste entre eles é ação e reação, como consequência da propriedade central, da lei da continuidade e do hábito. Se a ação começa pelo filamento voluptuoso que a natureza destinou ao prazer do amor e à propagação da espécie, a imagem despertada do objeto amado é o efeito da reação na origem do feixe. Se essa imagem, ao contrário, é despertada de início na origem do feixe, a tensão do fio voluptuoso, a efervescência e a efusão do fluido seminal são resultados da reação.

D'Alembert – Por isso há sonhos elevados e sonhos baixos. Esta noite, tive um sonho; mas ignoro em que direção ele foi.

Bordeu – Durante a vigília, a teia obedece às impressões do objeto externo. Durante o sono, tudo o que se passa emana do exercício da sensibilidade interna. No sonho, não existe distração; vem daí a sua vivacidade. É quase sempre a consequência de um eretismo, de um acesso passageiro de doença. A origem da teia oscila perpetuamente entre atividade e passividade: daí a sua perturbação. No sonho, diferentes conceitos se encontram amiúde tão ligados entre si quanto no mesmo animal quando exposto ao espetáculo da natureza. O sonho é o quadro desse espetáculo, excitado novamente: daí a sua verdade, e a impossibilidade de diferenciá-lo da vigília. A probabilidade do que se passa num desses estados não é maior que a do que se passa no outro; e o único meio de identificar o erro é a experiência.

Srta. de Lespinasse – Mas acontece sempre assim?

Bordeu – Nem sempre.

Srta. de Lespinasse – Se o sonho me oferece o espetáculo de um amigo que perdi, e de maneira tão verdadeira como se ele estivesse vivo – ele se dirige a mim, o escuto, eu o toco, e ele provoca em minhas mãos a impressão da solidez. De tal modo que, quando acordo, e tenho a alma cheia de ternura e de dor, e os olhos inundados de lágrimas, e meus braços se dirigem para o lugar em que ele apareceu, como dizer que não o vi, que não o ouvi, que não o toquei realmente?

Bordeu – Pela ausência dele. Mas, se é impossível discernir a vigília do sono, como medir sua duração? Quando tranquilo, é um intervalo contido entre o momento de se deitar e o de se levantar; se perturbado, pode durar até alguns anos. No primeiro caso, pelo menos, a consciência de si cessa inteiramente. Um sonho que nunca tivemos e que nunca teremos, como isso é possível?

Srta. de Lespinasse – É que não somos mais os mesmos.

D'Alembert – E, no caso do sonho conturbado, não somente temos consciência de si, mas também da vontade e da liberdade. Mas, o que é essa vontade, o que é essa liberdade do homem que sonha?

Bordeu – Ora, o que é? É a mesma do homem acordado. O último impulso do desejo e da aversão, o último resultado de tudo o que ele foi, desde o nascimento até o momento em que se encontra. Desafio o espírito mais refinado a perceber a menor diferença.

D'Alembert – Acredita nisso?

Bordeu – O senhor vem me fazer essa pergunta! O senhor que, entregue a especulações profundas, passou dois terços de sua vida a sonhar de olhos abertos e a agir sem querer. Sim, sem querer. Bem menos do que em sonhos. Em seus sonhos, comanda, ordena e é obedecido; fica satisfeito ou descontente, experimenta a contradição, depara-se com obstáculos, irrita-se, ama, odeia, ri, chora, vai e vem. No decurso de suas meditações, tão logo seus olhos se abrem pela manhã, tomado novamente pela ideia de que se ocupara na véspera, veste-se, senta-se à mesa em seu escritório, medita, traça figuras, calcula; então almoça, retoma suas contas, às vezes deixa a mesa para verificá-las; fala com os outros, dá ordens a seu empregado, janta, deita-se e dorme sem ter realizado nenhum ato voluntário. Não foi mais que um ponto. Agiu, mas não quis. Será que alguém quer por si mesmo? A vontade nasce sempre de algum motivo, interno ou externo, de alguma impressão presente, de alguma reminiscência do passado, de alguma paixão, de algum projeto futuro. Sobre a liberdade, lhe direi apenas uma palavra: é a última de nossas ações, é o efeito necessário de uma causa: nós mesmos. Causa deveras complexa, mas una.

Srta. de Lespinasse – Necessária?

Bordeu – Sem dúvida. Tente conceber a produção de uma outra ação, supondo que o ser que age seja o mesmo.

Srta. de Lespinasse – Tem razão. Porque ajo assim, aquele que age de outro modo não é mais eu. Afirmar que, no momento em que faço ou digo uma coisa, eu poderia dizer ou fazer outra, é dizer que sou eu e sou um outro. Mas, doutor, e quanto ao vício e à virtude? A virtude, essa palavra tão sagrada em todas as línguas, essa ideia tão venerada em todas as nações?

Bordeu – É preciso transformá-la nas ideias de beneficência e maleficência. Alguns são bem-nascidos, outros não.

Uma torrente geral nos arrasta, conduzindo-nos à glória ou à ignomínia.

Srta. de Lespinasse — E a estima de si, a vergonha e o remorso?

Bordeu — Puerilidades, decorrentes da ignorância e da vaidade de um ser que imputa a si mesmo o mérito ou o demérito de um comportamento momentâneo e involuntário.

Srta. de Lespinasse — E as recompensas e os castigos?

Bordeu — Meios de corrigir o ser modificável que chamamos de mau e encorajar aquele que chamamos de bom.

Srta. de Lespinasse — Essa doutrina toda não tem um quê de perigoso?

Bordeu — É verdadeira ou falsa?

Srta. de Lespinasse — Creio que é verdadeira.

Bordeu — Quer dizer que pensa que a mentira tem suas vantagens, e a verdade, seus inconvenientes.

Srta. de Lespinasse — Penso que sim.

Bordeu — Eu também. Mas, enquanto as vantagens da mentira são efêmeras, as da verdade são eternas. As consequências prejudiciais da verdade, quando as tem, logo passam, já as da mentira só terminam com ela. Examine os efeitos da mentira na cabeça do homem e em sua conduta. Ou a mentira se ligou precariamente à verdade, e a cabeça é falsa, ou a cabeça aderiu à mentira, e, portanto, é equivocada. Que conduta esperar de uma cabeça inconsequente em seus raciocínios ou consequente em seus erros?

Srta. de Lespinasse — Este último vício, menos desprezível, é talvez mais temerário que o primeiro.

O sonho de d'Alembert e outros escritos

D'Alembert – Muito bem. Com isso, remetemos tudo à sensibilidade, à memória, aos movimentos orgânicos. Isso me agrada muito. Mas, e quanto à imaginação?

Bordeu – A imaginação...

Srta. de Lespinasse – Um instante, doutor: recapitulemos. Segundo seus princípios, parece-me que, por uma série de operações puramente mecânicas, eu reduziria o maior gênio da Terra a uma massa de carne não organizada, à qual não restaria mais que a sensibilidade momentânea, e, inversamente, levaria essa massa informe do estado de estupidez mais profunda que se possa imaginar à condição de homem dotado de gênio. O primeiro desses fenômenos consistiria em tirar do novelo primitivo certo número de fios e embaralhar o resto; já o fenômeno inverso consistiria em restituir ao novelo os fios que lhe tinham sido tirados e deixá-los para que se desenvolvam por si mesmos. Por exemplo. Privo Newton dos dois filamentos auditivos, e não há mais sensação de sons; dos olfativos, e não há mais sensação de odores; dos óticos, e não há mais sensação de cores; dos palatinos, e não há mais sensação de sabores; suprimo e confundo os demais, e adeus organização do cérebro! Adeus memória, juízo, desejos, aversões, paixões, vontade, consciência de si. Resta apenas uma massa informe, que reteve apenas a vida e a sensibilidade.

Bordeu – Duas qualidades quase idênticas; a vida é do agregado, a sensibilidade é do elemento.

Srta. de Lespinasse – Retomo essa massa e lhe restituo os filamentos olfativos, e ela fareja; os auditivos, e ela ouve; os óticos, e ela vê; os palatinos, e ela saboreia. Desembaraço o resto do novelo, e permito aos outros fios que se desenvolvam, e vejo renascerem a memória, as comparações, o juízo, a razão, os desejos, as aversões, as paixões, a aptidão natural, o talento. Redescubro o homem de gênio, sem a interferência de nenhum agente heterógeno e ininteligível.

Bordeu — Esplêndido. Fique nisso; o resto não passa de uma quimera. Mas, e quanto às abstrações? E à imaginação? A imaginação é a memória das formas e cores. O espetáculo de uma cena, de um objeto, afina, de alguma maneira, o instrumento sensível; ou ele se afina por si mesmo ou é afinado por uma causa externa. Ele vibra por dentro ou ressoa para fora; e, em silêncio, recorda as impressões que recebeu ou as ecoa mediante sons de convenção.

D'Alembert — Seu relato me parece exagerado, omite circunstâncias, acrescenta outras, desfigura os fatos ou os embeleza. Os instrumentos sensíveis adjacentes concebem, é verdade, as impressões do instrumento que as ressoa, mas elas não são impressões do que aconteceu.

Bordeu — É verdade; o relato ou é histórico ou é poético.

D'Alembert — E como essa poesia ou mentira se introduz no relato?

Bordeu — Por meio de ideias que despertam umas às outras, e que o fazem porque sempre estiveram ligadas. Tomou a liberdade de comparar o animal a um cravo; permita que eu compare o relato do poeta ao canto.

D'Alembert — É justo que o faça.

Bordeu — Todo canto tem uma escala. Essa escala tem intervalos próprios. Cada uma de suas cordas tem seus harmônicos,

O sonho de d'Alembert e outros escritos

cada um destes também têm os seus. Introduzem-se assim, na melodia, modulações de passagem, e o canto se enriquece e se estende. O fato é como um dado motivo, que cada músico sente do seu jeito.

Srta. de Lespinasse – Por que embaralhar a questão com esse estilo figurado? Eu diria que, como cada um tem seus olhos, cada um vê as coisas e as conta de modo diferente dos outros. Eu diria que cada ideia desperta outras, e que cada pessoa, dependendo de seu temperamento ou caráter, ou retém as ideias que representam o fato rigorosamente, ou introduz ideias que foram por ele despertadas. Eu diria que essas ideias são escolhidas; eu diria... que esse assunto, se tratado a fundo, daria um livro.

D'Alembert – Tem razão. O que não me impede de perguntar ao doutor se ele não concorda que uma forma que não é semelhante a nada jamais poderia ser engendrada na imaginação ou produzida pelo relato.

Bordeu – Concordo. O delírio dessa faculdade se reduz ao talento desses charlatães que, a partir de fragmentos de diversos animais, compõem um novo, bizarro, que nunca foi visto na natureza.

D'Alembert – E quanto às abstrações?

Bordeu – Elas não existem. Tudo o que há são reticências habituais, que tornam as proposições mais gerais e dão rapidez e comodidade à linguagem. As ciências nasceram a partir dos signos da linguagem. Uma qualidade comum a diferentes ações engendrou as palavras "vício" e "virtude". Uma qualidade comum a diferentes seres engendrou as palavras "feiura" e "beleza". Um dia alguém disse "um homem", "um cavalo";

outro dia, "dois animais"; um dia depois, "um", "dois", "três": nasceu assim a ciência dos números. É impossível ter uma ideia de uma palavra abstrata. Observam-se em todos os corpos três dimensões: comprimento, largura e profundidade. Cada uma delas foi considerada, e surgiram assim as ciências matemáticas. Toda abstração é um signo privado de ideia. Toda ciência abstrata é tão somente uma combinação de signos. A ideia foi isolada por separação do signo do objeto físico, mas é apenas vinculando-se o signo ao objeto físico que a ciência se torna ciência de ideias. Por isso é tão necessário, nos livros, na conversação, chegar a exemplos. Quando, após uma longa combinação de signos, o senhor pede um exemplo, exige daquele que fala que dê corpo, forma, realidade, ideia ao ruído sucessivo de seus acentos, aplicando a ele as sensações que experimenta.

D'Alembert – Isso está claro para a senhorita?

Srta. de Lespinasse – Não inteiramente; mas o doutor vai se explicar.

Bordeu – A senhorita diz tal coisa com prazer. Talvez haja algo a retificar no que eu disse, e haveria muito a acrescentar. Mas já são onze e meia, e ao meio-dia tenho uma consulta no Marais.

D'Alembert – A linguagem se torna mais rápida e mais cômoda! Doutor, será que nos entendemos? Será que somos entendidos?

Bordeu – Quase todas as conversações são tábuas de calcular... Não sei onde está minha bengala... Não temos nenhuma ideia presente no espírito... O meu chapéu... Como nenhum homem é perfeitamente como o outro, jamais poderíamos nos entender com exatidão, tudo tem um mais e um menos, nosso discurso está para além e para aquém da sensação. Percebemos sem

O sonho de d'Alembert e outros escritos

dificuldade quando dois juízos não coincidem, mas mil outras vezes não percebemos quando isso acontece, e tanto melhor que seja assim... Adeus, adeus.

Srta. de Lespinasse – Só mais uma palavrinha.

Bordeu – Contanto que seja breve.

Srta. de Lespinasse – Lembra-se dos saltos de que me falou?

Bordeu – Sim.

Srta. de Lespinasse – Acredita que os tolos e as pessoas espirituosas tenham esses saltos em suas linhagens?

Bordeu – Por que não teriam?

Srta. de Lespinasse – Tanto melhor para nossos descendentes. Talvez um Henrique IV possa voltar um dia.[34]

Bordeu – Talvez ele já tenha voltado.

Srta. de Lespinasse – Doutor, não quer almoçar conosco?

Bordeu – Farei o que puder, mas não prometo. Se venho, os senhores me prendem.

Srta. de Lespinasse – Esperaremos pelo senhor até as 14 horas.

Bordeu – De acordo.

---

34 Diderot tinha uma opinião negativa sobre o mérito dos reis da dinastia Bourbon.

Continuação da conversa precedente
Interlocutores: srta. de Lespinasse, Bordeu

Por volta das 14 horas, o doutor retornou. D'Alembert tinha ido almoçar fora, e o doutor ficou a sós com a srta. de Lespinasse. O almoço foi servido. Falaram de assuntos triviais até a sobremesa. Quando os empregados se afastaram, porém, a srta. de Lespinasse disse ao doutor:

Srta. de Lespinasse – Vamos, doutor, beba uma taça de Málaga e em seguida poderá responder a uma questão que me passou cem vezes pela cabeça e que só ousaria fazer ao senhor.

Bordeu – Excelente este Málaga. E a sua questão?

Srta. de Lespinasse – Que pensa da mistura entre as espécies?

Bordeu – Por Deus, a questão também é excelente. Penso que os homens deram muita importância ao ato da geração, e tinham razão, mas não estou contente com suas leis, civis ou religiosas.

Srta. de Lespinasse – E o que teria a dizer a respeito?

Bordeu – Que elas foram feitas sem equidade, sem finalidade e sem nenhum cuidado com a natureza das coisas e a utilidade pública.

Srta. de Lespinasse – Tente se explicar.

Bordeu – Eu gostaria... Mas espere... (*Ele olha o seu relógio.*) Tenho ainda uma boa hora com a senhorita. Serei rápido, será o suficiente. Estamos a sós, a senhorita não é nenhuma pudica, não imaginaria que eu queira faltar com o respeito que lhe devo, e, o que quer que pense de minhas ideias, espero que não conclua nada em desabono da honestidade de meus costumes.

Srta. de Lespinasse – Pode ter certeza. Mas suas primeiras palavras me inquietaram.

Bordeu – Neste caso, mudemos de assunto.

Srta. de Lespinasse – Não, não. Continue. Um de seus amigos, que procurava um esposo para mim e para minhas duas irmãs, buscava um silfo para a mais nova, um anjo da Anunciação para a mais velha e um discípulo de Diógenes para mim. Conhecia-nos bem, a todas as três. Mas vá com calma, doutor, tenha paciência.

Bordeu – Claro que sim, tanto quanto o assunto e meu estado permitirem.

Srta. de Lespinasse – Não terá dificuldade. Eis aqui o seu café... beba-o.

Bordeu (*após tomar o café*) – Sua questão é física, moral e poética.

Srta. de Lespinasse – Poética!

Bordeu – Sem dúvida. A arte de criar seres que não existem, à imitação daqueles que existem, é a verdadeira poesia. Em vez de Hipócrates, permita, pois, que eu cite Horácio. Esse poeta, que fabricava coisas, disse em algum lugar: *Omne tulit punctum qui miscuit utile dulci...*[35] O mérito supremo é reunir o útil ao agradável.

---

35 Horácio, *Arte poética*, v.343. Em latim no original: "recebeu todos os sufrágios quem reuniu o útil ao agradável" (trad. Dante Tringali. São Paulo: Musa, 1993).

O sonho de d'Alembert e outros escritos

A perfeição consiste em conciliar esses dois pontos. A ação agradável e útil deve ocupar a primeira posição, na ordem estética. A segunda cabe ao útil. A terceira, à agradável. O que não é prazeroso e não tem proveito será relegado à última posição.

Srta. de Lespinasse – Até aqui, posso compartilhar de sua opinião sem enrubescer. Onde quer chegar?

Bordeu – Logo verá. Senhorita, poderia me dizer que proveito ou que prazer a castidade ou a continência estritas oferecem, seja ao indivíduo, seja à sociedade?[36]

Srta. de Lespinasse – Por Deus, nenhum.

Bordeu – Portanto, a despeito dos magníficos encômios que lhes foram feitos pelo fanatismo das leis civis que as protegem, vamos riscá-las do catálogo das virtudes, pois estamos de acordo que não há nada tão pueril, tão ridículo, tão absurdo, tão nocivo ou tão desprezível quanto elas, e que nada é pior que elas, exceto pelo inegável mal que essas duas raras qualidades podem evitar...

Srta. de Lespinasse – Concordamos nesse ponto.

Bordeu – Cuidado, eu a advirto; daqui a pouco, a senhorita recuará.

Srta. de Lespinasse – Nunca recuamos.

Bordeu – E quanto às ações solitárias?

Srta. de Lespinasse – O que têm elas?

---

36 O tema é caro a Diderot, que o retoma numa passagem importante de outro diálogo, o *Suplemento à viagem de Bougainville* (1796).

117

Bordeu – O que têm? Oferecem um prazer ao indivíduo, e, se nosso princípio não é falso...

Srta. de Lespinasse – Ora essa, doutor!

Bordeu – Isso mesmo, senhorita, isso mesmo, e elas tampouco são indiferentes ou estéreis, são necessárias, e, mesmo que não fôssemos solicitados pela necessidade, são sempre agradáveis. Quero apenas que todos fiquem bem, que sejam absolutamente saudáveis, entende? Censuro todo excesso; mas, num estado de sociedade como o nosso, há mil considerações em prol dessa prática a cada uma contra, sem contar as funestas consequências, para o temperamento, de uma continência rigorosa, sobretudo para os jovens. A fortuna escassa e o medo de se arrepender profundamente, para os homens, e o receio da desonra, para as mulheres, diminuem uma criatura infeliz, levando-a à morte por languidez e tédio ou reduzindo-a a um pobre-diabo, que não sabe a quem apelar e não tem como se satisfazer à maneira do Cínico.[37] Catão se dirigiu a um jovem que entrava na casa de uma cortesã com estas palavras: "Coragem, meu filho!". E hoje, ele diria a mesma coisa? Ao contrário, se o surpreendesse sozinho, em pleno ato, acrescentaria, "isso é melhor do que corromper a mulher de outro ou expor sua honra e sua saúde". Se as circunstâncias me privam da maior felicidade que se pode imaginar – confundir meus sentidos com outros, minha embriaguez com outra, minha alma com uma companheira, que meu coração escolheu, de me reproduzir nela e com ela[38] –, se não posso

---

37 O cínico ateniense reaparece num trecho célebre do diálogo *O sobrinho de Rameau* (1821) (trad. Daniel Garroux. São Paulo: Editora Unesp, 2019).

38 Paráfrase do verbete "Gozo", redigido por Diderot para a *Enciclopédia* (v.8, p.889; edição brasileira v.5).

consagrar minha ação com o selo da utilidade, por que deveria privar-me de um instante tão necessário e tão delicioso! Na pletora, aplica-se a sangria; que importa a natureza do humor superabundante, sua coloração ou como nos livramos dele? É tão supérfluo numa indisposição quanto em outras. Seria o desperdício menor, se esse humor fosse bombeado a partir de seus reservatórios e distribuído por toda a máquina, fosse evacuado por uma via mais longa, mais penosa e mais arriscada? A natureza não tolera nada que seja inútil. Como poderia ser culpado por ajudá-la, quando pede meu socorro para os sintomas mais claros? Não se trata de provocá-la, mas de lhe darmos a mão, sempre que necessário. A recusa e a ociosidade são pura tolice, pura recusa do prazer. Viva sóbrio, dir-me-ão, e eu entendo; viva cansado: que eu me prive de um prazer e me esforce para afastar outro. Que bela ideia!

Srta. de Lespinasse – Mas uma doutrina como essa não poderia ser ensinada às crianças.

Bordeu – Nem a ninguém. Entretanto, permite-me uma suposição? A senhorita tem uma filha comportada, deveras comportada, inocente, inocente demais; está na idade em que o temperamento se desenvolve. Sua cabeça está confusa, e a natureza não a socorre. A senhorita me chama. Percebo imediatamente que todos os sintomas que a assustam vêm da superabundância e da retenção do fluido seminal. Advirto-a de que corre o risco de ter uma loucura fácil de se evitar, mas que pode ser difícil de se curar. Prescrevo a ela o remédio. Que faria a senhorita?

Srta. de Lespinasse – Para falar a verdade, creio que... mas esse caso não é real...

Bordeu – Não se iluda. Não é raro que aconteça, e seria frequente se os costumes licenciosos não o remediassem. De qualquer modo, divulgar esses princípios seria pisotear toda a decência, atrair para si as suspeitas mais odiosas e cometer um crime de lesa-sociedade. A senhorita está distraída.

Srta. de Lespinasse – É verdade. Hesitava em lhe perguntar se alguma vez aconteceu ao senhor de dizer essas coisas a mães.

Bordeu – Claro que sim.

Srta. de Lespinasse – E que partido elas tomaram?

Bordeu – Todas, sem exceção, o bom partido, o partido sensato... Eu não tiraria meu chapéu na rua para um homem suspeito de praticar a minha doutrina; preferiria que o chamassem de infame. Mas nossa conversa é inconsequente, e não tem testemunhas. A respeito de minha filosofia, eu lhe diria o que Diógenes nu disse ao jovem e pudico ateniense contra o qual se preparava para lutar: "Meu filho, não tema nada, não sou tão ruim quanto este outro".

Srta. de Lespinasse (*cobrindo os olhos*) – Doutor, vejo onde irá chegar e aposto que...

Bordeu – Pois eu não aposto. A senhorita ganharia. Sim, é a minha opinião.

Srta. de Lespinasse – Como assim! Não importa se permanecemos nos limites da espécie ou os abandonamos?

Bordeu – Isso mesmo.

Srta. de Lespinasse – O senhor é monstruoso.

Bordeu – Eu não; ou a natureza é monstruosa ou a sociedade. Escute, senhorita, não me deixo impressionar pelas palavras, e explico-me tão mais livremente por ser claro e porque a pureza de meus costumes nunca me faltou. Eu lhe pergunto, pois, o seguinte: entre duas ações, ambas restritas à volúpia, prazerosas, mas não úteis, qual seria escolhida pelo bom senso, uma, que só é prazerosa para quem a pratica, ou outra, compartilhada com um ser semelhante, não importa se macho ou fêmea, pois o sexo é aqui indiferente, eu diria até, o ato sexual é indiferente?

Srta. de Lespinasse – São questões demasiado sublimes para mim.

Bordeu – Ah! Depois de ser homem por quatro minutos, a senhorita retoma seu penteado e suas anáguas, e volta a ser mulher! Mas nunca deixou de sê-lo, e merece ser tratada como uma dama... Nunca mais ninguém disse palavra sobre Madame du Barry... Tudo se arranjou: muitos acreditavam que a corte seria abalada. Seu senhor procedeu como homem sensato; *omne tulit punctum*:[39] manteve a mulher que lhe dá prazer e o ministro que lhe é útil. A senhorita não está me escutando. Onde foi que a perdi?

Srta. de Lespinasse – Nas combinações que me parecem contrárias à natureza.

Bordeu – Nada do que existe pode ser contra a natureza ou excedê-la. Isso inclui a castidade e a continência voluntárias, que seriam os principais crimes contra a natureza, se fosse possível pecar contra ela, e contra as leis sociais de um país em que as ações fossem pesadas em outra balança que não a do fanatismo e do preconceito.

Srta. de Lespinasse – Volto aos seus malditos silogismos e não vejo um justo meio: ou concordamos com tudo ou discordamos

---

39 "Recebeu todos os sufrágios." Da expressão de Horácio citada à nota 35.

de tudo. Mas, doutor, parece-me que o mais honesto, o caminho mais curto é saltar sobre esse atoleiro e voltar à minha primeira questão: o que o senhor pensa da mistura entre as espécies?

Bordeu – Não há por que saltá-lo; estamos nele. Sua questão é de física ou de moral?

Srta. de Lespinasse – De física, de física.

Bordeu – Tanto melhor, a questão de moral vinha à frente, mas façamos como quer, voltando para trás, digo-lhe que, graças à nossa pusilanimidade, a nossas repugnâncias, a nossos preconceitos, à nossa falta de experimentos, ignoramos quais seriam as cópulas absolutamente estéreis, os casos em que o útil se reuniria ao agradável, que espécies poderíamos esperar de tentativas variadas e repetidas, se os faunos são reais ou fabulosos, se as raças de mulos não se multiplicariam de cem modos diferentes, e se as que conhecemos são realmente estéreis. Um fato singular, que uma infinidade de pessoas instruídas atestará a seus olhos como verdadeiro, mas que, no entanto, é falso: foi visto no galinheiro do arquiduque um coelho infame que servia como galo a uma dezena de infames galinhas que o aceitavam. Os que contam essa história dizem ter visto frangos com pelugem, resultantes dessa bestialidade; pode imaginar que foram motivo de troça.

Srta. de Lespinasse – O que o senhor entende por tentativas repetidas?

Bordeu – Entendo que a circulação dos seres é gradual, que as assimilações entre eles têm de ser preparadas, e que, para ter êxito nesse tipo de experiência, seria necessário planejar a longo prazo e trabalhar desde o início de modo a aproximar os animais por meio de regimes de vida análogos.

Srta. de Lespinasse – Dificilmente um homem poderá ser reduzido a pastar.

Bordeu – Mas pode se acostumar a beber leite de cabra, assim como a cabra a comer pão. Escolhi a cabra por considerações que me são particulares.

Srta. de Lespinasse – E quais seriam elas?

Bordeu – A senhorita é insistente! É que... poderemos obter, a partir delas, uma raça vigorosa, inteligente, infatigável e veloz, que daria excelentes animais de emprego doméstico.

Srta. de Lespinasse – Muito bem, doutor. Parece-me que já vejo, a reboque das carruagens de nossas duquesas, cinco ou seis insolentes sátiros e isso muito me agrada.

Bordeu – Com isso, não degradaríamos mais os nossos irmãos, submetendo-os a funções indignas deles e de nós.

Srta. de Lespinasse – Razão a mais para insistir em sua ideia.

Bordeu – Além disso, deixaríamos de reduzir o homem, em nossas colônias, à condição dos animais de carga.

Srta. de Lespinasse – Rápido, rápido, doutor, faça logo esses sátiros!

Bordeu – A senhorita pode aceitar tal coisa, sem mais escrúpulos?

Srta. de Lespinasse – Espere, que me veio um escrúpulo: seus sátiros seriam dissolutos e impetuosos.

Bordeu – Não lhe garanto bens morais.

Srta. de Lespinasse – Não haverá mais segurança para as mulheres honestas; eles se multiplicarão sem fim; e, a longo prazo, será preciso açoitá-los para que nos obedeçam. Pensando bem, não os quero mais. Pode descansar à vontade.

Bordeu (*indo embora*) — E quanto ao batismo desses seres?

Srta. de Lespinasse — Faria um belo tumulto na Sorbonne.

Bordeu — A senhorita já viu, no Jardim do Rei, preso dentro de uma gaiola de vidro, um orangotango com ares de um São João que prega no deserto?

Srta. de Lespinasse — Sim, já vi.

Bordeu — O cardeal de Polignac lhe disse um dia: "Fala, e eu te batizo".

Srta. de Lespinasse — Adeus, doutor! Não nos deixe por séculos, como o senhor costuma fazer, e não se esqueça que o amo, mais até do que deveria. Se soubessem de todos os horrores que me contou!

Bordeu — Tenho certeza que a senhorita ficará calada.

Srta. de Lespinasse — Isso o senhor não sabe; se o escuto é pelo prazer de poder contar aos outros. Uma última palavra, e não volto nunca mais ao assunto.

Bordeu — Diga.

Srta. de Lespinasse — E quanto aos gostos abomináveis, qual a origem deles?

Bordeu — Em toda parte, a organização fraca dos jovens e a corrupção da cabeça dos velhos; em Atenas, a atração pela beleza; em Roma, a escassez de mulheres; em Paris, o medo da varíola. Adeus. Adeus.

Elementos de Fisiologia

Primeira parte
Dos seres

A natureza fez um pequeno número de seres e variou-os ao infinito; talvez tenha feito um único ser, por meio de cuja combinação, mistura e dissolução todos os outros foram formados.

Chamam-se seres contraditórios aqueles cuja organização não combina com o resto do universo. A natureza cega que os produz também os extermina. Ela deixa subsistir apenas aqueles que podem coexistir minimamente com a ordem geral.

Os elementos em moléculas isoladas não possuem nenhuma das propriedades da massa. O fogo não tem luz nem calor, a água não tem umidade nem elasticidade, o ar não é nada do que ele nos apresenta. Eis por que não provocam nada nos corpos com os quais se combinam com outras substâncias.

Deve-se classificar os seres a partir da molécula inerte, se é que ela existe, passando à molécula viva, desta ao animal-planta, deste ao animal microscópico, deste ao animal, e, por fim, deste ao homem.

A cadeia dos seres não é interrompida pela diversidade deles. A forma é, com frequência, apenas uma máscara que engana, e elos que parecem estar faltando talvez residam num ser conhecido, cujo verdadeiro lugar ainda não foi assinalado pelos progressos da anatomia.

A borboleta é verme, lagarta e borboleta. A libélula é crisálida por quatro anos. A rã começa como girino. Quantas metamorfoses nos escapam! Vejo algumas muito rápidas; por que não haveria outras, cujos períodos seriam maiores? Quem sabe o que acontece com as moléculas imperceptíveis dos animais, após a sua morte?

A maneira de classificar os seres com precisão só pode ser, portanto, resultado de trabalhos sucessivos de um grande número de naturalistas. É penosa, e progride muito lentamente. Esperemos, não nos apressemos a julgar.

Na natureza, a duração é uma sucessão de ações; a extensão, uma coexistência de ações simultâneas. No entendimento, a duração se resolve em movimento pela abstração, e a extensão, pelo repouso. Mas repouso e movimento pertencem a um corpo.

Não posso separar, nem mesmo por abstração, a posição e a duração da existência, essas duas propriedades são essenciais a ela.

Vegetação, vida e sensibilidade, e animalização, são três operações sucessivas. O reino vegetal pode ser e talvez tenha sido a fonte primeira do reino animal, extraindo sua fonte do reino mineral, que, por sua vez, pode ter emanado da matéria universal heterogênea.

Capítulo I
Vegetoanimal

O que é uma planta? O que é um animal? São coordenações de moléculas infinitamente ativas, encadeamentos de forças que tudo converge para separar; não admira que durem tão pouco.

Diferença entre o reino vegetal e reino animal

A mobilidade dos princípios animais e a fixidez dos princípios vegetais.

Ambos são efeitos de *nisus* [esforços], conservados ou destruídos. A substância gelatinosa de uns e de outros indica um estado intermediário entre o animal e a planta.

O que produzem o vinagre, os ácidos e os sais, quando lançados sobre substâncias em fermentação? Compostos, nos quais há *nisus* em abundância. A água destrói o *nisus*, isola as partes e restitui a atividade de cada uma delas.

Animalização do vegetal

O vegetal é produzido por calor e fermentação. A matéria vegetal se animaliza num recipiente; animaliza-se também em mim e, uma vez animalizada em mim, volta a ser vegetal no recipiente. A única diferença são as formas.

Se sovarmos uma massa de farinha durante um tempo, umedecendo-a com água, extrairemos a sua natureza vegetal e a aproximaremos a tal ponto da natureza animal, que, analisada, ela oferecerá produtos animais (*Memória da Academia de Bologna*).

Contiguidade entre o reino animal e o reino vegetal

O sr. Beccari na Itália e os srs. Keissel e Mayer, em Estrasburgo, queriam conhecer as partes constitutivas da farinha. Lavaram-na repetidas vezes, separaram o amido e extraíram dele uma substância muito similar a uma substância animal. Em Paris, La Rouelle, Macquer e nossos químicos mais hábeis

Denis Diderot

retomaram essas experiências e as levaram tão longe quanto conseguiram. Descobriram que o amido continha, por assim dizer, apenas as porções vegetais da farinha; que, retirando-se o amido, restava um glúten, que denominaram *vegetoanimal*, cujas partes são tão ligadas, tão próximas entre si, que é impossível separá-las. Quando é esticado, o glúten se estende em todas as direções; se o soltamos, se redobra sobre si mesmo e retoma a forma inicial, a exemplo do que acontece com o tecido da pele, que alternadamente se estende e se encolhe. Quando queimado, ele tosta como a carne e emite um odor de matéria animal.

Há enguias na cola de farinha, no vinagre, no grão anelado, no grão com esporos.[1]

---

1 Com a poeira negra, separa-se o grão com esporos ou ferrugem do grão com ferrugem simples.

Fontana fez diversas experiências sobre a reprodução do grão com esporos e do grão com ferrugem:

1. Um único grão de trigo ou de centeio semeado junto com alguns grãos atingidos por cravagem.

2. Um único grão de trigo ou centeio banhado na poeira negra e fétida da ferrugem semeado com grãos com cravagem.

3. Grão de trigo semeado depois de ter sido somente aspergido com a ferrugem.

Na última (ou terceira) experiência, a espiga e quase todos os grãos foram atingidos e poucos ficaram sãos.

Na segunda, boa parte dos grãos tinha o esporo e a ferrugem juntos. Sob a mesma espiga, grãos com esporos puros e, próximos, grãos com ferrugem cheios de uma poeira negra, além de enguias geradoras.

Na primeira, espiga em que os grãos são quase todos infectados com o esporo. Logo, o esporo e a ferrugem são duas doenças contagiosas, com as quais se poderia infectar facilmente todo grão de uma região. Nas mesmas espigas, onde não se encontra nunca um só grão são, encontramos, ao contrário, dois, três e até mesmo dez com esporos, um ao lado do outro; e, onde está o esporo, não se encontra nunca o grão adulto

Abra os pequenos tumores ou galhas do esporo verde, não maduro; utilize uma lâmina cortante e curva, para não machucar a cavidade interna; pingue ali algumas gotas d'água, e verá lá dentro enguias maiores, mais vivas, movendo-se e repletas de ovos. Verdadeiras pequenas enguias, mas colossais, em comparação às que se encontram no mesmo grão mais maduro ou no grão comum com esporos, já seco. As enguias grandes são as mães, podemos vê-las liberando seus filhotes por uma parte de sua anatomia, que caracteriza de maneira perfeita e inequívoca o seu sexo.

Através da película transparente desses ovos, vê-se a jovem enguia se dobrar, enrolar-se, mover-se e, por fim, romper o invólucro e sair deslizando pelo líquido. Ao lado das grandes mães, vemos outras ainda maiores ainda, são os machos, que trazem no fundo de seu corpo um grande corpo cônico e móvel.

Essas enguias bem secas retomam o movimento e a vida quando as umedecemos com uma gota d'água. Needham viu esse fenômeno, mas não acreditava que essas enguias seriam animais e preferiu chamá-las de seres vitais. Buffon as denomina moléculas orgânicas vivas, Fontana prefere animais. Na opinião de Needham, elas formam, dependendo das leis que as reúnem, os animais ou os vegetais.

---

produto da semeadura, mas esporo e germe de esporo juntos. Logo, o esporo não é um verdadeiro grão, um produto da semeadura, mas um germe degenerado, assim como a ferrugem. Encontra-se também o germe não multiplicado do grão ou do esporo, e com o germe do grão, ou vários, com esporo, e enfim o esporo fora das espigas do grão. Logo, o esporo é todo ele, e não tem nada do germe. Se essa multiplicação de germes não serve para fazer as galhas do esporo, ela serve para multiplicar os grãos da ferrugem viciada.
Um só grão com ferrugem numa espiga.
Vários grãos com ferrugem e esporos numa mesma espiga.

Os fios ou enguias de grãos examinados por Fontana eram tão secos, que o choque súbito da água ou da lâmina, por mais leve que fosse, como a ponta de um cabelo, os transformava em farinha, reduzindo-os a pó (uma pena que Fontana não os tenha triturado).

A enguia do grão anelado se enrola nas duas extremidades e chega a viver entre sete a oito semanas, desde que receba água.

Planta animal

Na análise do amoníaco, o *champignon* apresenta sinal característico do reino animal: por essa razão, a semente do *champignon* é vivaz: oscila na água, move-se, agita-se, evita os obstáculos; parece oscilar entre o reino animal e o reino vegetal, fixando--se, por fim, neste último. A *Dionaea muscipula*, planta da Carolina, estende suas folhas pelo chão em pares, como se fossem dobradiças. Essas folhas são recobertas de papilas. Se uma mosca pousa sobre uma folha, esta e sua companheira se fecham e retêm a presa, sugam-na e só a descartam quando ela estiver completamente seca. É uma planta quase carnívora. Não duvido que, na análise, ela apresentasse o amoníaco.

Assim como há gerações equívocas que emanam do reino vegetal, há também as que emanam do reino animal.

Animal-planta

Os zoófitos têm apenas o sentimento da vida. Os pólipos de água doce têm sentimento, vida e digestão, são animais-plantas.

Virado pelo avesso, o pólipo tende a retomar sua forma anterior. Um fio o impede? Ele decide: permanece vivo, virado do avesso, como uma planta.

Adanson foi o primeiro a observar um movimento singular numa planta aquática chamada *Tremella*; ele nega que essa planta tenha sentimento, e nega, portanto, a sua animalidade. Deixa-a como planta. Fontana a toma como uma passagem do reino vegetal ao reino animal. Na sua opinião, ela é, ao mesmo tempo, planta e animal.[2]

---

2 Eis as observações de Fontana sobre a *Tremella*:

1º Um fio se aproxima do outro; por si mesmos, se amarram um ao outro e formam duas espirais retas ou numa mesma direção.

2º Um fio se curva da cabeça à cauda; a cabeça vai procurar a cauda; essas extremidades são mais pontudas e mais finas.

3º As extremidades das plantas se movem em todos os sentidos precisamente como se pode ver na cabeça e na cauda da serpente.

4º Se uma das extremidades for obtusa, como se observa algumas vezes, haverá mais movimentos bizarros e mais próximos dos do animal vivo.

5º Esses fios têm movimento de progressão de um lugar para outro.

6º Os fios, sozinhos ou em conjunto, têm o movimento de translação em todos os sentidos, um de um lado, outro de outro, com direção e velocidades diversas.

7º Corte-os em pedaços: os movimentos ficarão menores, mas eles continuarão a se mover. As partes de extremidade aguda conservarão a mesma vivacidade de ação anterior.

8º As partes cortadas ou destacadas naturalmente do tronco se lançam por si mesmas sobre a superfície do vaso e aí se plantam com a parte cortada ou arrancada, enquanto a parte aguda permanece reta. Na água, dá-se a mesma coisa. A parte aguda se levanta, se dobra e se redobra, enquanto o resto se agita docemente e faz diferentes cotovelos em relação ao plano.

Esse modo de manter a parte aguda erguida é comum aos fios da *Tremella* se não houver obstáculo. O movimento de progressão e de contorção, que é mais difícil, é observado na parte dos fios que se agarra à própria planta.

9º Quando os fios são isolados ou quando há poucos deles juntos, eles avançam pela parte aguda. Se houver só um fio, ele se agita serpenteando e faz inflexões diversas, como os vermes. Alguns passam da linha reta por todos os ângulos possíveis, se dobrando ao meio, de

De onde vêm os movimentos da *Tremella*? Não pode ser da água nem do ar, pois ocorrem em todos os sentidos, na água e no ar em repouso, e em sentido contrário à água, quando agitada. Unidos ou separados, seus fios seguem direções opostas, agitando-se ao lado de corpúsculos em repouso.

Seria de um mecanismo particular? É possível. Um mecanismo particular põe o pássaro a voar e o peixe a nadar. Mas existe uma diferença nítida entre esses movimentos e a variedade infinita da espontaneidade. Essa variedade, que atribuímos à vida, à sensibilidade, à espontaneidade em outros animais, é tal como a observamos nos filetes da *Tremella*, com uma característica especial, pois seus movimentos permanecem ininterruptos

---

modo que as duas extremidades pontudas se toquem; o resto permanece paralelo e forma círculos, formas ovais, serpenteamentos etc.

10º Se um fio for amarrado por suas extremidades a outros fios e se entre eles um estiver ligado à extremidade da planta, então todo o conjunto se move, como se fosse um feixe de serpentes, se contorce, se ergue, se afunda na água. Dobram-se pelo meio do corpo, em formato ovalado, se contorcem pelas extremidades e se agitam para em seguida retomar seu comprimento.

11º Se arrancamos dela uma partícula, essa partícula cresce e se torna adulta e capaz, ao se romper, de gerar outros fios vivos. Então o fio gerador permanece com sua extremidade obtusa sem nenhum dos movimentos próprios dessa parte até que ela se torne aguda, o que faz e desfaz sucessivamente, sem que talvez haja um termo para essa divisão ou reprodução.

12º O fio da *Tremella* é uma pequena bolsa cheia de corpos oviformes situados a diferentes distâncias uns dos outros (seria necessário ver se a cada ruptura de extremidade um desses corpos oviformes não desapareceria).

13º Cortai um ou vários fios da *Tremella*, recolocai-a na água e logo ela retomará todos os seus movimentos.

14º Cada fio se agita e se move sem que haja um instante de repouso.

por meses, e mesmo anos, têm a duração da vida vegetativa da planta. Esses filetes são, portanto, animais sensíveis e vivos, cujas partes orgânicas obedecem, portanto, à sensibilidade.

Seca, ela perde os movimentos; úmida, ela os retoma: ela pode, assim, nascer e morrer.

A *Tremella* não é uma planta simples. É um emaranhado de pequenas plantas ou de fios vegetais que, unidos, formam a planta a que damos esse nome.

Ao observar os fenômenos que ela oferece, mas ignorando que esses fios são vegetais, todos diriam, sem hesitar, que esses fios são vermes vivos. A dúvida surge apenas quando se diz que esses fios são porções vegetais; mas é uma dúvida efêmera, que logo passa.

Os fenômenos da sensitiva (*a acrescentar*).

Sexo das plantas

Existe nas plantas uma parte em especial que, quando tocada, provoca ereção e efusão de sementes. Não é o mesmo em todas. As plantas se distinguem em machos e fêmeas. Algumas são hermafroditas.

As raízes das árvores se tornam galhos, seus galhos se tornam raízes.

Capítulo II
Animal

Segundo alguns autores, o animal é uma máquina hidráulica. Quantas tolices não poderiam ser ditas, a partir dessa única proposição!

As leis do movimento dos corpos rijos são desconhecidas, pois não há corpos perfeitamente rijos. As leis do movimento dos corpos elásticos não são mais certas, pois não há corpos perfeitamente elásticos. As leis do movimento dos corpos fluidos são totalmente precárias, e as do movimento dos corpos sensíveis, animados, organizados, vivos sequer foram esboçadas.

Aquele que, no cálculo desta última espécie de movimento, omita a sensibilidade, a irritabilidade, a vida e a espontaneidade, não sabe o que faz.

Um corpo bruto age sobre um corpo sensível, organizado, animal. Este tem consciência disso, ou o sentimento da impressão, e frequentemente tem consciência do local da impressão. É tocado ou ferido; quer se mover ou não. Por meio de que leis?

Sensibilidade

A sensibilidade é uma qualidade própria do animal que o adverte sobre as relações entre ele e tudo que o rodeia.

Nem todas as partes do animal parecem ter essa qualidade. Só os nervos a possuem por si mesmos; os dedos só a possuem nos feixes nervosos. Os revestimentos dos nervos só a possuem acidentalmente; aponeuroses, membranas e tendões são imperceptíveis, ao menos em relação à massa.

Tendo a crer que a sensibilidade nada mais é que o movimento da substância animal, o seu corolário. Pois, quando introduzo a inércia e suprimo o movimento num ponto, a sensibilidade também é suprimida.

A sensibilidade do todo é destruída pela interposição de matéria sensível heterogênea.

A mobilidade torna a sensibilidade mais forte; a imobilidade a destrói no todo.

A sensibilidade é mais potente do que a vontade.

A sensibilidade da matéria é a vida própria dos órgãos. Há muitas provas evidentes disso: uma víbora da qual se tirou a pele e a cabeça, um congro e outros peixes que foram seccionados, uma cobra que foi cortada em pedaços; quando separados do corpo, os membros continuam a palpitar; o músculo pinçado se contrai.

Se pinçarmos o coração de um animal vivo, palpita; se amputarmos o coração e o pinçarmos, o mesmo fenômeno ocorrerá. Nos campos de batalha, membros separados se agitam como se fossem animais. Prova de que a sensibilidade pertence à matéria animal. No animal vivo, todas as partes sofrem; no animal morto, todas permanecem vivas.

Não creio na falta absoluta de sensibilidade de uma parte animal qualquer.

Um órgão intermediário desprovido de sensibilidade, introduzido entre dois órgãos sensíveis e vivos, interromperia a sensação, seria um corpo estranho ao sistema, como se uma corda atasse dois animais diferentes.

O que seria a máquina de tear de Lyon se o operador e o puxador formassem um todo com a trama, a malha e os fios? Um animal semelhante a uma aranha, que pensa, quer, alimenta-se e se reproduz, e que urde a sua teia.

Sem essa sensibilidade e a lei da continuidade da contextura animal, sem essas duas qualidades, o animal não pode ser *um*. Tão logo supuserdes a sensibilidade contínua, tereis uma infinidade de efeitos diversos, ou de diferentes tatos.

Há uma variedade infinita de choques relativos à massa e à velocidade, uma variedade infinita de qualidades físicas e de efeitos de uma vasta gama dessas qualidades. Todos esses infinitos são combinados à variedade dos órgãos e talvez das partes do animal. Mas como? Uma ostra poderia experimentar todas essas sensações? Não. Mas poderia experimentar um bom número delas, sem contar as que nascem de si mesmas e vêm do fundo de sua organização.

E nesses tatos, não há muitos indiscerníveis? Sim. E há sempre mais do que mesmo as línguas mais fecundas poderiam distinguir. Os idiomas oferecem apenas alguns graus de comparação, para um efeito em série ininterrupta, desde a menor quantidade apreciável até a intensidade mais extrema.

Tome o animal e prive-o de suas modificações, uma após a outra, e reduzi-lo-á a uma molécula, dotada de comprimento, largura, profundidade e sensibilidade. Suprima a sensibilidade, restará a molécula inerte. Mas, se começar por suprimir as três dimensões, a sensibilidade desaparecerá. Um dia será demonstrado que a sensibilidade ou tato é um sentido comum a todos os seres. Já se conhecem fenômenos que comprovadamente conduzem a isso. Então, a matéria em geral será reduzida a cinco ou seis propriedades essenciais: a força (morta ou viva), o comprimento, a largura, a profundidade, a impenetrabilidade e a sensibilidade. Eu teria acrescentado a atração, não fosse ela, provavelmente, uma consequência do movimento ou da força.

Irritabilidade

A força da irritabilidade é diferente de todas as outras forças conhecidas. É a vida, a sensibilidade. É própria da fibra quando relaxada. Enfraquece-se e se extingue na fibra enrijecida; é mais forte na fibra reunida ao corpo do que na separada dele. Não depende do peso, da atração ou da elasticidade. Certos corpos mantêm, depois da morte, durante um tempo variável, sua sensibilidade ou vida própria. A decomposição final da sensibilidade ocorre na forma de verme. O coração e os intestinos permanecem irritáveis por muito tempo.

Mesmo no animal morto, a medula espinhal e os nervos podem ser irritados. O músculo convulsiona. Se o músculo estiver amarrado, ou se o laço da medula espinhal, por onde sai o nervo, for comprimido, o músculo afrouxa e em seguida perde a força.

Há irritantes e estimulantes físicos; além disso, há estimulantes morais, não menos fortes que os primeiros.

Os estimulantes morais tiram o apetite. O medo suspende o soluço. Um relato pode ser repugnante e levar ao vômito. Todas as espécies de desejos atuam sobre as glândulas salivares, mas sobretudo o desejo voluptuoso.

Cócegas nas plantas dos pés põem em sobressalto todo o sistema nervoso. Um cáustico provoca apenas uma sensação local.

Esse estimulante violento provoca convulsões intermitentes; há um pico de intensidade e outro de relaxamento. Entretanto, sua ação é constante. (Essa proposição pode ser inexata.)

Após um estímulo violento, há um tremor geral, caracterizado por uma sequência de pequenas crispações e relaxamentos que sacodem a pele e se exprimem pelo suor.

Os estimulantes violentos matam quase sem causar dor. Outros, menos ativos, matam, ou, mesmo sem a morte, causam dores cruéis.

O animal é, de início, fluido; cada parte do fluido pode ter sua sensibilidade e sua vida; não parece que, neste ponto, a massa tenha uma sensibilidade e uma vida comuns.

À medida que o animal se organiza, há partes que se endurecem e se tornam contínuas: uma sensibilidade geral e comum se estabelece e é compartilhada de diferentes maneiras por cada um dos órgãos; alguns a conservam por mais tempo que outros.

A sensibilidade parece proporcional ao enrijecimento. Quanto mais rijo um órgão, menos sensível ele é. Quanto mais rapidamente ele avança em direção ao enrijecimento, mais rapidamente perde sua sensibilidade e se isola do sistema.

De todos os órgãos sólidos, o cérebro é o que por mais tempo conserva a flacidez e a vida. Falo de modo geral.

Enquanto o princípio vital não for destruído, o frio mais rigoroso não poderá gelar os fluidos do animal exposto a ele, nem mesmo diminuir sensivelmente o seu calor. (Esta última proposição parece ser desmentida pelos efeitos do frio na Rússia.)

Sem a vida, nada se explica, nem a sensibilidade nem os nervos vivos e sensíveis.

Sem a vida, não há distinção entre um homem e um cadáver. O cérebro, ou o cerebelo e os nervos, que são suas extensões filamentosas e sólidas, forma um todo sensível, contínuo, enérgico e vivo. Não há por que investigar como esse todo vive; é algo que ignoramos.

Há, por certo, duas vidas muito diferentes, mesmo três.

A vida do animal como um todo.

A vida de cada um dos órgãos.

A vida das moléculas.

O animal como um todo vive, mesmo que seja privado de várias de suas partes. Há casos de fetos monstruosos que nasceram e viveram por alguns momentos, mesmo sem cabeça. Animais sem cérebro ou com um cérebro ossificado ou petrificado nasceram e realizaram todas as suas funções. Crianças viveram e se movimentaram sem a medula alongada. Há mil provas da loucura dos espíritos animais.

O coração, os pulmões, o baço, a mão, quase todas as partes dos animais vivem por algum tempo quando separadas do todo. A cabeça, mesmo separada do corpo, vê, olha e vive. Só a vida da molécula, ou sua sensibilidade, não cessa. É uma das qualidades essenciais. A morte se detém nesse ponto.

Partes unidas do corpo parecem morrer, mas em massa: com o envelhecimento, a carne se torna fibrosa e enrijece, os músculos se tornam tendinosos, os tendões parecem perder a sensibilidade – se digo parecem, é porque poderiam sentir, sem que o animal como um todo o percebesse. Quem poderia dizer se não há uma infinidade de sensações que são excitadas e se extinguem nesse lugar? Pouco a pouco, o tendão relaxa, resseca, enrijece, deixa de viver, ou pelo menos deixa de ter uma vida comum ao sistema como um todo. Talvez ele apenas se isole e se separe de uma sociedade de cujas dores e prazeres ele não compartilha mais e à qual não tem mais nada a oferecer.

Morte

Nenhum estado do corpo animal é fixo: decresce quando deixa de crescer. Com a idade, tudo vai se enfraquecendo e enrijecendo. O coração se torna caloso; a morte é natural.

Há dois estados de morte: o de morte absoluta e o de morte momentânea. Existe no Peru uma serpente que, após defumada, pode ser reanimada com a aplicação de vapor úmido e quente.

O ressecamento sucessivo nem sempre interfere na organização; o frio excessivo, sim. Afirma-se, por isso, que um animal congelado não ressuscita (não acredito que seja assim).

Denis Diderot

Poder-se-ia citar inúmeros insetos frios e congelados (ao menos em aparência), ressecados, nos quais o calor e o movimento cessaram por completo e a sensibilidade se extinguiu, mas que, não obstante, podem ser trazidos de volta à vida, por meio de estimulantes, calor e umidade. Há até exemplos de homens em que todo o movimento cessou durante um tempo considerável sem que houvesse morte absoluta. Pince fortemente um dos filamentos do cérebro ou de um nervo, e seu prolongamento perderá o movimento, mas não a vida; permanecerá vivo, embora não mais obedeça. A ligação natural ou artificial está para as partes inferiores como uma corrente atada aos pés estaria para o animal como um todo.

É impossível passar da morte absoluta à vida; é possível, isto sim, passar da vida a uma morte momentânea, e vice-versa.

Tomemos um animal desprovido de movimento e de vida; tudo o que lhe resta é um pouco de calor. Se o deixarmos nesse estado, ele morrerá e não dará mais sinal de vida. Qual era, então, o seu estado anterior? Estava morto, embora fosse suscetível à vida.

A criança corre para a morte de olhos fechados; o homem é estacionário; o velho chega à morte de costas. A criança não vê o fim de sua duração; o homem-feito parece duvidar que vai morrer; o velho se alimenta, temeroso, da esperança que se renova a cada dia. É uma impolidez cruel falar da morte com um velho. Honramos a velhice, mas não a amamos. Ganhamos, com a morte dos idosos, com a supressão dos deveres que temos para com eles, e não tardamos a nos consolar. Já é muito quando não nos alegramos secretamente com isso. Eu tinha mais de 60 anos quando disse essas verdades.

Uma vida longa está ligada a uma organização forte por igual. A desigualdade ou contradição entre as forças dos órgãos é o princípio de morte: o de tórax delicado e caráter violento morre cedo, o melancólico e infeliz também; o mesmo vale para o de espírito ativo, ardente e penetrante, mas com uma máquina frágil.

A natureza não permite que os infelizes durem muito; preserva por mais tempo os nascidos com pouca sensibilidade, os afortunados, os de gostos moderados, os ineptos etc.

Movimento animal

Membros paralisados conservam a sensação; outros, privados de sensação, conservam o movimento. Se é assim, movimento e sentimento não têm um mesmo princípio?

Animais sem cérebro, sem medula espinhal, sem nervos; mesmo assim, o movimento se produz neles.

Corte transversalmente uma artéria; se introduzir o dedo no orifício, sentirá como é estreito.

Há duas espécies de movimento nas partes do animal: uma pertence ao órgão como parte do todo, a outra ao órgão ou animal em particular. O primeiro é efeito da sensibilidade, da organização, da vida. O segundo é nervoso, simpático, próprio da forma e da função particular do órgão. Um ocorre por comunicação com o cérebro; o outro se dá após a interrupção dessa comunicação.

O movimento tônico permanente é a medida da força e saúde do animal. Se aumenta ou diminui numa parte ou noutra, há desordem; se se mantém ou decresce proporcionalmente em todas, há harmonia. O mal é expelido pelas vísceras fracas, como na cegueira.

Uma característica peculiar do animal é não ter movimento que não seja acompanhado, precedido ou seguido de dor ou prazer, e que não tenha a necessidade como princípio constante. Por isso, a ociosidade é sempre contrária à máquina viva.

Instinto

O instinto animal é um encadeamento necessário de movimentos conformes à organização e às circunstâncias, em virtude do qual o animal executa, sem nenhuma deliberação, independentemente de qualquer experiência, uma longa série de operações convenientes à sua conservação. Se isso não fosse possível, o animal não existiria.

Experimento com uma minhoca: aguarde que ela saia da terra, espete-a, e ela voltará para a terra, e terá receio de sair novamente.

O autor da natureza

Alguns metafísicos dizem que o autor da natureza sujeitou os animais ao instinto. Mas que importa se foi o autor da natureza ou a organização dos animais? Que importa se essa organização vem de um arquiteto principal ou de uma causa formadora geral de todos os seres? Nem por isso o instinto deixa de subsistir.

O instinto é um guia melhor para o animal do que para o homem. No animal, ele é puro; no homem, que tem luzes e razão, ele se extravia.

As coisas habituais são às vezes mais bem-feitas sem a reflexão do que com ela. Isso ocorre também com as séries de ações conformes à organização e ao bem-estar: quanto menos se pensa, mais bem-feitas elas são.

Mas a natureza nem sempre é boa conselheira em meio ao perigo. Se nos encontramos numa charrete, os cavalos disparam e vemos que cairemos num rio ou seremos arrastados à beira de um precipício, o melhor a fazer é saltar o mais rapidamente possível. Mas em qual direção a natureza nos aconselha a saltar? Seria em direção à da roda da frente, que corre longe de nós e não nos ameaça? Ou seria em direção à roda de trás, que avança sobre nós e nos ameaça? A natureza nos aconselha a saltar em direção à roda da frente, quando o mais recomendável, para nossa preservação, seria saltar em direção à roda de trás. O único recurso seguro é que a direção da força do impulso tangencie a roda de trás, mas não temos como optar por ele, por mais que estejamos de posse da teoria.[3]

Movimentos voluntários e involuntários

Distinguem-se os movimentos voluntários dos involuntários. Expliquemos claramente o que há de verdadeiro nessa distinção. O coração bate, quer o animal consinta, quer ele se oponha. Tenho fome, tenho alimentos ao meu alcance, estico o braço para pegá-los: é um movimento consentido e voluntário.

---

3 O leitor é movido por duas forças: a força de seu impulso e a força que leva o carro. Não seguirá nenhuma das duas direções. Irá pela diagonal, que estará curvada pelo peso de seu corpo.

Se a direção da força de impulso tocar a roda de trás, a diagonal passará necessariamente entre as duas rodas, e estará são e salvo. Se a direção da força do impulso tocar a roda dianteira, será lançado sobre essa roda, derrubado e atropelado pela roda de trás.

Se o leitor se lançar no meio do intervalo que separa as duas rodas, será atingido pela roda traseira ou precipitado sobre a roda dianteira, ou escapará tanto de uma quanto de outra. Acontecerá um dos três casos segundo a relação entre a força de seu impulso e a força que move o carro, relação que determina a posição da diagonal.

Mas esse consentimento é livre ou não? Seu princípio é oculto para nós. Qualquer que seja a sua causa, ela é acionada por um impulso interno ou externo ao animal.

A diferença entre o animal (ou a máquina de carne) e a máquina de ferro (ou de madeira), entre o homem (ou o cão) e o pêndulo é que, na máquina e no pêndulo, os movimentos necessários não são acompanhados de consciência nem de vontade, enquanto no animal, ou máquina de carne, os movimentos, embora igualmente necessários, são acompanhados de consciência e vontade.

Os movimentos ditos voluntários nem sempre são voluntários. Estendo involuntariamente meu braço, à aproximação de um objeto que me ameaça. Em queda, ponho uma de minhas mãos para a frente, enquanto a outra vai involuntariamente para trás. Sou senhor de minhas pálpebras e deixo de sê-lo, alternadamente. O movimento de solicitação é voluntário, o movimento consequente do órgão, não. Muitas vezes, a deglutição é solicitada em vão.

Além dos movimentos ditos voluntários ou involuntários, executam-se no animal movimentos com a característica peculiar de se reproduzirem à sua revelia. Chamarei, pois, os primeiros de voluntários, os segundos de espontâneos, os terceiros, de involuntários naturais, e todos os outros de violentos.

Os músculos têm, como os órgãos em geral, um grande número de movimentos particulares momentâneos, que podem ser duradouros ou fugidios, rápidos ou lentos, de oscilação, contração, peristaltismo, movimentos que não sentimos, embora possamos observá-los na fronte, nos braços, nas pernas e, sobretudo, no *scrotum*.

O prazer e a dor são dois movimentos diferentes do diafragma. O prazer pode degenerar em dor. Esse tecido, agitado em

O sonho de d'Alembert e outros escritos

sentidos contrários, pode matar o animal, como um homem que recebesse ao mesmo tempo a sensação do ridículo e do patético.

Geração dos animais

Veja, no capítulo sobre geração (na segunda parte), a história de um homem que se reproduz por divisão, como o pólipo. A gravidez do elefante dura cinco meses. O pulgão é hermafrodita.

O caracol tem coito duplo.

Animais sem sexo engravidam por si mesmos.

Animais andróginos; animais com os sexos conjugados; animais com sexos separados; os mulos; o castor se mantém unido à fêmea; o *bombyx* copula com a fêmea morta.

Não é necessário que o que chamamos de germe seja similar ao animal. É um ponto de conformação, cujo desenvolvimento produz um animal determinado.

As moléculas esparsas que devem formar o germe se reúnem e formam uma pevide, que se desenvolve: é uma árvore. O mesmo com o animal e o homem.

Cada ordem de seres tem uma mecânica particular; a da pedra não é a do ferro; a do ferro não é a da madeira; a da madeira não é a da carne; a da carne não é a do animal; a do animal não é a do homem; a do homem não é a dos órgãos.

Do primeiro instante da geração até as últimas etapas do crescimento, tudo o que vejo é o progresso de um mesmo desenvolvimento, e da última etapa do crescimento até o fim da vida tudo o que vejo é o progresso de uma destruição.

As partes fracas são reparadas no animal sem o auxílio de um germe preexistente. O coração, que de início é um simples canal, torna-se uma víscera com dois ventrículos e aurículas. Há um fluido que, apenas por meio do humor, produz os músculos, os dentes, as patas do camarão.

Os animais cornudos não têm chifres quando nascem; eles surgem com o tempo, e o mesmo se dá com todas as outras partes que os precederam, como os pelos, os testículos ou a barba.

As fêmeas das renas têm chifres, perdem-nos quando castradas e os recuperam depois. O boi nunca perde seus chifres, são parte dele.

Distinguem-se os animais ovíparos dos animais vivíparos. As enguias do vinagre não são ovíparas; Fontana viu filhotes se mexendo dentro do corpo das mães, antes de nascerem.

Cada animal vivo tem seus próprios vermes e produz milhares de outros animais. Cada animal morto tem seus próprios vermes; cada parte do animal vivo, também.

Os ascaridídeos vêm aos milhares. O sangue expelido em doenças epidêmicas é repleto de vermes. Há uma doença pediculada que desfaz o homem em mil piolhos. Há um caso em que um indivíduo humano foi reduzido a pulgas.

Em certos lugares da América, em 24 horas as feridas estão repletas de vermes. É preciso raspá-las e secá-las com infusão de tabaco. Mesmo assim, e mantidos os cuidados, os vermes continuam a se reproduzir. Prova adicional do desenvolvimento necessário por meio do qual as moléculas formam os germes.

Grelhe carnes no fogo mais intenso; triture vegetais na máquina de Papin, que reduz pedras a pó e transforma em geleia mesmo as mais resistentes: essas substâncias produzirão animais por fermentação e putrefação.

Haverá sempre uma sucessão regular das mesmas espécies dos diferentes animais, dependendo da substância animal ou vegetal posta em fermentação.

Há três graus de fermentação: a vinhosa, a ácida e a pútrida. São como três climas diferentes que transformam a geração dos animais.

Por que a longa série de animais não seria o desenvolvimento de um mesmo?

Camper deriva todos os animais a partir de um único molde, apenas pela transformação dos contornos da face, desde o homem até a cegonha.

Não devemos crer que os animais tenham sempre sido e permanecerão tais como os vemos. A aparência de estado estacionário é efeito de um lapso de tempo, em meio à eternidade, que parece manter intactas a cor e a forma. Mas esse estado é uma simples aparência.

A ordem geral da natureza se altera incessantemente; em meio a essa vicissitude, como poderia a duração da espécie permanecer a mesma? Impossível: apenas a molécula permanece eterna e inalterável.

O monstro nasce e morre, o indivíduo é exterminado em menos de cem anos. Por que a natureza não exterminaria também a espécie, ainda que num intervalo de tempo maior?

Animais são diferentes devido à sua organização

O animal é um ser cuja forma é determinada por causas internas e externas que, por serem diversas, produzem animais diversos. A organização de cada um determina suas funções e necessidades, que, por vezes, influem na organização.

A águia de olhos penetrantes plana alto nos céus; a toupeira de olhos microscópicos se esconde sob a terra. O boi gosta da grama do vale; a cabra, dos arômatas das montanhas. A ave de rapina distende ou aguça a vista como o astrônomo que alonga ou encurta a luneta. A menina persegue uma borboleta enquanto o garoto sobe na árvore.

A influência das necessidades sobre a organização pode transformar os órgãos e até produzi-los.

O animal carnívoro é mais agressivo que o herbívoro, tem o caráter das feras e vive isolado; já o herbívoro, vive em rebanhos. O hálito, a urina e os excrementos do carnívoro são fétidos, a carne é corruptível e tem gosto e cheiro desagradáveis; o leite do herbívoro é saudável e balsâmico; não se pode dizer o mesmo do leite dos outros. A gordura do herbívoro é firme e enrijece com facilidade; a do carnívoro, por seu turno, é flácida e putrescível.

Os pássaros carnívoros são como bexigas emplumadas e aladas, existe neles uma comunicação entre o tórax e a barriga. O ar das vesículas do pulmão penetra pela cavidade dos ossos, que são ocos. Assim, quando os vemos plainar nas regiões mais altas da atmosfera e lá permanecer por longos períodos, isso se deve menos à sua envergadura avantajada do que à sua conformação, que faz com que todas as partes do seu corpo sejam permeáveis ao ar e dilatáveis.

As peles dos animais crescem em cerca de um terço quando preparadas. Um animal desenhado a partir de um animal empalhado é uma amplificação. Vide as figuras da *História natural*, do sr. Buffon.

Animais microscópicos

Impossível envenenar animais microscópicos. Eles se dividem em dois, e essa divisão sucessiva produz espécies sucessivas de animais. Qual o término último dessas raças? A geração descendente por divisão talvez chegue à molécula sensível, que, nesse estado, mostra uma atividade prodigiosa.

As partículas que pela ação da água se desprendem das extremidades das nadadeiras dos mariscos continuam a se mover progressivamente. As barbas das brânquias dos peixes produzem, quando se rompem, um animálculo vivo similar a uma enguia farinhenta. O animálculo, ou molécula sensível viva, é a única coisa que pode explicar a tênia, os vermes, as ascaridídeas, o pus das úlceras e a virulência dos cânceres e de outras doenças em que o humor adquire a voracidade dos animais e a causticidade do fogo.

O verme é o princípio dominante do reino animal.

Moral dos animais

Os animais têm uma moral? Sua conduta durante a incubação parece difícil de explicar mecanicamente. Que me expliquem como a jovem andorinha faz seu ninho e explicarei todas as ações do homem desprovido de experiência, do homem-animal.

A natureza sábia, pura e simples, atua sozinha nos animais. Se a reflexão se imiscuísse, estragaria tudo e aperfeiçoaria tudo: de início, estragaria, em seguida, aperfeiçoaria.

A aranha se tornou boa tecelã por natureza e por necessidade. A andorinha é ótima arquiteta. Mas, como a reflexão não se imiscui, e elas são sempre guiadas unicamente por esses dois mestres, jamais poderão se tornar mais hábeis ou menos hábeis do que são.

A construção do ninho da andorinha é talvez o resultado de um encadeamento cego de necessidades, de um encadeamento orgânico produzido por mal-estares dos quais elas se livram ou por prazeres que elas sentem: um efeito da ligação entre a mãe e sua cria. É uma verdadeira macaquice, que depois é variada pelo amor, e pela aproximação do macho, que modifica a fêmea.

A ovelha transmite ao cordeiro o temor em relação ao lobo; a galinha transmite ao pintinho o temor em relação ao gavião. Tanto é assim que, se nem a mãe nem os filhotes jamais viram o animal, eles não o receiam (a chegada de Cristóvão Colombo, Bougainville e outros viajantes a ilhas inabitadas). Disposições orgânicas, cuja energia nos é impossível conhecer, passam da mãe para os filhotes, que formam com ela uma unidade (veja o capítulo "Feto", na segunda parte). O animal recém-nascido executa várias funções como se as tivesse aprendido.

Graça e beleza do animal

O animal mais bem formado é aquele em cuja organização se encontra um equilíbrio preciso, o aumento da potência de uma parte não se dá às custas daquela de outras. Caso contrário, o animal pode ser muito apto a uma função determinada, mas totalmente incapacitado para outra. A observação mostra que nenhuma parte do corpo pode exceder sua medida própria exceto às custas de outras. Por exemplo, se uma peca pelo volume excessivo, a outra pecará pela falta dele. O volume excessivo do coração é um efeito da flacidez das fibras, e o animal é frouxo: o leão tem um coração pequeno. Se o cérebro tem um volume exorbitante, o animal é pensador, mas é fraco.

O sonho de d'Alembert e outros escritos

Capítulo III
Homem

A característica do homem reside em seu cérebro, não em sua organização. O meio-termo entre o homem e o animal é o macaco. Eu mesmo vi um homem-macaco. Ele não pensava melhor que o macaco, imitava, e era malicioso como ele; não falava, mas gritava como o macaco; agitava-se sem parar; tinha ideias incoerentes; aborrecia-se, acalmava-se e era despudorado como o macaco.

Não há animal cuja fisionomia seja tão variada como a do homem. A fisionomia dos mais velhos é acentuada. Suas rugas são como traços profundos, em que o buril do tempo marcou fortemente uma paixão que não existe mais. Desprovido de fisionomia, um homem não é nada. Quem possui ares de um homem de bem provavelmente o é. Quem tem ares de vil e mau sempre o é. Um homem de espírito pode ter ares de tolo. Um tolo nunca tem ares de um homem de espírito.

Uma mulher com ares masculinos desagrada às mulheres, mas não as provoca, e aos homens, pela perplexidade que causa em seu desejo. O mesmo acontece com um homem de ares femininos.

O homem sadio desconhece a extensão de sua força. Digo o mesmo do homem tranquilo.[4] É que, em meio à desordem, todas as forças da máquina conspiram entre si, enquanto no

---

4 O sr. Buffon vê sair fogo e fumaça pela fenda de um lambri. Arranca o lambri, pega em seus braços as pranchas meio queimadas e as leva para o pátio. Acontece que um cavalo não tiraria do lugar o fardo que ele carregou. Uma mulher delicada é atacada por vapores histéricos, por furor uterino, e três homens não conseguem conter aquela que um único deles seria capaz de derrubar, se ela estivesse saudável. A casa de um homem avaro pega fogo; ele pega seu cofre e o leva para o jardim, de onde ele não o teria tirado por dez vezes a soma que o cofre continha.

estado sadio ou tranquilo atuam isoladas. Tudo o que resta é a ação dos braços, das pernas, das coxas ou dos flancos. No estado sadio ou tranquilo, o animal tem medo de se ferir; na paixão ou na doença, ignora esse medo.

Guardadas as proporções, a cabeça do homem é maior que a dos outros animais, pois o exercício dos órgãos que ela contém já está presente no nascimento, é preservado durante a vida e dura até a morte. O exercício fortalece os membros, sua falta os desgasta. Quem quer que reflita minimamente perceberá que a cabeça é a sede do pensamento.

Razão

A razão, ou instinto do homem, é determinada pela organização intrínseca a ele e pelas disposições, gostos e aptidões que a mãe comunica ao filho, que, durante nove meses, forma com ela um único ser.

Sua perfectibilidade se deve à fraqueza dos outros sentidos, nenhum dos quais predomina sobre o órgão da razão. Se o homem tivesse o nariz do cão, estaria sempre farejando, se tivesse o olho da águia, estaria sempre observando, se tivesse o ouvido da toupeira, seria um ser à escuta.

Há duas suposições absurdas frequentes a esse respeito, das quais derivam duas dificuldades insolúveis. Uma delas é que haveria, na superfície da Terra, um ser, um animal que é, eternamente, tal como no presente. A outra é que não haveria diferença entre o homem saído das mãos do criador e a criança saída do ventre da mãe.

Todos os pensadores, por profundos que sejam, estão sujeitos, como as imaginações mais ardentes, a catalepsias momentâneas. Basta que se ofereça uma ideia singular ou uma relação bizarra para que sua cabeça se perca e depois saia desse estado como se estivesse saindo de um sonho. Ele indaga aos que os rodeiam: "Onde eu estava mesmo? O que estava dizendo?". Às vezes, conseguem retomar a direção, como se nada tivesse acontecido. Testemunha disso é o pregador holandês (*Viagem à Holanda*, p.152).

As faculdades do homem se perdem para sempre do mesmo jeito que se perdem momentaneamente; aqui e ali, atua uma mesma causa, cujo efeito desparece ou permanece. Exemplos do cansaço, da doença, da convalescência, da paixão, da embriaguez, do sono mostram que o homem é ora engenhoso ora estúpido, ora paciente ora colérico, mas nunca é o mesmo. O mais constante é o que muda menos.

Se soubéssemos como provocar a febre, poderíamos tornar um homem sábio ou louco e dar inteligência a um tolo. Não são raros exemplos de homens saudáveis idiotas e de febris cheios de vivacidade, inteligência e eloquência. É que todos os talentos pressupostos pelo entusiasmo beiram a loucura. O próprio entusiasmo é uma espécie de febre.

Veja esse estatuário que empunha o formão diante do cavalete com sua argila: seus olhos ardem, seus movimentos são rápidos, ele perde o fôlego, o suor lhe escorre pela fronte, ele contrafaz com o rosto a paixão que quer reconstituir; levanta os olhos para o céu, inclina sua cabeça sobre um dos ombros, quase desmaia. Se ele sente cólera, range os dentes; se ternura, se entrega; se desespero, seus traços se alongam, sua boca se entreabre, seus membros se retesam; se desprezo, seu lábio superior se ergue; se ironia, ele sorri maliciosamente. Tomo seu pulso: ele está febril.

Pensamento

No estado de perfeita saúde, em que não há sensação que permita discernir uma parte do corpo em especial – estado que todos um dia experimentaram –, o homem existe inteiro num único ponto do cérebro, situa-se inteiro na sede do pensamento. Talvez, examinando bem, veríamos que, quando alegre ou triste, na dor ou no prazer, ele se encontra na sede de sua sensação. Quando enxerga, ou melhor, quando vê, é um olho; quando fareja, é um nariz; quando toca, é a pontinha de um dedo. Essa observação é difícil de ser verificada por experimentos, mas mostra o que se passa em nós, quando nos entregamos por inteiro ao uso de algum dos sentidos.

Será que pensamos quando nos fazem cócegas? Ou quando gozamos a união dos sexos? Ou quando somos vivamente afetados pela poesia, pela música ou pela pintura? Será que pensamos quando vemos nosso filho em perigo? No meio de um combate? Em quantas circunstâncias, se nos perguntassem "Por que não fez ou não disse isto?", não responderíamos "é que eu estava fora de mim"?

Alma

Um homem valoroso abriu sua obra com as seguintes palavras: "O homem é composto, como todo animal, de duas substâncias distintas: a alma e o corpo; se alguém nega essa proposição, não escrevo para ele". Quando li isso, pensei em fechar o livro, pois, uma vez que eu admita essas duas substâncias distintas, o autor não tem mais nada a me ensinar. Ele não sabe o que é isso que chama de alma, nem como as duas substâncias estão unidas, e, menos ainda, como atuam uma sobre a outra.

O corpo produziria tudo o que produz mesmo sem a alma. Não é algo impossível de provar. Já a suposta atuação de uma alma é bem mais difícil. "A alma", segundo os discípulos de Stahl, "é uma substância imaterial, causa de todos os movimentos do corpo, que é uma simples máquina hidráulica desprovida de atividade e em nada diferente de qualquer outra máquina feita de matéria inanimada. A fabricação mesma do corpo e o exercício das funções vitais são obra da alma, que conhece tudo, embora nem sempre preste atenção a tudo. Restaura-se no sono, é caprichosa, fantasiosa, negligente, preguiçosa, desesperada, temerosa; e é capaz, dependendo de sua natureza benfazeja ou malfazeja, de abreviar ou prolongar a vida. A alma é, enfim, causa dos movimentos voluntários dos quais ela tem consciência, dos movimentos involuntários sem ser consciente deles: ação da alma razoada, ação da alma forçada."

Mas, e quanto ao movimento após a morte, de onde ele vem? Em vão dir-se-á que a alma tem uma relação muito estreita com o corpo; isso só aumentaria nossa surpresa e nossas dificuldades.

"O comércio entre a alma e o corpo se dá de tal maneira que, quando a alma tem desejos, excitam-se movimentos no corpo, e, inversamente, quando o corpo se movimenta, excitam-se desejos na alma, pois a reciprocidade de suas respectivas ações está demonstrada." Os fenômenos relativos à união da alma e do corpo são os mesmos em todos os homens. Mas como isso é possível, se alma e corpo são substâncias heterogêneas?

Segundo as definições oferecidas das duas substâncias, elas são essencialmente incompatíveis. Que ligação poderia, então, haver entre elas? Há algo mais absurdo que o contato entre dois seres, um dos quais não tem partes e não ocupa espaço? Há algo mais absurdo que a ação de um ser sobre outro, sem contato entre eles? Se houvesse uma alma no corpo, ela teria de estar perfeitamente ciente da anatomia, da fisiologia e da psicologia dessa morada. Ah! Mas essa pobre mônada é perfeitamente ignorante de tudo isso. A alma da criança que nasce, ou do animal que morre, permanece perfeitamente ignorante de tudo isso.

Se há vida nos órgãos separados do corpo, onde estaria a alma? O que acontece com sua unidade, com sua indivisibilidade? Uma ligação dos nervos impede toda sensação e movimento. Logo, uma ligação pode separar a alma do corpo, e, retirada a ligação, renasce a união entre eles. Compreende-se que uma ligação possa interceptar a união entre dois seres corpóreos; mas seria preciso uma perspicácia incomum para compreender uma ligação que intercepta a relação entre um ser corpóreo e um ser espiritual.

Por que não considerar a sensibilidade, a vida e o movimento como propriedades da matéria, já que encontramos essas qualidades em cada porção, em cada partícula de carne?

Um homem mergulha numa melancolia profunda, que o induz a um estado de estupidez. Essa estupidez dura quarenta anos. Alguns dias antes de sua morte, ele recobra a razão; dormiu o sono de Epimênides. O que a sua alma fez durante esse longo intervalo? Ela dormiu? E na catalepsia, que reduz o animal ao estado puramente sensitivo, o que acontece com a suposta comunicação entre a alma e o corpo?

Onde está a alma, no caso do afogado que é trazido de volta à vida ou que se encontra num estado tão similar à morte que, se não for socorrido, nada sentirá além do mais profundo torpor? A alma estaria, então, separada do corpo, e depois retornou a ele? Se estava separada do corpo, quando foi que se deu a separação? Mas, então, o que é a morte?

A alma, se é que ela existe, é um órgão dos mais subalternos. Seu poder é menor que o da dor, do prazer, das paixões, do vinho, do meimendro, do cogumelo furioso, da noz-moscada. Que poder tem ela durante a febre ou a embriaguez?

Qualquer que seja a ideia que se tenha a seu respeito, é, necessariamente, a de um ser móvel, extenso, sensível e composto. Ela se cansa como o corpo, repousa como ele e perde sua autoridade sobre ele assim como o corpo perde sua autoridade sobre ela.

Só se tem consciência do princípio da razão ou da alma quando se tem consciência da própria existência, da existência do próprio pé ou mão, do frio, do calor, do prazer, da dor; abstraídas essas qualidades, nada resta da alma.

A alma pode ser triste, colérica, terna, dissimulada, voluptuosa, ela não é nada sem o corpo. Desafio que se explique alguma dessas coisas sem o corpo. Desafio que se procure explicar como as paixões se introduzem na alma sem movimentos corpóreos e sem começar por esses movimentos.

Isso é tolice dos que descem da alma ao corpo. Não ocorre nada disso com o homem. Marat não sabe o que diz quando fala da ação da alma sobre o corpo. Se tivesse olhado mais de perto, teria visto que essa ação é de uma porção do corpo sobre outra, e que a ação do corpo sobre a alma é a ação de uma parte do corpo sobre outra. Ele é claro, rigoroso e preciso em seu capítulo sobre a ação do corpo sobre a alma, na mesma medida em que é vago e fraco no capítulo seguinte.

O raciocínio não se explica com o auxílio de uma alma imaterial ou um espírito. Esse espírito não pode se dedicar a dois objetos ao mesmo tempo, ele precisa do auxílio da memória.

Denis Diderot

Mas a memória é certamente uma qualidade corpórea. A diferença entre uma alma sensitiva e uma alma racional é uma questão de organização. O animal é um todo uno, e pode ser que essa unidade, auxiliada pela memória, seja isso que constitui a alma, o eu, a consciência.

Todos os pensamentos nascem uns a partir dos outros. Isso me parece evidente. As operações intelectuais também estão encadeadas: a percepção nasce da sensação, a reflexão da percepção, e, da reflexão, a meditação, o juízo. Não há nada de livre nas operações intelectuais, na sensação, na percepção ou na apreensão de relações das sensações entre si, na reflexão, na meditação ou atenção dada a essas relações, no julgamento ou aquiescência ao que parece verdadeiro (veja o capítulo "Entendimento", na terceira parte).

Qual a diferença entre um relógio sensível, vivo, e um relógio de ouro, de ferro, de prata ou de cobre? Se uma alma estivesse ligada a este último, o que ela produziria? Se a ligação de uma alma a essa máquina é impossível, que isso me seja demonstrado. Se é possível, que me digam quais seriam os efeitos dessa ligação. O camponês que vê uma máquina se mover e que, por não conhecer seu mecanismo, introduz um espírito na agulha não é nem mais nem menos tolo do que nossos espiritualistas.

Quantos fenômenos verificados não permanecem com a causa desconhecida? Quem poderia saber como se dá o movimento no corpo? Ou como a atração atua nele? Quem poderia saber como um corpo se comunica ou age? Esses são fatos, assim como a produção da sensibilidade é um fato. Deixemos as causas desconhecidas e partamos dos fatos.

Segunda parte
Elementos e partes do corpo humano

O homem tem todas as espécies de existência: a inércia, a sensibilidade, a vida vegetal, a vida poliposa, a vida animal, a vida humana.

O corpo animal é um sistema de ações e reações: ações e reações são as causas das formas das vísceras, das membranas.

O cérebro, o cerebelo, com os nervos ou filamentos, são os primeiros rudimentos do animal. Eles constituem um todo vivo e levam a vida para todo lugar.

A formação do corpo humano parece muito simples. A natureza prepara o tecido celular; é a passagem da planta à vida. A fibra produz o tecido celular; o tecido celular, segundo a variedade de suas membranas, produz os vasos, a aponeurose. As membranas produzem as vísceras. Do tecido celular sai o periósteo, e do periósteo saem os ossos, que são filetes membranosos e glúten que se fixa entre esses filetes. O que alguns explicam pelas fibras outros explicam pelos nervos.

Denis Diderot

Capítulo I
Fibra

A fibra é, na fisiologia, o que o ponto é nas matemáticas.

Ela é mole, elástica, pastosa, longa, quase sem largura, ou larga quase sem comprimento. Ela é una. Não tem sangue e não é oca. Se fosse oca, ao ligá-la formar-se-ia um tumor, o que não acontece. Entre seus elementos, uns são sólidos e outros são fluidos, mas os primeiros estão de tal modo unidos aos segundos que não se pode separá-los a não ser pelo fogo ou por uma longa putrefação.

O elemento sólido é uma terra calcária que entra em efervescência com os ácidos, e, sob o fogo forte, se transforma em vidro branco. Essa terra é feita de moléculas. Separada de seus laços sólidos, pulverizável, não se dissolve em água; ela se mostra quando exposta ao fogo veemente ou depois de uma longa exposição ao ar. Há, nessa terra, algumas partes que são atraídas pelo ímã.

O glúten, ou elemento fluido da fibra, contém água, sal marinho, ar e óleo combinados, os quais, pela combinação, formam um todo que não é água, nem terra, nem óleo, nem nada daquilo que se dissipou na análise.

O glúten é a causa da adesão. É o óleo que o amacia; o ar o torna elástico; ele varia segundo as idades e os temperamentos. Vê-se, pelas múmias, que os ossos conservam seu glúten após 2 mil anos.

Todos os sólidos do corpo humano são de fibras mais ou menos atadas umas às outras (é o mesmo para as plantas), sem excetuar o cérebro, nem o cerebelo, nem a medula espinhal. Eles são perceptíveis nos ossos, nos tendões e nos músculos.

Distinguem-se fibras esbranquiçadas disseminadas na substância do cérebro: são a origem da fibra nervosa.

A fibra simples, a fibrila e a fibra musculosa

A fibra simples é um feixe de fibrilas mil vezes mais finas do que o mais fino fio de cabelo. Um feixe de fibras simples, quando forma um canal, chama-se fibra orgânica. Um feixe de fibras orgânicas forma a fibra muscular. As fibras musculares são elementos dos nervos, os nervos elementos dos músculos etc. As menores fibras musculares não diferem em nada das mais grossas. A carne não difere da fibra muscular. A fibra é invisível nos animais microscópicos muito pequenos.

Da divisão sem fim da fibra em fibrilas vem sua força no sentido do comprimento. A membrana, assim como a fibra, não pode ser desfiada: daí também sua força. Os fios de seda, esticados entre dois rolos do tear, sustentam um peso enorme, embora cada um em particular quase não tenha consistência. Se um fio esticado resiste, a resistência de dois fios será maior.

A fibra é sensível, o cabelo não; ela é irritável quando se torna musculosa. É contrátil, mesmo no animal morto.

Se o glúten, que se supõe que faça a união das moléculas da fibra, for sensível, a fibra será um todo sensível e contínuo. Mas se ele não o for, a fibra reduzir-se-á a um fio composto de moléculas sensíveis, separadas por moléculas inertes, interpostas; não será mais um todo sensível.

Considero que a fibra é mais possivelmente carne acrescentada à carne, formando um todo contínuo, mais ou menos homogêneo, vivo. Eu a vejo como um animal, um verme. Ela compõe o animal e o alimenta. Sua formação é a mesma de um verme.

Todos os elementos que encontramos na fibra formam a carne. Essa espécie de carne assim ordenada forma a fibra, e a fibra, consequentemente, é organizada como fibra, tal como a árvore de Diana é árvore de Diana.

Quer conhecer a semelhança entre a fibra muscular e o verme? Estique-a em todas as direções e observe as contorções, a dilatação e seu serpentear.

Os médicos observaram que a fibra tinha uma ação e um movimento de uma a outra de suas extremidades, ou de fora para dentro e de dentro para fora. Esse é o fundamento da teoria da distensão e da contração. A contração da fibra produz rugas e, consequentemente, um encurtamento sobre si mesma. Esse encurtamento ocorre no cadáver.

A fibra é a matéria do feixe que chamamos de órgão; ela é a matéria do tecido celular que liga e envolve o órgão.

O que são as cãibras? Imagine um feixe de fibras sensíveis e vivas, umas imobilizadas e aplicadas a outras por dois nós formados na extremidade do feixe. Suponha que uma porção dessas fibras entre numa contração violenta enquanto a outra parcela delas fica em repouso e terá uma ideia do que chamamos de cãibra. Qual é a causa da contração de uma parte desse feixe? Talvez apenas o exercício da sensibilidade, talvez todas as causas que fazem que o verme se contorça, serpenteie e se dobre sobre si. O verme e a fibra se distinguem pouco um do outro.

Capítulo II
Tecido celular

O tecido celular é composto de fibras e de lâminas mais largas do que longas que, entrecortando-se, formam pequenas

O sonho de d'Alembert e outros escritos

áreas, constituem todas as partes do corpo humano e exercem a função de um elo que as consolida sem as constranger. É uma teia semeada de auréolas mais ou menos grandes. É um envoltório, um revestimento geral de todos os órgãos. É uma espécie de bolsa que mantém tudo em seu lugar, dá estabilidade a todos os órgãos e mobilidade a cada um deles.

Segundo a variedade, o tecido celular forma as membranas ou vasos. É irrigado e nutrido pela exalação das artérias. Muito sutil, forma a membrana cerebral, que envolve até as fibrilas. É a causa das metástases e correspondências. É por ele que os miasmas, o ar pútrido e outros venenos têm seu efeito.

A extremidade das pequenas artérias deposita nele a gordura rebombeada pelas veias. Essa gordura depositada vem de todas as partes, sobretudo da extensão das artérias. O tecido celular produz a obesidade; seu inchaço pelo ar se chama enfisema por edema hidrópico, que é natural ou acidental.

O tecido celular se dilata ainda por pus, pelo óleo que corre de todo o corpo da avestruz. Esse óleo é coletado em toda a Arábia.

Tecido celular é uma bolsa dura que restringe os corpos cavernosos; nas árvores, é casca que se torna madeira. No animal epidérmico, torna-se pele, membranas, vísceras, periósteo. Ele faz tudo e tudo se reduz a ele. É a passagem da matéria inerte à planta, à vida, ao animal, à organização. É variável segundo a idade.

Capítulo III
Membranas

A doença e o acaso, assim como a natureza, produzem as membranas. É o tecido celular que as forma. Os vasos são membranas ocas. A membrana produz os órgãos, assim como a fibra produz o tecido celular. Eis a filiação.

As fibras musculares e as fibras medulares têm a mesma origem. De fibras unidas se forma uma membrana simples; de fibras urdidas, vaso simples; de vasos arredondados, segunda membrana; da segunda membrana arredondada, segundo vaso; de vasos contornados, tecido e terceira membrana; de terceiras membranas, terceiro vaso; de quartas membranas, grande vaso. Nós examiná-las-emos sucessivamente nos próximos capítulos.

A pele é o revestimento geral do corpo. Ela existe também perfurada com aberturas, mas do avesso. Sua estrutura geral é como a das membranas. Tem, por baixo, artérias e veias, que podem ser observadas em peles finas e brancas. Sua excreção prova os vasos excretores. É cheia de filetes nervosos, é musculosa e irritável; tem papilas que sentem cócegas, das quais exala um odor de transpiração.

A pele é recoberta por um envelope que adere a ela por meio de uma infinidade de pequenos vasos e pelos que a atravessam. A superfície externa desse envelope é rija, seca, incorruptível, desprovida de sensibilidade, de vasos e nervos, cheia de rugosidades com direção determinada e escamosa: é a epiderme.

A epiderme é perfurada por poros, entre os quais alguns deixam passar o suor. Os menores têm uma transpiração imperceptível. O fogo e o atrito a tornam espessa; novas lâminas se juntam à primeira e formam uma calosidade.

A epiderme se desgasta e se regenera. É a concreção de um humor que exala da pele, concreção perfurada pelos condutores exalantes e inalantes cujos orifícios são unidos por um glúten que os envolve.

Distinguem-se na epiderme dos negros duas lâminas; sua superfície interna é mais carnuda, meio fluida, como uma mucosa. A epiderme dos europeus dificilmente pode ser separada. A dos negros da África pode facilmente sê-lo: têm-na membranosa, sólida e separável.

A epiderme recebe as papilas em suas cavidades moles, o que se chama de corpo reticular de Malpighi.

Sob a pele, há glândulas sebáceas que a perfuram por seus condutores excretores, espalhando sobre a pele uma camada mole e semifluida que a faz brilhar. A pele e os mucos de Malpighi, nos lugares em que parecem perfurados, se voltam para dentro.

As papilas se movem, como mostra a horripilação e o retesamento do bico dos seios das mulheres. Aplicadas a objetos do tato, recebem a impressão sobre sua parte nervosa, que a transmite ao tronco dos nervos.

Capítulo IV
Gordura

A gordura é um humor líquido nas auréolas do revestimento dos órgãos ou do tecido celular. Todas as partes dos corpos contribuem para a sua formação, que resulta do excedente da nutrição. Ela produz a solidez e a facilidade do movimento. Ela lubrifica tudo; protege contra os choques; distende a pele e a embeleza; impede que as partes se colem, ressequem e endureçam.

A gordura constitui a principal diferença entre as glândulas e as vísceras. Fibrosa, laminada ou ambas as coisas, ela forma uma espécie de bolsa que mantém tudo no lugar e tudo estabiliza.

A gordura e o tecido celular variam conforme o lugar, a idade e o temperamento. Através dela abrem caminho as agulhas e outros corpos estranhos. Durante o sono, a gordura se deposita nas células adiposas. Há pouca gordura quando há muito movimento. Ela se acumula pelo repouso ou se dissipa pela ação das partes.

Não há gordura no cérebro nem no cerebelo. Há pouca dela nas articulações dos membros onde se dá o movimento. Não há gordura no pênis, nos pulmões ou no clitóris. Há muita gordura nas glândulas dos seios.

As crianças e os homens de 40 anos são gordos: as primeiras, pela qualidade dessa substância; os segundos, por sua quantidade.

Os idiotas e os animais cujos órgãos da geração foram extraídos são gordos.

Os homens gordos vêm de países frios.

Gordura demais, muito espessa, incomoda, causa asma, apoplexia, hidropisia.

Demétrio I da Macedônia, preso e bem alimentado, morreu sufocado pela gordura.

Algumas vezes, é preciso espetar o homem gordo para que ele acorde. O homem não se move mais quando pesa 500 libras. Já se encontrou até 280 libras de gordura em um homem e 800 libras em um boi.

A gordura passa pelos poros excretores e é expelida pelas vielas, pela salivação e pela febre. É destruída pelo atrito, mas se regenera facilmente. Nas crianças, assim como nos verdelinhos e nos sabiás, ela se reconstitui com facilidade.

Nas células adiposas, assim como no tecido celular, as fibras são mais largas do que longas. Os nervos se distribuem entre as células, mas em filamentos tão pequenos que não é possível observá-los.

As células adiposas podem ser artificialmente transformadas em glutonas, pelo repouso, pela cegueira, pelo frio. Todas essas vesículas se comunicam. O fole de Boucher prova isso.

O fígado dos gansos engorda por meio da cegueira e da fratura dos ossos das coxas juntamente com a imobilização das patas.

A gordura escorre dos ossos através de suas camadas e se mistura com a sinovial.

É do tecido celular que sai a gordura que é expelida pela avestruz ferida.

Os vasos da gordura são pequenos. Ela colore a pele; é o receptáculo natural ou acidental de todo fluido natural ou artificial, pois tempera a sua acidez.

É a principal matéria da bile. Não é irritável. Contém um pouco d'água, muito óleo inflamável, um licor ácido, empireumático: é um antisséptico. Tinge a urina e forma uma parte de seu sedimento. Exala do mesentério, isocólon e omento em volta dos rins.

Ela sai das artérias e das veias, onde entra fácil e prontamente pela ação dos músculos; grande exercício basta para isso.

Quando entra no sangue, a gordura aumenta as doenças agudas; é a causa da inflamação e do escorbuto, por meio do sangue extravasado no tecido celular.

Ela recobre os canais do sangue arterial; se for abundante demais nesses canais, sai pelos poros.

A gordura não é uma matéria excretora.

A medula raramente se putrefaz. Seu pus, que nasce da gordura, é inflamável.

Nos corpos fracos, em vez de gordura, as células contêm um humor gelatinoso; daí a anasarca, a hidropisia, a hidrocele externa.

Capítulo V
Cérebro

Por cérebro se entende aqui uma massa mole de onde nascem e se espalham os nervos ou cordas sensíveis e que está contida na cabeça dos animais. Assim, o princípio da força animal está na massa mole.

Distinguem-se no cérebro dois lóbulos, algumas vezes mais; em vez de lóbulos, às vezes encontram-se tubérculos. Distinguem-se também uma parte medular e uma parte cortical, espécie de caldo meio vermelho, misturado com cinzento e amarelo. Com a idade, o cérebro endurece, a ponto de poder ser cortado.

A parte medular é mais densa do que a cortical. É uma polpa uniforme e homogênea. Na base do cérebro, há feixes medulares, origem dos nervos, filtro de uma seiva. O cerebelo é a parte posterior e inferior do cérebro, a mais próxima da medula alongada. É separado por uma barreira membranosa: seu tamanho, em relação ao cérebro, é pequeno no homem. O cerebelo tem dois lóbulos.

A pia-máter, aracnoide, assim chamada por sua tenuidade, e que também chamamos de meninge, envolve o cérebro, o cerebelo, a medula alongada e os nervos. É uma membrana não irritável.

A dura-máter, membrana muito forte, é uma lâmina externa e interna. A lâmina externa sai do crânio com os nervos e os vasos por todos os orifícios da base do crânio e se une ao periósteo da cabeça, das vértebras e de todo o corpo. A lâmina interna segue a lâmina externa, mas às vezes se separa dela. A pia-máter e a dura-máter são como a epiderme e a pele da fibra nervosa animal.

O corpo caloso é um arco medular que junta o hemisfério direito com o esquerdo.

A medula alongada é a medula do cérebro e do cerebelo, que sai do crânio: pequenos maços, nervos; grandes maços, medula espinhal. Esses pequenos maços ou feixes medulares, muito macios na origem, compostos de filetes distintos, retos e paralelos, são unidos num buquê mais sólido pela pia-máter.

A medula do cérebro é igualmente fibrosa, ou feita de filetes paralelos. Ela gera a fibra nervosa. Esta é sólida e irrigada por um vapor que exala do tecido celular pelo qual cada fibra nervosa é envolvida.

Entende-se por *sensorium commune* [...]

É necessário muito pouco cérebro para formá-lo. A prova é que, se uma porção dessa substância for destruída ou ferida, qualquer que ela seja, as funções dos nervos e do entendimento não deixarão de ser exercidas.

Quanto mais jovens os animais, maior o seu cérebro. O elefante tem um cérebro pequeno; o camundongo o tem bem grande, assim como os pássaros. Os animais microscópicos, os pólipos de água doce e as urtigas do mar não têm cérebro. Os peixes têm pouco cérebro; os animais ferozes também; há pouco cérebro no castor e no elefante, que são os mais engenhosos dos animais. Não é verdade que, entre todos os animais, o homem seja o que tem mais cérebro.

Pode existir vida sem cérebro, quer seja porque a natureza o tenha recusado, quer seja porque ele tenha sido perdido por acidente ou doença; já foram vistos fetos vivos sem cabeça.

O movimento se dá pela medula alongada naqueles que não têm mais cabeça ou cuja cabeça foi cortada.

Tirando-se o cérebro da tartaruga, o único inconveniente é a cegueira. Ela tem o cérebro muito pequeno.

Não há olhos sem cérebro; não há cérebro sem olhos.

O cérebro do peixe torpedo é o único que é elétrico.

O cérebro do homem é elíptico; o grande lado da elipse está atrás.

O movimento do cérebro é de baixo para cima e de cima para baixo. Em Zoroastro, ele repelia a mão.

No homem, seu repouso exige que seja o maxilar inferior que se mova. No lagarto, é principalmente o superior que tem movimento.[5]

O cérebro é arterial, irrigado por vasos sanguíneos que nele depositam uma linfa que se perde em sua substância.

Nada é tão diverso e tão composto como o cérebro. Nesse órgão, não há menos diversidade do que nas fisionomias.

A variedade notável na situação das menores partículas que formam a estrutura do cérebro não foi suficientemente observada pelos fisiologistas. Daí a ignorância sobre o uso desse órgão.

Pela dissecção de cérebros, Vincenzo Malacarne, professor de cirurgia em Acqui, viu uma diferença sensível entre os lobos em termos de sua união, sua quantidade, sua ordem, a extensão das lâminas que os constituem, seus ramos medulares e a distribuição destes últimos, tanto na relação entre si quanto em relação aos lobos que eles compõem. Certos ramos que, num cérebro, fazem parte de um lobo, faltam em outro, são comuns

---

5 Vessálio viu um homem que, com os dentes, lançava para trás, a uma distância de 39 pés, uma estaca de ferro de 25 libras.

aos dois lobos ou só tocam o lobo oposto. As marcas do cérebro variam de um indivíduo a outro no que diz respeito à extensão e à profundidade. A estrutura dos lobos varia em cada hemisfério do cérebro. Transposição em suas partes: variação das partes situadas do lado mais baixo. Partes mais complicadas que outras: no arranjo das lâminas que as compõem, não há nada fixo e determinado.

O professor Meckel, a partir de reiteradas experiências, atribui a desordem da razão ao peso específico do cérebro. Resulta dessas observações que a substância medular do homem morto num estado de bom senso é mais pesada que a dos animais, a qual, por sua vez, é mais pesada que a dos loucos.

O cérebro é um órgão secretor. O estado das fibrilas brancas espalhadas na sua substância, do *sensorium commune*, da fibra nervosa, da fibrila e da fibra orgânica varia segundo a qualidade da secreção. Essa secreção pode ser rarefeita ou espessa, pura ou impura, pobre ou rica, e daí vem a prodigiosa diversidade dos espíritos e dos caracteres.

Num homem privado de uma parte do crânio, uma mínima pressão o faz ver mil fagulhas: se a pressão fosse mais forte, sua vista escureceria; se fosse ainda mais forte, ele desmaiaria e roncaria; se a pressão aumentasse ainda mais, ele ficaria apoplético. Se a pressão cessasse, logo ele despertaria e recuperaria o uso de todos os sentidos.

Na loucura, na apoplexia, no delírio e na embriaguez, as meninges são sempre afetadas.

O comediante Caio Víbio enlouqueceu procurando imitar os movimentos da loucura (Sêneca, livro 2, *Controvérsias*, 9).

O cérebro, o cerebelo, a medula alongada e a medula espinhal não têm sensibilidade. Contudo, sua lesão, sua compressão, é seguida de delírio e de morte. Medula espinhal estirada em todas as direções, convulsão geral. Medula espinhal ferida, morte. A pressão das pequenas fibrilas brancas espalhadas na substância do cérebro leva à cessação de todos os movimentos, ao aniquilamento, ao estado de morte.

Nem sempre se percebe no cadáver a lesão do cérebro. A picada lenta de uma agulha que se enfia nas carnes é mais dolorosa do que um tiro de pistola entre os dois olhos. A bala estoura o crânio, rasga as meninges e atravessa a substância do cérebro, é verdade. Mas esse trajeto se faz num piscar de olhos. O lampejo do tiro e a morte se tocam.

No raquitismo, essa doença forma espécies de ligação e atrapalha a circulação por todos os lados. Se há vasos que devem sentir os efeitos de toda essa constrição, são os do cérebro, substância mole que não resiste. Se as suturas da caixa óssea ainda forem fracas, cedem facilmente à dilatação da substância mole; se forem fortes, mesmo assim cedem, assim como se pode ver pedras enormes que dão passagem para uma raiz que poderíamos esmagar com o dedo. Ocorre, então, com o cérebro e com o cerebelo o mesmo que acontece com a polpa de frutos, que se estende para além da medida pela supressão ou torsão de alguns galhos. Nos raquíticos, as vísceras são contorcidas pela natureza, assim como os galhos da árvore são torcidos pelo jardineiro (veja o capítulo "Entendimento", na terceira parte).

Capítulo VI
Nervos

Na substância medular contida no crânio e na cavidade das vértebras, as fibras não são separadas por nenhum envoltório.

Os nervos, propriamente, são a continuação da mesma substância, mas fibrosa, separada por um invólucro que deriva da pia-máter. Extremidades sensíveis, substância medular sem invólucro e exposta, por sua localização, à ação dos corpos exteriores, assim é a retina do olho.

Logo, todo o sistema nervoso consiste na substância medular do cérebro, do cerebelo e da medula alongada e nos prolongamentos dessa mesma substância distribuída nas diferentes partes do corpo. É como um lagostim, cujos nervos são as patas e que é diversamente afetado segundo as patas. Essas patas são organizadas de maneira diversa; daí vêm suas diferentes funções. São extremidades motoras e contráteis.

O sistema nervoso divide o animal em duas partes, da cabeça aos pés: a prova se tira da hemiplegia.

Os nervos mais consideráveis são compostos de nervos menores, paralelamente unidos, sem se misturar; estes, por sua vez, são compostos de outros menores ainda, sem que haja um termo conhecido para a exiguidade da fibra nervosa.

Os nervos são todos medulares em sua origem, mas fortalecidos quando estão descobertos. Os nervos olfativo e auditivo são moles e sem cobertura membranosa em toda a sua extensão.

À medida que os nervos recebem mais sensibilidade, vão ficando desprovidos dos invólucros que recebem da dura-máter. Algumas vezes são mesmo privados da lâmina exterior da pia-máter. Então, formam-se os mamilos e papilas nervosas.

A suavidade do olfato é mais delicada e mais sensível que a do gosto; a suavidade do olho é mais delicada e mais sensível que a do olfato.

Há, no nervo, tecido muscular, celular, gordura, artérias, veias, vasos linfáticos e tendões. Os nervos estão sempre num estado de eretismo, mas não são irritáveis; se lhes dermos uma picada, os músculos agitar-se-ão, e o nervo ficará imóvel ao bisturi.

Eles são órgãos do movimento, servidores do cérebro; o movimento vai do tronco aos ramos e, algumas vezes, dos ramos ao tronco. Corte um nervo e o movimento cessa na parte inferior, porém permanece na parte superior.

Eles também são os princípios do sentimento e da ação. A ação e os sentimentos são suspendidos ou destruídos pela mais leve impressão que se faça em sua extremidade, por uma molécula de ópio. Daí nasce a distinção entre dois tipos de doenças nervosas: um que leva a desordem à origem e outro no qual a desordem da origem desce aos filetes.

Se houver força e vigor na origem e fraqueza e delicadeza nos filetes, estes serão abalados sem cessar. Se houver força e vigor nos filetes e fraqueza e delicadeza na origem, haverá outra espécie de agitação. São duas maneiras como a harmonia é perturbada.

Todas as partes do corpo se comunicam entre si, com o cérebro e com os nervos. Os nervos formam com o cérebro um todo semelhante a uma polpa e às suas raízes filamentosas. Talvez não haja nenhum ponto que não seja atingido por alguns desses filetes.

Uma gota de um licor alcoólico sobre as papilas nervosas que cobrem o estômago reanima toda a máquina enfraquecida. Um movimento de admiração ou de horror provoca tremores em todas as extremidades e produz a horripilação, sensação que se difunde em todos os pontos da pele, até a raiz dos cabelos.

Na ação e reação do cerebelo e de seus fios, a origem pode, até certo ponto, comandar suas expansões, pode-se manter um membro imóvel apesar da dor.

O sonho de d'Alembert e outros escritos

Os nervos são os escravos do cérebro; algumas vezes são também seus mestres; outras vezes, seus déspotas (útero, paixões violentas etc.). Tudo vai bem quando o cérebro comanda os nervos; tudo vai mal quando os nervos, revoltados, comandam o cérebro.

Uma longa falta de exercício do cérebro o faz perder sua autoridade sobre os órgãos que lhe são submissos. Eles se emancipam e se recusam a obedecer. Aquele que ficou muito tempo privado da vista não conseguiria mais comandar suas pálpebras, nem mesmo seus olhos; ele continua a agir como cego mesmo deixando de sê-lo. O oftalmologista Daviel era obrigado a bater num cego a quem ele havia restituído a vista para o advertir e o obrigar a olhar.

As fibras geradoras do nervo vêm de todas as partes do cérebro. Daí ele ainda conservar sua função mesmo depois da destruição de uma parte do cérebro. Daí o animal.

Amarre um nervo: a ligadura intercepta a ligação entre a origem do feixe e a parte que está abaixo da ligadura; essa parte fica paralisada. Espete-o e ele se contrai e se move como um animal.

A matéria elétrica não é retida pelos nervos, já que é comunicada; penetra no animal inteiro e distribui sua potência tanto às carnes quanto às gorduras e aos nervos.

Há três coisas a considerar nos nervos: seu tronco medular, a linfa sutil separada da parte medular e seus envoltórios, a extensão das meninges, única parte sensível, pois a substância do cérebro não o é.

A força nervosa depende da multidão de fibrilas nervosas. Mesmo que as fibras compostas por essas fibrilas fossem fracas, isso não impediria o nervo de ter grande resistência. Razão da força contrátil do nervo: os fios de seda, os fios das aranhas, as fibras dilatadas da madeira branca e as fibras lenhosas das plantas, embora sejam moles.

Por mais duros que sejam os nervos, eles amolecem nas vísceras, nos músculos e nos órgãos dos sentidos antes de cumprir suas funções.

Sem a intervenção dos nervos, não há nenhuma sensação. As imagens das coisas vistas são formadas no olho e percebidas pelo cérebro. Os intervalos dos sons são despertados na orelha e apreendidos pelo cérebro (veja o capítulo "Sensação", na terceira parte).

A ação dos nervos leva ao cérebro desejos singulares, fantasias as mais bizarras, afecções, terrores. Parece que ouço minha mulher gritar: "Estão atacando minha filha, ela me pede socorro!". Vejo paredes balançarem à minha volta; o teto está prestes a cair em minha cabeça; sinto medo, vejo meu pulso e descubro que há nele um pequeno movimento febril. Uma vez conhecida a causa do medo, ele cessa. Se houvesse anastomose entre os nervos, não haveria mais regra no cérebro e o animal ficaria louco. Sua atonia causa estupidez; seu eretismo aumentado causa loucura. É entre esses dois extremos que se encontram todas as diversidades dos espíritos e dos caracteres. Espete, irrite, comprima o cérebro: seguir-se-á uma convulsão ou a paralisia dos nervos e dos músculos. Espete, irrite, comprima os nervos e os músculos e transferirá a paralisia ou a convulsão para o cérebro.

A ação do cérebro sobre os nervos é infinitamente mais forte que a reação dos nervos sobre o cérebro. A mais leve inflamação produz o delírio, a loucura, a apoplexia. Uma grande inflamação no estômago não tem esse efeito.

O torpor é o efeito da tensão súbita e uniforme de todo o sistema nervoso. Pouco a pouco essa tensão relaxa, e o final do relaxamento é seguido de um tremor de todos os membros. Algumas vezes um espanto extremo começa e se manifesta por um tremor análogo, o que pode igualmente provir do fato de a tensão do sistema não ser forte o bastante e deixar as fibras com um movimento de oscilação, ou então de ela ser levada para além do torpor e tudo parecer estar chegando ao ponto de ruptura.

Após um abalo violento, os nervos conservam uma trepidação violenta, que algumas vezes dura muito tempo. Isso é demonstrado pelo tremor geral, uma sucessão rápida de pequenas contrações e pequenos relaxamentos. Não há nada que se pareça mais com a corda vibrante; nada que prove melhor a duração da sensação e que conduza mais diretamente ao fenômeno da comparação de duas ideias na operação do entendimento que chamamos de julgamento (veja a terceira parte).

Capítulo VII
Fluidos nervosos

O cérebro é o filtro e o cerebelo é o reservatório do fluido nervoso. Segundo se diz, esse fluido é o princípio da força do nervo; ele percorre quase 300 metros em um minuto. Sua perda provoca abatimento. O que é esse fluido? É um fluido universal, inalienável; igualmente próprio a tudo, serve para pouca coisa, sobretudo caso se considere que toda a sua matéria é permeável com a maior facilidade. O que ele produz de efeitos sensíveis só pode nascer de sua combinação.

Se a ação desse fluido produz a sensação, de onde provém a variedade das sensações? Não concebo, nesse caso, qual seria o papel da forma do órgão. Tudo pode ser explicado tomando a fibra como um verme e cada órgão como um animal.

O que acontece com esse fluido quando sua quantidade excede o necessário? Sua exalação só pode vir da parte mais sutil. A parte que resta é a mais grosseira. Ora, como explicar os fenômenos com esse resíduo viscoso? Se houvesse um fluido nervoso e ele escapasse, o animal cessaria imediatamente de viver, o que não acontece.

Onde está o fluido nervoso nos animais que não têm sangue, nem cérebro, nem órgãos de digestão? Onde ele está no pólipo de água doce, que não tem coração nem vísceras? Responde-se que todos esses líquidos nesses animais são apenas linfas nervais. Que prova se tem disso?

O fluido nervoso não é sensível; a linfa nerval também não. Então como ela se torna sensível?

O nervo é oco, flácido, não elástico. Se sua força vem do fluido, de onde esse fluido tira sua celeridade, sua imensa energia? O que o empurra com tanta violência num canal indolente? Como o canal não se abre se suas fibras são unidas apenas pelo tecido celular e gorduroso? Aliás, no microscópio, não são vistos buracos, não há tumor no nervo atado.

Encha um canal qualquer com um fluido. Faça, em sua extensão, duas ligaduras. A parte inchada pelo fluido entre essas duas ligaduras permanecerá inchada. Isso não acontece com o nervo: tudo o que estiver abaixo da ligadura superior do nervo se torna imediatamente flácido; então, ou não havia fluido algum ou ele escapou. Mas se ele é tão sutil a ponto de escapar, como é que num estado livre ele não escapa? Como é que o fluido pode produzir inchaço, tensão e rigidez?

Por que não acontece com o órgão recortado o mesmo que ocorre com a hérnia espinhal? Na hérnia espinhal, espécie de tumor, há estupor por duas razões: falta de suco nutriente e falta de fluido capaz de produzir o engrossamento e uma força tal qual a que se produz na planta mole quando a esmagamos com os dedos ou quando ela é separada por duas grandes pedras.

As fibras nervosas não são estiradas nem em sua origem nem no seu final: elas podem ser elásticas? Penso que não. Os nervos são ligados em toda a sua trajetória às partes duras pelo tecido celular. Um nervo cortado não se retrai; ao contrário, quando as duas partes se separam, alongam-se e tornam-se flácidas, deixando escapar sua medula em forma de tubérculo.

Existe uma linfa sutil que impregna a substância medular das meninges? Não o nego. Pode-se encontrar no tronco dos nervos a mesma substância medular impregnada de linfa? Acho que sim. O cérebro é o órgão secretor dessa substância? Creio que sim. Essa linfa sutil escorre da seção das menores ramificações nervosas? Concordo. Logo, é sua parte nutritiva. É essa a minha opinião. Logo, ela é o princípio do seu crescimento, de sua secura, de sua umidade, de sua pequenez, de sua grandeza, de sua rigidez, de sua força, de sua fraqueza. Penso que é assim mesmo. Logo, ela é a causa imediata de sua sensibilidade, de sua vida, de seu movimento: isso eu não poderia admitir.

Uma linfa fina e ligeiramente viscosa só pode circular lentamente. Ela é, por isso, pouco adequada para explicar a instantaneidade da impressão e da sensação. Os numerosos ângulos e proeminências dos nervos se opõem também à função desse fluido.

Como o nervo põe o músculo em ação? A fibra é um animal, um verme; infla por si mesma. Se o inflar por si mesmo for geral em todas as partes do nervo ao mesmo tempo, há movimento do músculo; se for parcial, há cãibra. O inchaço parcial ou cãibra não é tão raro porque as fibras são animais acoplados desde o nascimento que têm o hábito de se mover de modo combinado. O seu hábito se deve ao bem-estar de todos; no caso da divisão, todos sofrem.

Capítulo VIII
Músculos

Se os nervos formam um plano, eles constituem a membrana musculosa.

O músculo é um feixe de fibras moles, finas, estreitas, um pouco elásticas e envolvidas por muito tecido celular.

Toda fibra musculosa é irritável; toda fibra irritável é musculosa.

Em cada fibra visível do músculo, percebe-se uma série de filetes que, ao se unirem com seus semelhantes por suas extremidades encurvadas, formam uma fibra mais considerável. Os músculos têm ainda seus fios longos, quase sempre paralelos, cilíndricos, vermelhos, contráteis.

Neles se distingue a cabeça, o ventre e a cauda: o meio do músculo se chama ventre; a cauda e a cabeça (ou suas extremidades) ficam no local onde as fibras mais finas, mais duras, descoloridas, de vermelhas se tornam brancas, mais comprimidas, reunidas por um tecido celular mais rarefeito e mais curto, atravessadas por uma pequena quantidade de pequenos vasos indolentes e dificilmente irritáveis.

Essas partes inferiores e superiores se chamam tendões; se as fibras estiverem reunidas num bloco longo e estreito e formarem, por sua reunião, uma superfície plana e larga, se chamam aponeurose. As fibras dos músculos frequentemente são aponeuroses, com seu tendão total.

O músculo infla e relaxa: sua força é terrível. O músculo se contrai naturalmente, aproximando suas extremidades de seu ventre. Ele se torna mais grosso, mais largo e mais duro. Se uma porção considerável das fibras que compõem o músculo se retira, se infla, entra em si mesma por qualquer causa que seja, então o corpo do músculo se reduz e endurece.

As fibras, em ação conjunta com os feixes carnudos, se reduzem a rugas onduladas que podem ser discernidas sobre o feixe e sobre a fibra elementar, de modo que o movimento total do músculo parece ser apenas o das fibras por si mesmas.

Provas da contratilidade do músculo

Ate fortemente um nervo na sua inserção num músculo e o músculo ficará paralisado. Espete o músculo paralisado e haverá contração, sem que o animal tenha nenhuma sensação de ter sido espetado, nenhum conhecimento do local tocado.

No cadáver, o músculo cortado se afasta no lugar seccionado e suas partes separadas deixam um espaço. Essa ação pertence à fibra viva; a fibra endurecida não mais a apresenta.

A força contrátil, em certas partes do músculo, só cessa por desidratação. Se as partes são umidificadas, elas voltam a ser contráteis.

Os músculos dos animais vivos tendem sempre a se contrair.

A força dos músculos antagônicos se compensa, o que só pode ser compreendido recorrendo-se à sensibilidade e à vida. Um não se estira sem contrair o outro e, reciprocamente, se um deles se enfraquece e o outro se contrai, o equilíbrio é rompido.

Se o músculo for solitário, a contração é constante; essa constância nasce da própria vida. O prazer e a dor foram os primeiros mestres do animal. São eles que lhe ensinaram todas as partes e suas funções, tornando as últimas habituais e hereditárias.

O animal, pela sua sensibilidade, procura seu bem-estar. Esse bem-estar exige que o esfíncter da uretra e o do ânus permaneçam contraídos, e esse é seu estado habitual, que exige que essa contração seja mais ou menos forte, a qual é suscetível de sê-lo.

Penso que as crianças só aprendem com o tempo a comandar os esfíncteres da uretra e do ânus. Os frouxos não conseguem comandar o esfíncter do ânus. A alegria imoderada tira a autoridade sobre o esfíncter da bexiga. Santo Agostinho não se revelou um grande anatomista quando afirmou que, no inocente estado de natureza, o homem comandava os órgãos reprodutivos assim como comanda seu braço. Ele não podia fazê-lo, assim como não podia comandar o coração.

Os músculos desenham o contorno dos ossos; são, pois, anteriores a eles. No feto, os músculos são ligados ao periósteo. No adulto, o periósteo se confunde com o osso. Os músculos são ligados a pequenas cavidades do osso; eles auxiliam as secreções e as excreções.

O movimento progressivo, o repouso em pé, o caminhar, o correr e o salto são efeitos dos músculos; eles se dão força a si mesmos. É raro que se possa avaliar a força de um músculo sozinho. Para isso, é preciso considerar vários conjuntos que convergem para um mesmo fim. Aqueles que devem produzir grandes movimentos são envoltos por luvas tendinosas movidas por outros músculos. Uma grande parte dos músculos, junto com os primeiros, nos quais se inserem, forma ângulos agudos e pequenos, sobretudo nas extremidades. A metade do esforço de um músculo em ação se perde se o consideramos como uma corda que puxa um peso oposto em direção ao seu ponto de apoio.

Os músculos têm suas ligações mais perto do ponto de apoio, que é o peso a ser movido. Não há relação alguma entre o peso do músculo e o peso a ser movido; é uma loucura querer explicar isso pela velocidade de um fluido.

Vários músculos passam por cima das articulações, inclinando-as um pouco. Essa flexão decompõe a força que age sobre a parte a ser movida e a enfraquece. Agindo quase paralelamente à parte a ser movida, ela, então, fica quase nula. Os tendões longos que passam sobre as articulações ficam deitados em canais lubrificados.

O coração, os intestinos, os pulmões são músculos ocos.

Capítulo IX
Coração

Cérebro, coração, estômago: três grandes animais, três centros de movimentos. Nos animais parece que tudo é nervo, tudo é vaso sanguíneo.

O coração é um músculo oco, que expulsa o sangue que recebe das veias e o lança nas maiores aortas do animal. O pericárdio serve de revestimento ao coração. Esse revestimento está fixado no septo transverso. Este último é distinto do pericárdio; ele adere à ponta do coração. A situação ereta e o peso da víscera o tornam necessário ao homem.

Entre o pericárdio e o coração há água, que facilita o movimento: ela vem de um ramo do canal torácico e das glândulas conglobadas ou é um vapor semelhante àquele de outras cavidades, uma exalação do coração emanada das artérias. Ela é absorvida pelas veias. Se não há absorção da água, o coração fica macerado e se formam pedras nela.

O pericárdio contém sete ou oito orifícios. Sua natureza é celular. Se a água se dissipa ou fica espessa, o pericárdio se cola ao coração; se ela degenera, o coração se torna peludo.

O pericárdio defende o coração, a quem a natureza deu essa bolsa com um propósito: ela sustenta o coração pela ponta e o impede de descer e de oscilar. O diafragma é outro apoio do coração. Nos animais sem diafragma, o pericárdio é proporcionalmente mais forte.

As aurículas e os ventrículos do coração são muito irritáveis e não são duplos em todos os animais. Nos animais sem pulmões, o coração só tem um ventrículo. O ventrículo direito é mais amplo do que o esquerdo. No boi, a capacidade do ventrículo esquerdo distendido é metade de sua capacidade natural.

Todo o sangue passa de um ventrículo a outro em menos de três minutos. Ele passa pelo pulmão antes de chegar ao ventrículo direito, que o expulsa; acumula-se na aurícula direita e de lá entra na aorta.

Todo o sangue é empurrado do ventrículo esquerdo do coração pela aorta e volta pela veia cava: resta saber como ele passa do ventrículo direito para o esquerdo.

Esse fluido se dilata ao ser derramado: é, sem dúvida, um estimulante violento, e o efeito de todo estimulante é a contração. A contração ocorre, e o fluido estimulante é expulso. (Animalidade da fibra muscular, sua sensibilidade, sua elasticidade.)

A essa causa é possível acrescentar o efeito das colunas, ou fibras estiradas paralelamente das paredes do ventrículo às paredes opostas, o calor, a força de todo fluido em expansão, a irrupção súbita, o peso.

A veia cava devolve todo o sangue que a aorta recebeu; se não fosse assim, haveria varizes, hemorroidas e talvez fluxos de sangue. Se não fosse assim, o vapor sutil exalado dos vasos, não podendo ser retomado pelas veias e enviado prontamente ao coração, geraria edemas, variedade do sangue no ser vivo e no morto, no homem são e no doente, no animal com tal ou qual doença e no animal tranquilo e agitado.

A continuidade do sangue nas duas colunas, das quais uma sobe e outra desce, é demonstrada pela observação dos animais, pela ligação no homem, pelo efeito do veneno.

Algumas pessoas têm o sistema vascular ao contrário, o coração à direita e a ponta para cima.

O coração é movido pela inspiração, pela expiração, pela situação do corpo e pela gravidez.

Distinguem-se nele três movimentos: a contração, o relaxamento e a dilatação. Chamamos de sístole a contração do coração e de diástole o seu relaxamento e a sua dilatação. Na sístole, há contração segundo todas as dimensões do coração e sua dureza: o sangue do ventrículo direito passa para os vasos pulmonares, e o do esquerdo passa para a aorta. Na diástole, há relaxamento, estado natural e flacidez, ou dilatação e resistência exterior: o sangue retorna dos pulmões para o ventrículo esquerdo, e o direito se enche do sangue de todas as partes.

O pulso bate na diástole: o coração não se esvazia inteiramente na sístole, mas se enruga, e na diástole se desenruga. A ponta se afasta quando o coração relaxa; o movimento é executado em menos de um segundo.

O pulso de um adulto bate 65 vezes por minuto pela manhã e 80 vezes à noite; no embrião, 134 vezes por minuto; no recém-nascido, 120; no velho, 60; no estado de doença, 96.

De 130 a 140 vezes por minuto, é a morte. Algumas vezes, o pulso ainda bate no homem morto. Quanto maior for o animal, menos frequente será o pulso, e quanto menor ele for, mais frequente será o pulso. Daí vem a voracidade dos pequenos animais. Ele é mais frequente à noite do que pela manhã. Daí vêm o paroxismo da tarde e o aumento do mal-estar dos doentes no final do dia.

Assim, no homem saudável, há até 5000 pulsações por hora, e a cada uma delas o coração empurra 11 quilos com uma velocidade capaz de fazer esse peso percorrer 45 metros num minuto.

Por que o coração não fica cansado e dolorido com uma ação tão violenta e tão contínua? Nenhum outro músculo poderia suportá-la, mesmo que por poucas horas. O coração e o pulmão nunca se cansam. Mas como atribuir a um estimulante tão inativo ao gosto quanto o sangue um efeito tão prodigioso?

O sangue, indiferente para a língua, talvez não o seja para o coração. Os antimoniais, que põem o estômago em convulsões, não provocam nada na boca. Certas plantas não afetam o olfato nem o paladar, mas produzem efeitos sensíveis no estômago e nos intestinos (a cicuta, as solanáceas e o ópio).

Pode-se fazer uma comparação entre o coração e o estômago, pois este também tem sua sístole, seu relaxamento e sua diástole. Do mesmo modo, podem-se comparar as artérias e os intestinos. É por um efeito desses movimentos que os alimentos são levados do piloro ao ânus.

O sangue não é somente um estimulante para o coração, mas também para todo o sistema das artérias e das veias; sem o sangue, o movimento do coração e desses sistemas seria ininteligível, e supor-se-ia que essa víscera chamada coração tivesse uma força mecânica inacreditável.

Concorda-se que o sangue é a verdadeira força dos vasos sanguíneos. Por que não o coração? Há animais, insetos, que têm o sangue frio e nos quais o coração age com a mesma potência. É um antagonista agindo sempre no animal. Seus estimulantes são o ar frio, o calor, os sais, os venenos etc.

A elevação e a dilatação do coração são simultâneas às de todas as artérias. É um animal cujo sistema vascular pode ser considerado como suas patas. Todas as partes desse sistema agem em conjunto, sem o que logo haveria uma estagnação de um fluido viscoso levado pelos ângulos e curvaturas e acompanhado de fricção.

A cessação do movimento do coração não é um sinal de morte. A palpitação pode ser interrompida durante uma meia hora. Devolvemos o movimento ao coração do animal morto, e ele cessa no animal vivo. A vida pode subsistir apesar da ossificação do coração, apenas pela contratilidade da artéria.

O coração tem suas próprias artérias e veias, que lhe fornecem sangue.

A vida e a força do coração são a primeira causa do seu movimento. É um animal: separado do corpo, se contrai, se dilata. As fibras do coração separado do corpo se franzem orbicularmente sem que nenhum nervo ou artéria possa ajudar nesse movimento.

Vimos que, quanto menor for o coração, mais viva é sua ação; mas quanto menor ele for em relação aos outros órgãos e a todo o corpo, mais coragem ele tem.

O coração não é inteiramente independente da vontade.

Nem todos os corações dos animais têm a mesma forma. Há animais nos quais falta esse órgão. Há cem exemplos de fetos sem coração. Dissecou-se um rato no qual não se achou o coração. Pode haver homens sem coração e sem veias (*Memórias da Academia*, 1739).

Capítulo X
Sangue

O cruor do sangue é composto da linfa límpida na qual nadam partes fibrosas e glóbulos vermelhos, brancos ou amarelos de diferentes tipos.

Os vermelhos são de cinco a seis vezes menores que os brancos e estes são 25 mil vezes menores que um grão de areia. Um quinto do corpo humano é composto de sangue. No sangue, há sal marinho, óleo, ferro, ar não elástico e matéria elétrica cuja presença é provada pelo odor e pela luz. O sangue de um homem brilhava à noite.

Todo animal que tem pulmão e dois ventrículos no coração tem sangue quente.

As partes vermelhas são homogêneas, suscetíveis à coagulação e à dissolução. Elas formam metade da massa do sangue; as partes voláteis que se exalam no ar são um sexto, e o soro, um terço. Na febre, o soro é apenas um quarto ou um quinto da massa; ele contém água e parte albuminosa. Decompõe-se em membrana, casca e mucosa.

O sangue venoso e o arterial são a mesma coisa. Sua cor varia segundo a idade e o temperamento. O sangue arterial tem uma cor viva, e o sangue venoso, uma cor escura. Há o sangue agitado na artéria e o sangue tranquilo na veia.

O ar, aquecido a 90 graus, provoca uma dissolução fétida no sangue, sobretudo no soro. No sangue coagulado, forma-se pólipo, algumas vezes aderente, outras não. Então, pode-se ver filamentos que nadam nele. O sangue dissolvido pela podridão não coagula mais; se coagulado pelo álcool, não se dissolve mais. Ele coagula por si mesmo no morto e no vivo.

Quando a circulação se enfraquece, são os pés e as mãos que começam a esfriar primeiro. Ainda falta fazer análises químicas comparadas do sangue em estado de saúde e do sangue em todas as doenças. No escorbuto, o sangue rói os vasos. As sangrias frequentes, nos hidrópicos, causam perda das partes vermelhas. Glóbulos vermelhos abundantes, pletora; partes aquosas, fleumáticos; ácidos ou alcalinos, coléricos.

Antropófagos que vivem de carne e sangue são ferozes. Atribui-se a diversidade dos temperamentos às diferentes proporções dos diferentes elementos do sangue: princípio terroso, melancólicos, I; irritabilidade dos sólidos, I; Dureza, I; Mobilidade, melancólicos: ½ ou ¾ sanguíneos, fleumáticos; Irritabilidade dos sólidos: ½ ou ¾, fraqueza, melancólico.

Toda a massa do sangue passa pelos pulmões antes de se espalhar pelo corpo. É durante a inspiração que o sangue entra nos pulmões.

As moléculas do sangue são formadas em glóbulos nas extremidades das artérias, uma figura que abarca mais massa na mesma superfície.

Um glóbulo vermelho que chega à embocadura de um vaso muito estreito se divide ou se achata, perde sua cor e se torna amarelado.

A velocidade do sangue é superior à de todos os rios.

O sangue não sai todo; quando o vaso se esvazia, ele reabsorve outros humores.

Capítulo XI
Veias, vasos linfáticos

As artérias, as veias e os vasos são tubos compostos de cilindros membranosos, aplicados uns sobre os outros, que podem ser separados por dissecação ou maceração. O cilindro exterior é musculoso, o interior é nervoso. Os nervos rastejam em todo o comprimento do vaso.

Tudo o que é musculoso é irritável, causando uma aceleração maior ou menor do fluido. A velocidade do fluido aumenta à medida que o vaso se prolonga.

Distinguem-se nos vasos vinte divisões, não mais do que isso. Há mais veias que artérias; as artérias são vermelhas, as veias são azuis. As artérias acabam por se transformar em veias, e, em sua última seção, as veias se tornam artérias.

O primeiro revestimento é um tecido celular. Se tirarmos essa membrana, a artéria mostra apenas um canal reto e longo. O segundo é propriamente celular. O terceiro é musculoso, de fibra carnosa. Raramente há fibras musculares na extensão das veias. Nem toda artéria tem sua veia correspondente. O tronco principal é sempre menor do que dois dos troncos adjacentes. A artéria cortada permanece aberta; a veia cortada se abaixa, se contrai e, se enfiamos o dedo, ela o aperta fortemente.

O sangue, na saída da artéria, não extravasa; há, pois, uma anastomose entre as veias e as artérias. Há também anastomose entre as veias. A consistência das artérias é menor na sua origem do que na sua extremidade, sobretudo na direção dos pés; percebe-se qual é a causa. Elas formam contornos nas partes suscetíveis de um grande volume, tais como o útero, o intestino grosso, o rosto, o baço. Na sua embocadura umas nas outras, formam correntes de sangue, algumas vezes opostas (o que é raro).

As artérias não têm sensibilidade ou irritabilidade notável. Elas se contraem, se dilatam e estão sempre cheias. Daí vem a simultaneidade da pulsação em todas elas. No primeiro minuto, o sangue percorre nas artérias de 22 a 45 metros.

A adesão do sangue nas paredes das artérias, como ocorre nos canais de águas pedregosas, é a causa do aneurisma. Os aneurismas são raros e as hemorragias são frequentes. A morte por hemorragia das veias é muito rara, porque a veia se achata e o sangue para de correr. O calor do banho a relaxa e a efusão recomeça: em tal ocorrência, por que não cortar as artérias?

As veias e as artérias têm suas próprias veias e artérias. As menores arteríolas terminam e continuam nas menores veias ou acabam por um canal exalante, como nos ventrículos do cérebro ou em outras partes.

O duto excretor, no final da artéria, é um canal muito semelhante à veia; tem suas ramificações, bifurcações, seus terminais na bexiga, nos rins, no olho.

Em diversos órgãos se chamam dutos excretores do sangue os canais pelos quais o sangue escapa das artérias das quais derivam e que são contíguos a elas. Esses dutos servem para livrar a artéria do sangue ruim ou do excesso de sangue. Toda secreção não é exalação de uma parte particular do sangue?

Efeitos da exalação: bomba a fogo, em que o vapor é extremamente poderoso; exalação no coração, nas células do pênis, do clitóris, das papilas, dos mamilos. São causa da ereção, da dilatação, da contração.

As artérias exalam um humor aquoso, fino e gelatinoso. A parte aquosa é o suor, que pode ser imitado por injeção. Há suores de sangue pela constrição dos canais excretores. Já se viu sair sangue da ponta do dedo mindinho.

As veias são moderadamente irritáveis, embora não tenham fibras musculares. Não são sensíveis a uma picada; contudo, são irritáveis pelo veneno. Não carregam somente sangue, mas também outros humores. Estão normalmente situadas sobre os músculos, que são pressionados pelo movimento expansivo do sangue e que aceleram esse movimento por reação.

No homem e nos animais de sangue quente, as veias têm válvulas. A válvula é feita da membrana interior da veia. Tem a forma de uma rodilha feita de lúnulas unidas. Ela não fecha inteiramente o seu canal; no refluxo do sangue embaixo, ela se dilata e interrompe a passagem, alargando-se e estendendo-se sob a forma de uma vela de barco. As veias têm dispositivos de retenção que sustentam o peso do sangue e o impedem de voltar a descer.

Depois da morte, resta pouco sangue nas artérias e muito sangue nas veias.

Licores injetados nas veias, levados ao coração e do coração às artérias, tornam-se narcotizantes para o cérebro, vomitivos para o estômago, purgativos para o intestino e coagulantes para todas as partes do corpo.

As veias e as artérias têm sua base cônica tanto num quanto noutro ventrículo do coração.

As veias das têmporas de um amante pudico e tímido incharam e ele morreu.

Vasos linfáticos

As artérias não vermelhas são vasos muito estreitos para dar passagem para os glóbulos vermelhos. Elas transportam um humor muito tênue. Seu diâmetro é mil vezes menor que o de um cabelo. Terminam nas veias e formam todas as membranas. Seu número é infinito, o que é demonstrado pela divisão ilimitada dos glóbulos.

As veias neurolinfáticas servem de base para a teoria de Boerhaave sobre a inflamação.

Os vasos linfáticos têm válvulas. Ate um desses vasos, encha-o com um fluido, pressione-o e o líquido não subirá. As funções dessas válvulas são as mesmas das válvulas das veias. Elas se abrem na direção do coração e se fecham nas partes inferiores. São convexas por cima.

Esses vasos são muito contráteis, muito irritáveis. Comunicam-se com as artérias e as veias. Nascem delas e do tecido celular. Apresentam grandes arcos e pequenos reservatórios e levam um fluido não vermelho, embora sejam contínuos em relação a uma artéria vermelha.

Capítulo XII
Quilo, linfa

Todas as espécies de excreção demonstram a necessidade da nutrição. Todo corpo vivo está num estado perpétuo de dissipação. Os fluidos se exalam; os sólidos se quebram e, reduzidos a moléculas, passam para os grandes vasos pelos orifícios dos vasos inalantes e voltam para a massa do sangue, formando o sedimento da urina e a matéria da pedra e dos ossos contrariamente à natureza.

A dissipação é reparada pelo quilo, um suco branco extraído dos alimentos para ser levado ao sangue. Isso se faz em seis horas. Se, num animal vivo, atarmos um vaso lácteo cheio de quilo, algumas horas depois encontraremos esse quilo transformado em sangue. O quilo parece ser composto de uma matéria aquosa e oleosa; branco, doce ou ácido, ele tem toda relação com uma emulsão. É feito da farinha dos vegetais, da linfa e do óleo dos animais; retém em parte as características dos alimentos voláteis e oleosos. Transforma-se em leite sem mudar muito; então, quando a parte aquosa se evapora, sua serosidade gelatinosa, transparente, coagulável se manifesta numa espécie de geleia.

O quilo passa da membrana lisa para as veias lácteas, absorvido por um orifício aberto na extremidade do canal de cada pequeno pelo das saliências intestinais, de onde entra num duto que começa a aparecer na segunda membrana do intestino. A reunião desses dutos forma um vaso lácteo com válvula, que permite ao quilo avançar em vez de retroceder.

Cada vaso lácteo termina numa glândula na qual o vaso, dividido em vários ramos, lança o quilo, que, pressionado de lá pela contração dos vasos e pela ação dos músculos do baixo-ventre, é expulso para um vaso lácteo, cujos pequenos ramos formarão um tronco mais grosso, atravessando até duas, três, quatro vezes diferentes glândulas ou tocando somente algumas delas sem entrar nelas.

Sabe-se bem o que acontece com o quilo nessas glândulas: acredita-se que ele se dilui, pois se torna mais aquoso. Das últimas glândulas saem poucos vasos lácteos grandes, quatro ou cinco no máximo. Esses vasos sobem com a artéria mesentérica e se misturam ao plexo linfático (que vem das partes inferiores do corpo), rastejam para além da veia renal e, em seguida, se misturam com o que passa atrás da aorta, com os grandes lombares e com o hepático.

Esse duto assim formado se infla comumente sob a forma de uma garrafa de tamanho notável ao lado da aorta, entre essa artéria e o pilar direito do diafragma; essa garrafa do tamanho de 5 centímetros ou mais se prolonga com frequência na direção do peito, acima do diafragma; ela é cônica dos dois lados. É chamada de reservatório do quilo. A linfa gelatinosa das extremidades e do baixo-ventre se misturam aí e enfraquece a brancura do quilo.

A garrafa, sendo comprimida pelo diafragma e sacudida pela aorta, faz o quilo ser empurrado a uma velocidade diretamente proporcional ao tamanho do orifício da garrafa que o contém em relação ao qual ele se lança.

Esse canal se chama canal torácico, por causa de sua passagem pelo tórax; ele passa atrás da pleura, enrolando-se entre a veia ázigo e a aorta. Recebe os vasos linfáticos do estômago, do esôfago e dos pulmões. Em geral, ele é cilíndrico, forma ilhas, se divide e se volta para dentro; tem pouca maciez; à esquerda, vai até a quinta vértebra, atrás do esôfago. Sobe pela parte esquerda do peito, atrás da veia cava inferior, até chegar mais ou menos à sexta vértebra do pescoço; então, recurvado e dividido em dois ramos, dos quais cada um se dilata um pouco, ele desce, e esses dois ramos, se reunindo ou permanecendo separados, entram por um ou dois orifícios na veia cava inferior (no local aonde chega a veia jugular interna), entram obliquamente, e vão posteriormente, superiormente reto, embaixo, para a esquerda, para a frente, por um único ramo ou dois, penetrando na cava inferior de modo mais exterior do que essa união e recebendo aí um grande vaso linfático que vem das extremidades superiores e outro que desce da cabeça.

O quilo, misturado com o sangue, não muda logo de natureza, como prova o leite da mulher que amamenta; mas, cinco horas após ter comido, até depois da 12ª hora, tempo em que a mulher pode dar todo o seu leite, após ter circulado 4 mil vezes em toda a extensão do corpo, ele se torna sangue, transformado a ponto de se ver a gordura se depositar no tecido celular, que o quilo parece em parte figurado em glóbulos vermelhos, que a parte gelatinosa forma a serosidade do sangue e a parte aquosa se dissipa pela urina e pela transpiração imperceptível.

Uma vez consumada a digestão, os vasos lácteos bombeiam dos intestinos um humor aquoso: então, eles estão transparentes e o canal torácico se enche e leva para o sangue a linfa do baixo-ventre e de quase todas as partes do corpo.

A linfa é a serosidade do sangue; algumas vezes ela se avermelha.

O quilo e a linfa fazem o mesmo caminho, pois, se introduzimos ar no reservatório comum do quilo, ele se espalha por todo o corpo pelos mesmos vasos linfáticos. A linfa se espalha por todo o corpo pelos mesmos vasos; ela passa dos menores dutos aos maiores e destes para o canal torácico, de onde ela entra na massa do sangue.

Capítulo XIII
Humores, secreção, glândulas

Há humores aquosos, mucosos, oleaginosos: todos se encontram no sangue, que tem uma serosidade que coagula, água que se exala, muco viscoso, óleo. Tudo isso, portanto, pode ser obtido do sangue. Como esses elementos são secretados? De diferentes maneiras.

Por exalação, por folículos, por filtro, por atração, por glândulas, combinações, afinidades químicas. Poderíamos acrescentar, ainda, por aspiração, pelo ar, pela água, pela terra, pelos elementos e por tudo que entra no corpo, como os alimentos.

Cada vaso tem seu vaso excretor, seu filtro. Esses filtros se parecem em tudo; são revestidos de uma resina nos hidrópicos.

Os humores aquosos são consideráveis. Exemplos deles são a saliva, o humor pancreático, a urina e a lágrima do olho ou do nariz. Eles se separam pelos vasos contíguos às artérias, pelas glândulas pouco irritáveis. No vômito urinoso, a urina sai por outras vias distintas da ordinária.

Os humores mucosos se tornam viscosos com o repouso. Assemelham-se à mucilagem das plantas. Eles produzem filamentos; aderem, não têm sabor, nem cor, nem solidez. Conservam-se sem mau cheiro por um ano inteiro; degeneram em uma crosta dura e redutível a pó e são muito solúveis em água. A mucilagem das plantas produz água e óleo, assim como os humores mucilaginosos. Se queimados, tira-se deles um carvão insípido. Na análise desses humores, foram encontrados sal volátil concreto, água, sal e sal de lixiviação. Esses humores se separam pelos vasos exalantes, pelas glândulas e por simples canais.

Os humores gelatinosos se liquefazem. São de gosto ameno, um pouco salgados. Coagulam no álcool. Assim é o soro do sangue e o líquido do âmnio. Sua secreção é feita pelos vasos exalantes e pelas glândulas conglomeradas.

Os oleaginosos são inflamáveis: a gordura, a medula, o humor sebáceo, a cera dos ouvidos, a bile, o sangue vermelho, o leite, a manteiga do leite. Eles se separam por glândulas conglomeradas. Os humores ainda se distinguem por sua natureza e pelo produto de sua secreção.

1º – Gênero por exalação: linfas, vapores na vida, geladura na morte, coaguláveis pelo álcool; vapores dos ventrículos do cérebro, do pericárdio, da pleura, do peritônio, da túnica vaginal, do âmnio, das articulações, dos rins sucedâneos, do útero; licor gástrico e intestinal.

2º – Os humores ou licores que se exalam como os precedentes, porém mais simples, mais aquosos e mais coaguláveis, os quais, não se exalando, vão para as glândulas.

A transpiração imperceptível, uma parte das lágrimas e o humor aquoso do olho são exemplos do primeiro gênero; exemplos do segundo incluem a outra parte das lágrimas, a saliva, o suco pancreático, a urina, o suor composto da transpiração imperceptível e o óleo subcutâneo.

3º – Os humores lentos e viscosos. Eles são aquosos e não coaguláveis; por evaporação, se tornam películas secas. São os humores mucosos dos canais do ar, dos alimentos, das urinas, das cavidades das partes genitais, das próstatas e do sêmen.

4º – Os humores inflamáveis, que, se recentes, são aquosos e finos, mas que se tornam, pela evaporação, matéria untuosa, tenaz, oleaginosa, ardente e quase sempre amarga: bile, cera dos ouvidos, gordura animal, sujeira da pele, medula dos ossos, banha e leite butiroso.

Os poros, segundo Descartes, são como crivos mal imaginados, uma vez que as partes finas passariam por todas as espécies de buracos, independentemente de sua forma e da forma do buraco. Pois como é possível que uma matéria fina como o humor não passe por um corredor largo em geral? Por que cada glândula tem sua secreção particular? Não se consegue responder a isso a não ser pela irritação, pela sensibilidade, pela animalidade, pelo gosto, pela vontade dos órgãos.

O órgão é como uma criança que fecha a boca quando um prato a desagrada, assim como os animais, que têm cada um o seu alimento próprio, sua fome (veja o capítulo "Órgãos", na terceira parte).

O sonho de d'Alembert e outros escritos

O humor, ao mudar de natureza, solicita sua saída ou seu emprego.

Glândulas

As glândulas são massas carnudas cuja função é irrigar. Elas têm artérias, veias, nervos e válvulas, mas não têm cavidade própria.

Há três espécies de glândulas: as conglomeradas (como as mamas), as simples e as conglobadas (como os testículos e a glândula pineal). Estas últimas são oblongas, da forma de uma azeitona, e contêm um suco branco, soroso e leitoso.

Os pássaros e todos os seres aquáticos possuem glândulas num apêndice triangular no final das vértebras, por onde extraem, com o bico, o óleo com o qual lubrificam suas penas. Os peixes têm glândulas na cabeça que produzem um óleo que os lubrifica.

O odor animal, se for novo, fede; se for velho, é agradável. Alguns humores se tornam picantes. Bebe-se urina, mas não a amanhecida; ela fica muito ardida.

Algumas vezes as glândulas são fechadas e firmes. A sinóvia muito abundante se esvazia por exalação ou reabsorção. Os sudoríferos existem em todo lugar e têm sua sede na membrana adiposa. O suor aquoso é uma espécie de doença. O homem são não sua.

A transpiração cutânea não é suor; ela é imperceptível. Cada órgão tem sua transpiração própria. A perspiração imperceptível é um vapor aquoso elétrico; a julgar a matéria perspirável pela fineza de seu crivo, ela deve ser muito fina e muito ativa, e sua supressão é muito perigosa, como a experiência prova.

Os rins, que parecem ser apenas um filtro, têm, contudo, seus irritantes físicos e morais: glândulas passivas que têm alguma vida, mas que necessitam de compressão. As glândulas salivares são excitadas pela expectativa do prazer; *tem-se água na boca.*

Saliva

A saliva também é produzida pela fome, pela proximidade com os alimentos e pelo relato, que causam a aproximação das glândulas salivares. O mesmo ocorre com as glândulas maxilares, sublinguais e molares, com a camada glandular da boca e com as glândulas lacrimais: irritantes físicos e morais.

Os velhos nunca deveriam cuspir, e sim engolir a saliva.

A saliva não fica vermelha com o suco de heliotrópio. No homem são, ela é absorvida por pequenas veias.

Leite

O leite é muito semelhante ao quilo. É branco, ligeiramente espesso, de gosto ameno, penetrado por um sal essencial, muito inofensivo, e tende a azedar, produzindo um vapor odorante e volátil, composto de muita gordura ou água e de uma porção caseosa e terrosa que tende a se alcalinizar. Algumas vezes, um homem ou uma mulher idosa ou uma mulher jovem podem produzir leite. A excreção ou a saída do leite exigem cuidados da mãe, assim como a emissão da semente, sem o que não se tem nada ou se tem pouca coisa.

Mamas

As mamas são glândulas conglomeradas, convexas, formadas de grãos de um vermelho-vivo, redondos, mais ou menos duros, cobertos no exterior pelo tecido celular firme. Os vasos espalhados nesse órgão se comunicam com o mamilo. Uma infinidade de pequenos dutos delicados, brancos, moles e que se dilatam facilmente vão na direção dos mamilos, onde os menores deles se abrem.

As mulheres e as fêmeas animais só amamentam porque nisso encontram prazer. O lactente faz cócegas no mamilo da mãe; daí vem a ternura das amas de leite pelas crianças que elas amamentam bem. É uma longa maneira de ter gozo.

Exemplo da predileção das mães pelos filhos que sugam bem o peito (quer dizer, que sabem fazer cócegas bem) é a preferência que as vacas dão às serpentes: uma vez sugadas por uma serpente, elas não suportam mais ser ordenhadas pela mão. O tato é mais forte que a visão, o que explica o caso das cadelas que amamentam gatos.

Pelos

Os pelos nascem da própria pele e do tecido celular. A gordura é seu verdadeiro lugar. Seu bulbo é oval, membranoso, vascular, sensível. Eles só perfuram a epiderme; formam uma espécie de luva colada à outra, que pertence ao bulbo. Eles não têm sensibilidade, e são quase indestrutíveis.

Unhas

As unhas têm a mesma natureza e a mesma estrutura da epiderme. São feitas de várias camadas da epiderme. Diz-se que a morte não interrompe o seu crescimento. Essas camadas são unidas e a maceração as separa. A epiderme cobre as unhas por fora e por dentro.

Denis Diderot

A pele é umedecida por diferentes sucos de humor oleaginoso, que nascem nos folículos membranosos redondos e simples da cabeça. Os pelos exalam, excretam nos vasos arteriais. A gordura perspira pelos poros.

Barba

Parece que a barba deve sua origem à matéria seminal. Os que se tornam eunucos muito cedo não têm barba. As mulheres de menstruação irregular têm o queixo e o corpo peludos. A matéria da menstruação, que não se perde no fluxo periódico, lhes dá essa aparência de virilidade. As mulheres que passam por hermafroditas são barbudas.

A matéria destinada a formar o sêmen continua a afluir para o lugar da secreção, mas, não encontrando mais os órgãos destinados a essa função, vai para as partes adjacentes. Daí vêm as coxas grandes, os joelhos redondos e os ossos largos do quadril que se veem nos castrados.

Capítulo XIV
Peito

O peito é uma grande cavidade formada pelas costelas, pelo pescoço e pelo diafragma. As costelas são doze de cada lado, às vezes treze. As verdadeiras são as primeiras, sete de cada lado, sendo primeira é a mais curta. Essas costelas verdadeiras estão ligadas ao externo; as que não atingem o externo são falsas costelas.

A coluna vertebral começa no osso sacro e termina na cabeça. Se encurvada, retoma sua posição reta. É uma peça só nos pássaros, que não precisam dobrar o corpo.

O sonho de d'Alembert e outros escritos

Há muitos instrumentos para respirar: todo o peito, ou o tórax com seus ossos, seus ligamentos, seus músculos, o diafragma, as carnes do abdome e outras relativas ao cérebro, ao pescoço e ao braço, segundo crê o vulgo.

O diafragma é uma espécie de cúpula; é uma membrana musculosa, um músculo que forma um plano curvilíneo e separa as bolsas pulmonares do baixo-ventre. As partes carnudas têm sua origem na face interna da cartilagem xifoide. O centro do diafragma tem a forma de um quadrante obtuso e possui dois furos.

O diafragma é a sede de todas as nossas dores e de todos os prazeres. Tem uma ligação e uma simpatia com o cérebro. As diferenças do diafragma constituem as diferenças entre as almas pusilânimes e as almas fortes. Ainda não se sabe como lhe dar o tom. Só a idade tem algum domínio sobre essa membrana. A cabeça torna os homens sábios, o diafragma torna os homens compassivos e morais. Esses são os dois grandes motores da máquina humana.

O timo é uma glândula composta, fechada, situada um pouco fora do peito entre duas camadas de pleura, atrás da dobra que ela forma e do externo. É formada por uma multidão de lóbulos que compõem dois lóbulos maiores; ela é considerável no feto.

A pleura é uma membrana simples, coberta, formada pelo tecido celular espesso, mais densa do que o peritônio e mais firme nas costas do que no externo. Divide-se em duas bolsas desiguais e em forma de elipse. Não é irritável e não tem nervos; essas bolsas descem na inspiração e sobem na expiração.

O pulmão é uma carne mole semelhante a uma esponja. É um conjunto de pequenos lóbulos ocos e de cavernas cheias de ar. Esses lóbulos são separados por intervalos intermediários e dividem-se e subdividem-se em uma infinidade de pequenos

205

lóbulos, até que, enfim, cada um deles termine em pequenas células membranosas de diferentes formas e que se comunicam entre si. A traqueia-artéria é que leva o ar até elas.

A traqueia-artéria é um tubo em parte cartilaginoso, em parte carnoso, cilíndrico e achatado. Sua divisão à direita e à esquerda são os brônquios. Eles são uma sequência de anéis cartilaginosos mais sólidos na frente do que por trás. Esses anéis são elásticos; os brônquios vão sempre amolecendo, diminuindo e se deformando, até se transformarem em membranas.

Um lóbulo do pulmão pode apodrecer e o outro permanecer intacto. Essa é a utilidade do mediastino. Ele reveste os pulmões; é seu ligamento. É formado pela reunião de duas bolsas. Não se morre se ele é ferido. O esterno se abre, e ele se cura.

Na expiração mais forte, o pulmão pode sustentar até 190 quilos. Na inspiração comum, o peso do ar é de 19 quilos. Ele perde, pela respiração, seu peso e sua elasticidade.

O ar, que se respira frio, sai muito quente. Na Europa setentrional, a temperatura média da atmosfera é de 48; ao sair do pulmão, ele é de 94 graus Fahrenheit. O ar, na sua saída, é rarefeito na proporção de 1/12 de seu volume. Admitido nas vesículas do pulmão, ele realiza a função que a urina tem na bexiga. Toda bexiga distendida pelo ar tende a se desfazer dele.

Na inspiração, as vesículas são irritadas e distendidas; na expiração, elas são esvaziadas. Nos climas quentes, as inspirações são longas e profundas; nos climas frios, as inspirações são curtas. O homem pode ficar uma semana sem pulso, mas não sem respiração. Há harmonia entre a respiração e o pulso: três ou quatro pulsações a cada respiração. Respiração mais frequente, pulso mais frequente. O influxo do sangue nos pulmões durante a inspiração é talvez uma das causas da expiração.

O ar se mistura com o sangue na respiração. Não é elástico, mas combinado.

A admissão livre do ar nos pulmões é voluntária; consiste em estender o máximo possível a capacidade dos pulmões, ou antes, do peito.

Por que as tartarugas, as rãs, os lagartos, os caramujos, os sapos, as larvas e uma grande parte dos insetos vivem muito tempo sem ar? Acredita-se que há animais muito vorazes que não respiram. Quem são eles? No norte, os peixes mais vivos e mais ativos se tornam frios, preguiçosos e lentos se não respiram; se respiram, têm o calor do homem. Um animal exposto subitamente, no inverno, a um calor semelhante ao que suportaria nos meses de verão morre.

Na dor, recusa-se a quantidade necessária de ar; no bocejo, toma-se muito ar.

A sucção se faz por atração. O ofegar é feito de pequenas inspirações seguidas de curtas expirações e é resultado da agitação dos músculos.

No esforço, a respiração é longa. A tosse nasce de um irritante nos pulmões. O espirro nasce de um estimulante da membrana pituitária. O riso são curtas inspirações seguidas de curtas expirações. O riso sardônico vem de uma inflamação por ferida no diafragma; o choro começa por uma grande inspiração, depois há uma expiração e em seguida um suspiro. O soluço é consequência do choro. O soluço do doente, do moribundo, é uma inspiração fraca, profunda, produzida pela irritação do diafragma que expulsa o ar. Seu ruído vem da glote fechada.

A tosse evacua os pulmões. O riso é uma espécie de tosse cuja causa está no espírito.

Capítulo XV
Voz, fala

No homem, o ar deve passar pela glote para se tornar ruidoso. A laringe é como a embocadura da traqueia-artéria; é um tubo oco, aberto e fendido no alto; o ar escapa pela fenda da laringe e passa pela glote. Se houver um defeito na laringe ou na epiglote, o ruído é rouco. Se mantemos a glote em repouso, há apenas sopro articulado, murmúrio. A voz real passa pela glote, toca as paredes de sua fenda e faz que vibrem as cartilagens da laringe, os ossos da cabeça e as partes do peito.

A voz, modificada pela língua, produz a fala. Os órgãos da voz são cartilaginosos, elásticos e vibrantes. Os ligamentos da língua também vibram. O comprimento e a largura naturais da glote produzem a diversidade das vozes; artificiais, toda a diversidade dos tons; deve-se, contudo, acrescentar a tensão dos ligamentos da glote. Se, nos tons agudos, pusermos o dedo na laringe, sentiremos que ela se eleva 1 centímetro. A laringe pode subir ou descer 5 centímetros. É nesse intervalo que a voz e o canto variam do grave ao agudo, do agudo ao grave; é daí que vêm as vozes secas, as vozes ácidas, as vozes falsas, a escala dos tons.

Há três modificações do ar expulso dos pulmões na expiração. A glote permanece o que ela é na voz ou na fala, se encolhe e se alonga no tom agudo, relaxa e se dilata no tom grave. O balbucio vem do filete muito curto que impede a língua de se alongar o suficiente. A úvula palatina muito grande torna o canto defeituoso. O orangotango não pode falar; a conformação de seus órgãos impede que ele fale.

Há uma correspondência entre a voz e os órgãos da geração. A castração tem um número infinito de efeitos que são constatados pela ligação das partes da boca com as partes genitais. A doença que ataca as partes genitais ataca também os órgãos da voz. Uma moça deflorada ficou com o corpo todo inchado, sobretudo o pescoço, e sua voz se extinguiu. Os nervos do pescoço parecem ser muito sensíveis. As paixões têm efeitos violentos sobre a voz. Há o exemplo de um homem que ficou mudo de cólera durante vários anos.

Após ter muito refletido, parece-me que o cérebro é o órgão que, no homem, controla a voz, e por isso serve de intérprete de todos os outros sentidos. Suponho um olho artificial. Suponho uma paisagem de Claude Lorrain, ou de Vernet, projetada sobre esse olho artificial. Suponho que este é sensível, vivo e animado; suponho que ele é o mestre do órgão da voz e é auxiliado pela memória e pelo conhecimento dos sons. Não vejo por que esse olho não articularia as sensações e por que, consequentemente, não faria ouvir a descrição da paisagem.

Capítulo XVI
Estômago

Comer é o que distingue o animal da planta, assim como sugar distingue a planta da terra.

O alimento na boca, mastigado pelos dentes e diluído pelos humores, é em parte absorvido pelas veias: a mastigação prepara os alimentos para a digestão; a saliva apressa essa preparação. A fonte da saliva são as glândulas parótidas, maxilares, sublinguais e outras. Os alimentos, transformados numa espécie de papa, são levados para a garganta pela língua, que se levanta e os empurra. A língua é a vassoura da boca.

A laringe é levada para o alto e para a frente. A epiglote encontra a língua e se inclina; ao se inclinar, ela fecha a laringe, e os alimentos passam sobre ela, enquanto os véus do palato fecham as narinas. A faringe, fechada como por um esfíncter, acelera os alimentos ao se elevar. As amígdalas, pressionadas, restituem seu suco, e os alimentos seguem pelo esôfago, que vai até o estômago. O caminho dos alimentos é: faringe, esôfago, estômago.

O esôfago é um tubo regular, carnoso, cilíndrico, um pouco comprimido; à esquerda, ele passa pela traqueia-artéria, pelo peito, atrás do coração, pelo intervalo entre as pleuras, depois se dobra imperceptivelmente um pouco à direita, em seguida à esquerda e ganha o orifício do diafragma no intervalo entre a expiração e a inspiração.

O estômago é um recipiente membranoso destinado aos alimentos. É feito de camadas aplicadas umas às outras. A primeira é celulosa, a segunda é felpuda.

O homem só tem um estômago. Ele é imóvel, situado no hipocôndrio esquerdo, no baixo-ventre, atrás do diafragma e das falsas costelas, de forma um pouco oval e cujo comprimento aumenta conforme a pessoa envelhece. O esôfago entra nele à esquerda, do lado posterior. Ele termina à direita, do lado anterior, no piloro. A pressão do diafragma vai na direção do piloro e fecha o estômago de modo tão preciso que os vapores ficam retidos nele. É a imagem da máquina a vapor de Papin.

O plano das fibras da pequena curvatura leva o piloro para o esôfago. É como o efeito da pressão de duas mãos. Há uma válvula no piloro.

O estômago é forrado internamente por uma membrana felpuda, contígua à epiderme que a separa, mucosa, mole, composta de pequenos pelos curtos e atravessada por grandes rugas paralelas ao comprimento da víscera.

O sonho de d'Alembert e outros escritos

Ele é muito sensível e se abaixa, relaxa e infla, tal como os intestinos. Os alimentos, aqui, têm a função de estimulantes, papel exercido sobretudo pela bile cística, sem a qual o movimento peristáltico se enfraquece.

O estômago, como toda víscera, se desgasta, e sua capacidade se reduz pela ociosidade ou vice-versa. O suco digestivo age sobre o estômago vazio e, quando este está cheio, sobre os alimentos. Ele chama a fome e prepara a nutrição.

Os alimentos percorrem seu caminho em 24 horas, e todo o quilo é extraído em três ou quatro horas. Os alimentos só saem do estômago quando forem inteiramente transformados num suco mucoso, quase acinzentado, amarelado, um pouco fétido e polpudo. A água passa antes, em seguida o leite, depois os legumes e, por fim, as carnes.

As veias flutuantes e abertas no estômago absorvem uma grande quantidade de líquido. Os alimentos passam pelo duodeno, onde encontram a bile e o suco pancreático. A bile cai na segunda dobra do duodeno e, apesar da válvula do piloro, penetra no estômago. É quando vomitamos fel.

Até mesmo os metais amolecem e são roídos no estômago.

O apetite, o verdadeiro apetite, é coisa do homem laborioso.

A fome é um sentimento que nasce do estômago. Ela aumenta à medida que nos aproximamos dos polos, e no frio a comida vegetal é rejeitada. Lá se vive de carne de animal e se usa sua pele como vestimenta.

A sede é um sentimento doloroso que nasce da língua, da garganta, do esôfago e do próprio estômago. Quando o orifício do esôfago fica com a sensibilidade da traqueia-artéria, ocorre a raiva ou hidrofobia. A sede é efeito da secura; a fome é efeito da fraqueza.

211

Na fome, o estômago se atormenta como um animal. Contrai-se, dobra-se, só pensa nele. Suas dobras roçam umas nas outras, nervos nus agem contra nervos nus, e nasce a dor. A fome empobrece: então as serpentes mordem sem perigo.

A diversidade dos amores não se deve à abundância ou à penúria dos alimentos? Depois da abundância dos alimentos, tem-se a abundância do esperma. Igualdade de alimentação para o homem, igual inclinação para o amor.

Matéria nutritiva superabundante produz diferentes efeitos, alguns dos quais são funestos. A gota é considerada como um desses efeitos nefastos. O calcário noduloso, quando destilado, apresenta os mesmos produtos do tártaro do vinho, somente com um pouco mais de amoníaco.

Há animais que não comem. O homem, se vivesse de vegetais, talvez não sentisse sede.

Devemos a cerveja às águas ruins. Ela foi descoberta no Egito.

Há muitos animais carnívoros e insetos que suportam a fome durante muito tempo. O ser humano pode fazer longos jejuns, sobretudo a mulher. Os monges orientais só comem seis vezes durante toda a quaresma. Há quem já tenha vivido até 28 dias sem alimento.

O homem tem o estômago dos animais carnívoros. Tal como eles, tem os dentes e o ceco curtos. Se alimentar um homem com carne continuamente, aproximá-lo-á do caráter do animal carnívoro: mesmo estômago, mesmo quilo, mesmo sangue, mesmos fluidos, mesma nutrição geral das partes do corpo. Os animais carnívoros são mais sujeitos ao vômito do que os frugívoros. Os ruminantes nunca vomitam. A ostra não tem boca. Há animais que comem e que não têm intestinos nem ânus.

Capítulo XVII
Intestinos

O intestino é um reservatório membranoso no qual o animal deposita seu alimento e o cozinha e de onde ele o espalha por todo o corpo. Ele é a continuação da bolsa que é o estômago. O pólipo é como um intestino vivo. A planta tem suas raízes do lado de fora; o animal, do lado de dentro.

Os animais que se nutrem com alimentos de difícil digestão têm o intestino longo. Os que se alimentam de carne o têm curto; os que se alimentam de líquidos, muito curto. Os animais ferozes têm o intestino largo. No homem, o intestino tem seis vezes o comprimento do corpo e é dividido em delgado e grosso. O delgado abarca o duodeno, o jejuno, o íleo e o cólon e é composto de quatro túnicas que se sucedem, unidas por três camadas de tecido celular: a muscular, a celular, a nervosa, a felpuda.

O intestino grosso abarca o ceco e o reto.

O canal conhecido como intestino delgado começa onde termina o estômago e perde esse nome no intestino mais grosso. O duodeno, o jejuno e o íleo são um mesmo canal com três nomes.

O duodeno parte do piloro; seu nome se deve ao seu comprimento; ele é frouxo e amplo. Sua posição é determinada, mas o resto do intestino delgado não tem nenhum lugar fixo. Ele é envolvido pelo cólon.

A textura dos intestinos é muito semelhante à do estômago ou do esôfago. A membrana interna é felpuda ou coberta de tufos cônicos. Essa membrana é perfurada por grandes e pequenos poros que correspondem a glândulas simples.

Os intestinos são muito sensíveis. Um homem tinha os intestinos expostos: ao ver um prato que o agradava, seus intestinos se agitavam de alegria como se fossem serpentes. Eles têm um movimento peristáltico, que empurra os alimentos para baixo.

A polpa dos alimentos, dissolvida pelo suco pancreático, pelo suco intestinal misturado à bile irrigada pelo muco e trabalhada pelo ar, torna-se espumosa sem efervescência, sem acidez, pouco espessa, branca no começo do jejuno e toda mucosa no final do íleo.

A parte terrosa, grosseira e dura dessa polpa desce para o intestino grosso. Quase todo o quilo é feito dela.

O que resta após a produção do quilo? Resta uma parte dele, degenerada, e mucosa, um pouco de muco, grande parte da terra que estava presente nos alimentos, partes duras rejeitadas pelos orifícios dos vasos absorventes e de todas as fibras membranosas sólidas que não puderam ser destruídas pela ação dos intestinos e pela maceração. Essa massa passa do íleo para o ceco, a primeira parte do intestino grosso, onde fica.

O cólon também é contínuo em relação ao ceco, e o reto é o último dos intestinos, que termina no ânus.

Na entrada do cólon, há duas dobras salientes formadas pela membrana nervosa e felpuda do intestino grosso. A dobra superior é transversal e curta, a inferior é maior, mais longa e sobe. A extremidade do reto tem fibras transversais fortes formando um anel oval e inflado chamado esfíncter interno.

O esfíncter externo é um músculo próprio para essa parte. É largo, carnudo e composto de dois planos de fibras semielípticas que se cruzam na direção do cóccix e das partes genitais. O omento é um tecido celular que acompanha e envolve todos os intestinos, impedindo que eles oscilem demais.

O sonho de d'Alembert e outros escritos

Capítulo XVIII
Fígado

O fígado é a maior das vísceras. Ocupa uma grande parte do baixo-ventre, acima do mesocólon, a parte superior do abdome, à direita. O diafragma está acima dele, à direita e atrás dele. Sua parte direita é gibosa e sua parte esquerda é obtusa. Ele é dividido em dois lobos.

O sangue se move no fígado muito lentamente. Ele é pouco sensível e sujeito a tumores. Há dois tipos de veia no fígado; esse exemplo é único: há anastomose entre a veia porta e a veia cava. O sangue da primeira passa para a segunda. Os últimos vasos da veia porta, da veia cava, da artéria e dos dutos biliares são unidos por um tecido celular em forma de pequenos grãos hexagonais, em que há uma comunicação recíproca entre os ramos da veia porta e a artéria hepática com as raízes da veia cava, e da veia porta com as extremidades dos poros hepáticos. Esses grãos são ocos, e a bile, separada pelos ramos da veia porta, se deposita ali, de onde passa para os dois troncos do duto biliar hepático, que entra no intestino duodeno a uma distância de seis polegadas do piloro.

Esse duto se chama colédoco; ele recebe também outro canal, chamado cístico, que vem da vesícula do fel. Essa vesícula tem a forma de uma pera. Alguns animais não a têm. Ela está situada na fenda que distingue os dois lobos do fígado. Sua função é receber a bile quando o estômago está vazio e a bile supérflua e jogar essa substância em abundância e velocidade quando os alimentos passam em quantidade para o duodeno.

O estômago cheio comprime a vesícula e a obriga a se esvaziar no canal colédoco, o que é demonstrado pela continuidade entre o duto cístico e a bile hepática. Há a bile cística e a bile hepática. Da primeira exala um vapor muito fino, o resto se torna azedo, rançoso, espesso, amargo, com uma cor escura.

A bile hepática passa pela vesícula do fel todas as vezes que encontra obstáculos no sino duodenal. Essa vesícula acidentalmente pode se tornar muito grande. A bile funciona como um sabão, destruindo a acidez dos alimentos e preparando a formação do quilo. Contém ar, água e sal volátil.

Quando, por acidente, os canais da bile se fecham, ela volta para o sangue e causa icterícia. A bile das pombas é verde, mas não é amarga.

Capítulo XIX
Pâncreas

A bile é um sabão, mas viscoso. O suco pancreático se une a ela para corrigir esse defeito, pois ele é aquoso, insípido, fino, nem ácido, nem lixiviador.

O pâncreas, de onde sai o suco pancreático, é a maior das glândulas salivares. É oblongo, situado sobre o mesocólon, transversal atrás da parte do peritônio, que se prolonga para além do pâncreas através do mesocólon, atrás do estômago e sob o fígado, na frente da cápsula atrabiliária esquerda e da aorta.

É pouco sensível, composto de grãos redondos e muito duros unidos por muito tecido celular. Ele se esvazia por um canal cujo orifício se une ao do colédoco e algumas vezes é separado dele ou então eles têm orifícios diferentes. Ele é pressionado por um grande número de órgãos adjacentes, que aceleram o suco pancreático.

O sonho de d'Alembert e outros escritos

Capítulo XX
Baço

É uma das vísceras que envia seu sangue ao fígado. É polpudo, sanguíneo, lívido, um pouco espesso e oval. Está situado à esquerda e corresponde à 10ª e à 11ª costelas. É esponjoso. Não tem duto excretor nem força muscular. Está unido ao estômago pelo pequeno omento e por um ligamento.

Quando o estômago está cheio, ele achata o baço contra as costelas e o força a se esvaziar. É por isso que o baço é grande nos que morreram de inanição e pequeno nos que eram vigorosos e morreram subitamente. Ele desce junto com o diafragma na inspiração e sobe na expiração. É pouco sensível e raramente se inflama. Está sujeito a tumores.

Perto do baço há, algumas vezes, um outro, menor. Vive-se muito bem sem o baço. Muitos animais não têm baço; outros têm dois. Sua supressão nos animais tem poucas consequências; o que ocorre é que a bile fica menos abundante e mais amarela e que o animal fica mais sujeito a gases.

No baço entra mais sangue do que em qualquer outra víscera. Nele, o sangue nunca coagula, ficando dissolvido e escuro. Ficaria compacto se a bolsa que o contém não fosse continuamente sacudida, subindo e descendo a cada inspiração e expiração.

O sangue do baço serve para a sanguificação. Ele é como um levedo. Entra lenta e paulatinamente na circulação pelas veias hepáticas. A artéria vai até o baço serpenteando. Seus ramos são relativamente grandes em relação ao tronco; daí vem a diminuição da velocidade do sangue. Este circula e volta para o fígado, se mistura ao sangue preguiçoso e gordo que vem do omento e do mesentério, o dilui, o impede de coagular e torna a secreção da bile mais abundante, no exato momento em que ela é necessária para a digestão.

Creio que se deve considerar todas essas vísceras fechadas, tais como a vesícula do fel, o baço e o intestino ceco, como órgãos destinados a preparar um levedo ou um fermento.

Capítulo XXI
Membranas das vísceras do baixo-ventre

O peritônio é uma membrana firme e simples que sustenta todas as vísceras do baixo-ventre. As vísceras são ligadas a essa membrana, cujo tecido é celular e espesso. É a sede da hérnia. É não irritável. O mesentério e o mesocólon são formados pelo peritônio.

O mesentério encerra, nas numerosas dobras de seu contorno, a maior parte de intestino delgado. Ele lhe serve de apoio e o fixa em seu lugar sem incomodar.

O mesocólon forma uma barreira na parte superior do baixo-ventre, onde o estômago, o baço e o pâncreas estão situados, e a separa da parte inferior.

O omento é outra membrana que tem dois pequenos nervos, parece imperceptível e é gordurosa. Há o grande omento e o pequeno omento, que é o omento cólico.

Sua função, assim como a do mesentério, é formar seções frouxas nas quais a gordura se acumula durante o sono e o repouso, para ser dissolvida depois no exercício e devolvida à massa do sangue pelas veias absorventes, constituindo a porção principal da bile. É por isso que ora tem a espessura de 2 centímetros, ora é fino e transparente como uma folha de papel.

Outras utilidades do omento consistem em se colocar entre os intestinos e o peritônio (impedindo-os de colar um no outro),

O sonho de d'Alembert e outros escritos

deixar o movimento dos intestinos livre, diminuir a fricção deles sobre si mesmos e sobre o peritônio e recobrir suas fibras musculares com um óleo muito delicado.

Capítulo XXII
Rins e bexiga

O quilo, absorvido pelo sangue, tem muita água, até demais. Uma parte exala pela pele e outra é filtrada pelos rins. Os rins são duas vísceras situadas atrás do peritônio, sobre as partes laterais da espinha das costas e assentados sobre o diafragma, de maneira que o rim direito fica um pouco mais baixo que o esquerdo. Eles são ligados, por meio das dobras do peritônio, ao cólon, ao duodeno, ao fígado e ao baço. São pouco sensíveis.

Um rim parece um agregado de pequenos rins. Cada rim tem pele e papilas. O sangue da artéria renal, levado pelas pequenas arteríolas rastejantes do rim, deposita, nos vasos retilíneos das papilas, uma grande parte de sua água, contendo óleo, sais e o que houver de mais líquido, mais atenuado.

O tamanho dos vasos dos rins prova que nessas vísceras passa um oitavo de todo o sangue. Assim, passam mais de 29 litros de sangue em uma hora, do qual ele pode separar para si 2 litros d'água. Nem todos os animais têm rins.

A urina cai na bexiga de forma imperceptível, num fio contínuo, e é evacuada pela uretra. A bexiga parece ser inalante. Está situada, nas mulheres, sobre o útero. Tem seu esfíncter. Urinamos pela contração da bexiga.

A uretra é curta, reta e transversal nas mulheres. É contígua à bacia, de onde desce para longe, atrás da bexiga, na qual ela se abre por um orifício oblíquo. Ela é larga ao sair da bexiga; ela se torna cônica ao se aproximar da próstata, cilíndrica em sua parte livre, mais larga ao longo do pênis e se alarga um pouco mais no fim.

A bexiga é muito sensível. Os ureteres, pouco; a bexiga contém todos os líquidos que são injetados nela; ela só suporta a urina sadia. Contém a acrimônia alcalina do sal marinho e ácido, que se acumula no fundo.

Seu sedimento contém terra, óleo, sal, ar, sal volátil, ácido volátil, fósforo e carvão. Pode-se ver, atrás do reto, as vesículas seminais, as próstatas e os músculos levantadores do ânus.

Capítulo XXIII
Útero e órgãos da geração

O útero é um órgão ativo, dotado de um instinto particular, situado na bacia entre a bexiga e o reto. Pode-se comparar o útero a animais que tecem a teia na qual se envolvem. Harvey observou, segundo conta, os fios do cório ou da bolsa exterior, esticados de um canto a outro do útero, se entrelaçarem, formarem uma teia rala e depois um tecido firme e liso.

A largura interna do útero na criança que nasce é de duas linhas; na jovem de 22 anos, de três linhas; na mulher que dá à luz, de 13 a 21 centímetros. Ele é aberto e musculoso. As oscilações do útero fazem a matéria seminal atingir ora um lugar, ora outro.

É preciso que o útero repouse, pois, do contrário, os órgãos da geração se cansam e perdem sua força.

O útero não desenvolvido na infância permanece em repouso. Na velhice, ele é flácido; numa idade mediana, cria seu império particular: dita as leis, se amotina, entra em furor, se estreita e

O sonho de d'Alembert e outros escritos

estrangula outras partes, assim como faria um animal encolerizado. Ele sente, à sua maneira. Por que ele está sujeito a tantas doenças? É porque é, ao mesmo tempo, órgão secretório, fértil e excretório.

O útero não é uma parte essencial à vida da mulher. Os antigos o amputavam em certas doenças, sem que a operação fosse seguida de nenhuma catástrofe fatal.

O médico Sorano não concorda que se considere o útero como um dos órgãos principais do corpo humano, e a razão que dá para isso é que não somente ele se desloca e cai na vagina, mas também porque é possível extirpá-lo sem causar a morte. Ele estava mesmo tão persuadido de que o útero não era um órgão essencial à vida que considerava como preceito a sua extirpação quando a parte pendente se fere ou apodrece (*História da cirurgia*, tomo 2, p.277).

O interior do útero, das trompas de Falópio e talvez dos próprios ovários é composto de substância poliposa.

O útero cresce continuamente com o feto; sua espessura, no entanto, permanece a mesma. A nutrição compensa a extensão. É sobretudo em direção ao fundo que ele se estende. Então, as trompas parecem descer. Seu orifício nunca é fechado, mas coberto de muco. Ele encolhe, se achata e se alarga à medida que se aproxima o momento do parto. Entre o sino mucoso, entre as dobras da parte superior do útero, foram observadas bolhas redondas, cheias de um líquido transparente. Essas bolhas são mais ou menos grandes e mais ou menos numerosas.

Trompas

São canais que partem dos ângulos laterais do útero, que se alargam em cima e se tornam mais estreitos no final, seguem na direção do ovário e em seguida descem. No orifício superior da trompa, encontram-se franjas que o rodeiam e o unem ao ovário. A trompa de Falópio é fina na extremidade que a liga ao útero e mais larga na outra extremidade, conhecida como pavilhão. É o canal que conduz o ovo ou o sêmen para a matriz, segundo o sistema que se adote.

Ovários

Os ovários, ou testículos femininos, são dois corpos situados atrás das trompas. São flutuantes, oblongos, achatados e possuem estrutura muito semelhante ao útero. Sua superfície, na mulher adulta, é tubercular e cheia de fendas. Nas jovens que atingiram a puberdade, o ovário é cheio de um fluido linfático coagulado, que distende as vesículas. Caso se suprimam os ovários de uma mulher, ela fica estéril.

Mesmo nos ovários das virgens são observados ovos ou bolhas redondas feitas de uma membrana poliposa, bem firmes, cheios de uma linfa coagulável. Seu número é indeterminado: nunca mais de quinze num ovário, sendo normalmente dois a seis. Só os ovos do elefante são sensíveis?

Vagina

A vagina é um órgão acrescentado ao útero, um canal membranoso, contrátil, capaz de fricção e muito suscetível à expansão. Ela enlaça o orifício do útero, se dirige para baixo, pela frente e abaixo da bexiga, situada sobre o reto, ao qual é ligada, e se abre por um orifício bem largo, abaixo da uretra. A parte inferior da vagina é protegida contra o frio e a urina pelo hímen, que é uma grande dobra valvular formada pela pele. O hímen é particular à espécie humana. Ele é mais largo na direção do ânus. O coito o desgasta, e ele desaparece.

A superfície interna da vagina é repleta de tubérculos espessos e duros, sensíveis, e com lâminas inclinadas que terminam afiadas e se assentam sobre os tubérculos, o que parece feito para proporcionar o prazer e facilitar a expansão da vagina, que tem um músculo particular constritor de seu orifício.

Uma mulher, seja por um movimento adquirido, seja por um movimento natural, conseguia contrair a vagina e as partes da geração para apertar e reter o homem em seu gozo quando a paixão havia cessado.

Clitóris

Órgão semelhante ao pênis do homem. Tem músculos, uma glande, um prepúcio, corpos cavernosos, um freio e os mesmos movimentos; há ereções simultâneas dos mamilos e do clitóris.

O clitóris tem artérias profundas e outras superficiais, tais como o pênis do homem. Nos animais nos quais os machos têm um osso no pênis, as fêmeas também têm um clitóris ossudo.

Na extremidade do clitóris, observa-se um ponto que parece indicar a existência de um canal obliterado e fechado.

Ninfas

São dois apêndices cutâneos situados na frente e na saída da vagina, produzidos pela continuação da pele do clitóris e de sua glande. As ninfas são celulares, se inflam, são recortadas e guarnecidas de glândulas sebáceas, semelhantes às do prepúcio do clitóris. Elas orientam a urina que sai da uretra para que siga entre cada ninfa, o que não se faz sem uma espécie de ereção das ninfas.

Lábios

Os lábios cutâneos que recobrem todas as partes da geração formam um plexo acima do clitóris. O sangue se acumula aí: o orifício da vagina se reduz, e o prazer aumenta. O músculo constritor parte do esfíncter do ânus. Avança ao longo do orifício dos lábios e se insere nas coxas do clitóris.

Há o exemplo de uma mulher com dois úteros, duas vaginas e dois orifícios (um no reto e outro no lugar onde ele geralmente ocorre).

Há outro exemplo de uma mulher sem nenhum sexo, nem clitóris, nem mamas, nem lábios, nem vulva, nem útero, nem regras. O fato aconteceu em Gand. La Mettrie havia visto essa mulher. Ver "Processo verbal dos médicos e cirurgiões de Gand", do sr. d'Hérouville.

Regras

Os vasos do útero são como novelos. Eles depositam em sua cavidade uma espécie de leite, que no feto é muito branco e nas virgens é seroso. Crescem até a puberdade, quando se inflam e produzem um sangue muito puro. Quanto à origem das regras, a pletora é sua causa.

Há exemplo de regras que duraram até a idade de 106 anos. Não há regras se não há leite. O leite se transporta do útero às mamas e das mamas ao útero. O útero se estende à medida que os mamilos se arredondam. Eles se inflam de leite depois da gravidez.

Uma moça de Pisa perdia, durante as regras, 3,5 litros de sangue, e ainda fazia sangrias todos os dias ou a cada dois dias. A cada dia, indistintamente, há quase tantas mulheres que têm suas regras quanto as que não têm.

Pênis

O pênis, ou membro viril, é um corpo cavernoso que se enche de sangue durante a ereção. Seus vasos são moles na juventude e secos na velhice. Em todos os períodos eles são rijos e secos nos animais.

Testículos

Os testículos são um novelo de pequenos canais nos quais o esperma se separa do sangue. Em algumas espécies, os ovários e os testículos estão juntos.

Esses corpos cavernosos possuem um revestimento muito forte, e sob esse revestimento há uma carne esponjosa que pode inflar. Há, entre eles, uma membrana mediana, feita de fibras tendinosas, firmes, paralelas, mais estreitas embaixo, não contínuas, formando espaços vazios que deixam uma comunicação livre entre dois corpos cavernosos. Outras fibras se dirigem para a membrana e se inserem no revestimento firme; essas fibras impedem uma distensão excessiva ou aneurisma do pênis.

Há muitas relações entre a estrutura dos testículos e a substância cortical do cérebro. Há a mesma analogia entre o sêmen e o cérebro. Quanto mais cérebro, todo o resto sendo igual, mais aptidão para o prazer. O homem é sempre apaixonado.

Denis Diderot

Escroto

É o saco que contém o testículo. É o primeiro revestimento. O feto raramente tem os testículos na bolsa ou saco, mas os tem no abdome.

Sob o escroto, há um segundo revestimento, que é vascular e musculoso, chamado darto. Trata-se de um músculo cremastérico, que se desenvolve posteriormente como uma luva e que eleva, comprime e espreme o testículo quando há abundância de esperma.

O darto se contrai, sobe, enrijece e leva os testículos para o alto. O esperma jorra, e tudo volta ao seu lugar.

Em seguida, vem a membrana vaginal e a membrana albugínea.

Uma artéria espermática desce na direção do testículo; ela vem da aorta abaixo da artéria renal. Junto com a artéria espermática estão a veia espermática e o canal condutor, formando juntos um cordão cilíndrico que se prolonga na virilha, indo até o escroto e os testículos.

As artérias se dividem em pequenos vasos contíguos aos vasos espermáticos e formam novelos separados por barreiras celulares. Há vasos espermáticos em cada duto que recebe o sêmen.

O *epidídimo* é um acessório do testículo que segue sua borda externa posterior e adere a este. Ele tem o seu duto, que, depois de formar espirais, toma o nome de canal deferente, o qual leva o sêmen para as vesículas seminais.

A *vesícula seminal* (são duas) é um pequeno intestino membranoso e firme situado abaixo da bexiga do qual nascem dez ou mais intestinos cegos, alguns dos quais divididos em diferentes lojas. Esse pequeno intestino se enrola em um novelo curto e tortuoso. O líquido que nele é depositado sai do testículo amarelado, fino e aquoso. Ele conserva essa característica nas vesículas, tornando-se somente mais viscoso e mais amarelo.

Esperma

É a semente do macho, que se forma no testículo; é depositado nas vesículas seminais, expulso para fora do pênis.

No animal que pesa mais, não há líquido seminal.

Não há sêmen antes de 12 anos em nossas regiões; por volta de 50 anos, não há mais polução noturna. Com 86 anos, Massinissa fez um filho. Thomas Parr, cuja vida Harvey descreveu, casou-se com 120 anos e conheceu sua mulher com 140.

O vapor seminal é conhecido pelo olfato e pela vista (quando está quente).

Deve-se distinguir o sêmen do veículo. O veículo isola as partes prolíficas e impede a fermentação, que só se faz em massa. Se houver mais ou menos veículos no sêmen, haverá mais ou menos irritação. A languidez não vem da perda do sêmen, mas da distensão de todas as partes pela força do irritante.

É a relação entre o veículo e a parte prolífica que distingue os homens e as mulheres por seus temperamentos frios ou quentes. A parte prolífica próxima é uma fonte de doença. O fluido espermático superabundante produz o câncer e a tuberculose pulmonar.

Há emissão sem testículos.

A natureza ordena o uso do sêmen. A sabedoria regula seu uso. A continência o retém; o vício faz dele um veneno; a religião o abençoa. A depravação dispõe dele com prodigalidade.

Enquanto o homem não dissipa o sêmen pelo coito ou pelo sonho, uma grande porção mais volátil, mais cheirosa e mais

Denis Diderot

forte é rebombeada e devolvida ao sangue. Seus produtos são pelo, barba, chifre e mudanças na voz e nos costumes; esses efeitos são nulos nos eunucos. A matéria destinada a formar o sêmen continua a afluir no local de sua secreção, mas, não encontrando mais os órgãos destinados a essa função, vai para as partes adjacentes; daí vêm as coxas grossas, os joelhos redondos e os ossos abertos que podem ser observados nos eunucos. Onde está a matéria seminal nos eunucos? Onde ela estava nos machos perfeitos antes da separação pelas glândulas?

A mulher tem um esperma, mas onde? No ovário? Isso é incerto.

Existe um sêmen no útero e nas trompas? Ruysch diz que sim. Harvey diz que não. Ruysch o diz a partir de um único fato; Harvey, a partir de mil. Não seria a mucosidade que se teria imposto a Ruysch?

A próstata, glândula em forma de coração envolvendo a uretra em sua origem, prepara um humor branco, espesso, doce e abundante que se espalha numa pequena depressão, cavada nas partes laterais das vesículas seminais, e sai com o sêmen, na qual ela domina por sua brancura e viscosidade.

O sêmen e o fluido da próstata saem pela uretra esticada. Mas como a uretra se estende? Pelos três corpos cavernosos que a envolvem. E o que distende e infla esses corpos? O sangue arterial. E o que acontece com esse sangue? É rebombeado pelas veias dos testículos. A ação do fluido basta para a ereção.

Os mamilos das mulheres se elevam, a pele do pescoço do galo-da-índia se enrijece, animais se acoplam sem músculo eretor.

Segundo alguns filósofos, o sêmen é um fluido emanado do cérebro, que faz o seu curso pelo grande nervo simpático. Esse fluido contém um pequeno cérebro, que é o grão ou o núcleo de onde nasce o feto.

Os vermes [espermáticos] são tão naturais no sêmen do homem quanto as enguias-do-vinagre. Eles diminuem e perdem sua cauda ao envelhecer, sendo encontrados no sêmen apenas após o período da puberdade.

Não são encontrados vermes espermáticos nem na criança nem num adulto após o coito frequente. Também não são encontrados no velho, nos estéreis, nos impotentes, nem nas mulas.

Tais animais se encontram na urina, no catarro, na saliva, no sangue, nas lágrimas, em todos os humores, até mesmo na mucilagem das partes naturais, inclusive do galo castrado. Eles têm dois sexos, se acoplam e se reproduzem. Foram encontrados no líquido do corpo amarelo do ovário e algumas vezes nas decocções e infusões de partes de animais.

Há uma semelhança entre o animálculo e os traços do feto fecundado, os quais não aparecem a menos que a fêmea tenha sido fecundada.

Dessas observações e conjecturas nascem diferentes sistemas sobre a geração.

Capítulo XXIV
Geração

Primeiro sistema

Misturas do líquido seminal e do sêmen extraídas, do macho e da fêmea, de todas as partes do corpo com faculdade gerativa. Essa faculdade é um longo encadeamento de efeitos que se encaminham sucessivamente desde o começo da vida até a morte.

O sêmen é um humor (assim como o sangue, a bile e o suco pancreático) que tem sua natureza e seu filtro particular. Há sêmen forte e sêmen fraco em cada sexo. (Aristóteles concorda com Hipócrates, mas acrescenta que o macho fornece a forma, e a fêmea, a matéria.)

Nesse sistema, a placenta e os invólucros são impossíveis de serem explicados.

Segundo sistema: sistema dos ovos

Vesículas nos ovários, homens e mulheres inteiramente formados no ovo, e assim ao infinito. Todas as partes do homem formadas no ovo etc.

Provas

Coceiras nas rugas musculosas da vagina.

Rigidez das trompas de Falópio.

Garras do pavilhão contraídas.

Ovos recebidos na trompa.

Ovos levados para o útero pelo movimento peristáltico da trompa. Algumas vezes, tudo ocorre em sentido contrário. Comparação com o estômago.

Quando o coito foi fecundo, a trompa comprimiu o ovário e extraiu dele, pela fenda que há na membrana externa, um corpo amarelo, o qual ela conduz até o útero.

Há mudança no corpo amarelo fecundado. Analogia com os animais em cujo útero, após o coito, cai um ovo, embora vários sejam fecundados ao mesmo tempo no ovário.

Corpos amarelos constantes nos ovários das mulheres férteis, tumores constantes no ovário. A quantidade de fendas no ovário é proporcional ao número de crianças geradas.

Não há moléculas orgânicas no ovário; nada em comum na organização dos testículos do homem e da mulher.

Eis as provas. Eis agora as dificuldades, as objeções.

A extrema estreiteza da trompa e o volume do ovo encontrado no útero não permitem acreditar que uma vesícula inteira possa seguir essa via. Nunca se viu um ovo encerrado no cálice amarelo ou no coágulo que se forma em torno da vesícula do ovário. Quando a mulher concebe, não há essas glândulas. Após a concepção, elas murcham, se esvaziam e algumas são encontradas no útero. São as hidátides.

"Esse corpo glanduloso não é, pois, o primeiro rudimento do animal", *Vesiculus ovaris non esse ova, neque esse primordia neque continere animal.*

No terceiro dia após a concepção, numa cadela, um acidente ata a ponta do útero. No 21º dia, há dois cães entre a ligação e o corpo da trompa (Nuck).

A adesão do ovário à trompa é pouco frequente. Já se viu o ovário de uma mulher grávida igual ao de uma mulher não grávida. Nunca o ovo de uma virgem mostrou um feto. O ovo gera um feto que se parece com frequência mais com o pai do que com a mãe. Por que essa semelhança? Por que os ovos não crescem?

Muitos fenômenos parecem provar que o feto está na mãe.

Foram encontrados ovos numa menina de 5 anos.

Ovos supostamente estéreis foram encontrados no sêmen do macho.

Foram vistos ovos no útero sem aproximação do macho.

Doenças hereditárias; semelhança com os pais.

Mulas e jumentos que procriam.

As plantas levam à mesma opinião. Virgens afidídeos procriam sem macho.

Haller não nega que *exiguo tempore aliquo ovum humanorum in utero liberum est.*[6]

Terceiro sistema: animais espermáticos (Hartsoeker)

Homens e mulheres nesses animais, no mesmo encadeamento ao infinito que há no segundo sistema. Um milhão se fecunda sobre um, vermes nos vermes. Absurdo.

Quarto sistema: ovos picados por vermes

Moléculas orgânicas vivas são apenas materiais (Buffon). Segundo esse filósofo, o sêmen é a superabundância de alimento rejeitada por cada membro. Moldes internos. Doenças e vícios hereditários dos pais para os filhos; crianças mais parecidas com o pai do que com a mãe; tudo isso se explica nesse sistema; entretanto, ele supõe que o sêmen entra no útero, e isso não é verdade.

Quinto sistema

Tantas loucuras foram ditas sobre o ato da geração que eu posso muito bem também dizer a minha. Eu não conseguiria afirmar que o sêmen do homem ou o seu vapor age a uma distância tão grande entre os ovários da mulher e a vagina.

Embora tenhamos alguns exemplos de fetos nas trompas de Falópio, não posso fazer que nem um ovo nem um verme desça por esse canal; se ele descer para o útero, não conheço nenhuma maneira de ele se agarrar ali por um pedículo, muito menos de

---

6 Por um curto período o óvulo humano permanece solto no útero.

fixá-lo no lugar que ocupa. Parece que, em sua queda, ele cairia no ponto mais baixo.

Foram encontrados fetos no ventre, com o fígado, com a placenta, nos rins, fetos entre o reto e o útero e fetos que aderem ao diafragma.

Quem já viu, no ato venéreo, a franja ou as garras do pavilhão abraçar o ovário, apertá-lo e espremer dele os primeiros rudimentos do embrião?

Há concepção que ocorre sem prazer da parte da mulher, até mesmo com aversão. Pode haver concepção mesmo sem prazer dos dois sexos. O que significam, então, as garras do ovário, esse aperto, esse ovo ou esse sêmen? Tudo pode ser executado sem volúpia? Pergunto se há efusão de matéria seminal sem volúpia. Se não houver, a mistura entre o sêmen feminino e o masculino não é o princípio da geração, nem as moléculas orgânicas, nem as outras causas que lhe foram atribuídas. Já houve concepção sem orifício do útero: uma mulher infibulada ficou grávida. A moça citada por d'Acquapendente não fora perfurada e nem por isso deixou de engravidar.[7] A gravidez teria sido produzida

---

7 Um jovem pressionava vivamente uma moça pela qual estava apaixonado e que o amava para que ela satisfizesse sua paixão. Ela queria isso, mas a natureza se opunha: ela não tinha sexo aparente. A única coisa observada nela era uma pequena abertura, tal como a das outras mulheres, pela qual ela urinava. Essa constituição singular não afastou o jovem de sua amada, mas ele exigiu uma complacência que ela não negou. Ao final de alguns meses, o seu ventre e o seu peito incharam. Foi chamado um cirurgião, que, depois de a examinar bem, lhe anunciou que estava grávida. Ela não teve nenhuma dificuldade de o convencer da falsidade do prognóstico. Entretanto, o inchaço do ventre e do peito faziam progressos, e o cirurgião, chamado novamente, confessando que ignorava como essa criança tinha sido feita, protestou que

por vapor? Eu ficaria tentado a remeter a geração do homem à do pólipo, que se reproduz por divisão.

Os primeiros elementos do homem estão no lugar por onde o homem nasce. Eles esperam lá para que se desenvolva o licor

---

percebia que ela se mexia. A moça e seu amante não levaram em conta o que dissera o cirurgião. Mas essa estranha gestação foi levada a cabo, e, entre dores, esforços e um enorme estrago das partes, a moça deu à luz uma criança pela mesma via com que esta tinha sido feita. Ignoro se a mãe e a criança morreram, mas o que sei é que sua formação não tinha nada de extraordinário. O útero dessa jovem, em vez de se abrir pelo lado corriqueiro, se abria no reto, do qual todos os meses saía o sangue menstrual. Soube desse fato pelo sr. Louis, secretário da Academia de Cirurgia.

Outro fato acontecido no castelo de Mikulov, na Morávia, é certificado pelo sr. Nuch, cirurgião major das tropas da guarnição desse castelo. Nos primeiros dias de agosto do ano de 1753, um soldado de 22 anos e alguns meses foi atacado por dores no coração passageiras, cansaço e inapetência. A esses acidentes se seguiu um inchaço do ventre. O jovem foi tratado como hidrópico. Os remédios não fizeram efeito e o ventre crescia cada vez mais. Aliás, ele se ressentia pouco dessas incomodidades e não faltava ao serviço. Esse homem, que tinha sido abandonado havia alguns meses à bondade de seu temperamento e aos cuidados da natureza, sentiu dores fortes na região lombar em 3 de fevereiro de 1774; deram-lhe algumas poções sedativas, mas as dores só aumentaram. Acreditou-se que se podia aliviá-lo fazendo uma punção, e todos ficaram espantados porque não houve nenhuma evacuação de água. Recorreu-se à sangria, e todos os meios foram inúteis. As dores se tornaram cada vez mais agudas, misturadas com convulsões, e o paciente morreu após 37 horas de sofrimento. O caso era por demais extraordinário para que não se fizesse a abertura do cadáver. Mas qual não foi a surpresa quando, ao se abrir o abdome, percebeu-se um cisto, um saco, que foi aberto e que continha um feto macho morto e bem conformado, com sua placenta, as membranas e as águas. Esse cisto era um útero, ao qual nada faltava; o orifício estava virado para o intestino, com o qual ele se comunicava por um pequeno duto em forma de apêndice. Nesse duto se podia introduzir apenas o tubo de uma pena comum de

O sonho de d'Alembert e outros escritos

seminal do homem. Eles se desenvolvem, e se forma a placenta. Quando o embrião está maduro, a placenta se destaca e o homem nasce por divisão.

A aproximação do homem e da mulher produz ou desenvolve um novo órgão, que é ou se torna um ser semelhante a um dos dois.

Ruysch encontrou semente do homem e da mulher no útero de uma mulher que acabara de ser morta por um marinheiro, com o qual ela havia brigado logo após terem copulado. Mas Harvey dissecou inúmeras corsas imediatamente após a cópula e nunca encontrou licor seminal em seu útero. De início, ele só viu um ponto animado em torno do qual sucessivamente se ordenaram os diversos membros que compõem o animal.

No útero da coelha não se vê nada nos cinco ou seis primeiros dias. No sétimo se percebe um botão, depois uma bolha e em seguida uma espécie de girino.

A geração das partes se faz pouco a pouco, e não subitamente; ela se faz por aposição de partes, e não por desenvolvimento.

---

tinta. Ele tinha somente essa víscera em comum com o sexo feminino. Aliás, ele era um homem perfeito, externa e internamente. A posição dos ligamentos desse útero estava na ordem natural. Os vasos espermáticos davam em parte nos ovários, e a outra parte continuava seu caminho até os testículos. Esse cordão era duplo. Examinou-se a forma dos ossos da bacia; eram tais como devem ser num homem. As mamas não eram grandes, mas continham leite e sua auréola era larga e negra. Lembraram-se, então, de que esse soldado muitas vezes se queixara de que sentia alguma coisa se mexer em seu ventre, especialmente trinta horas antes de sua morte. Mas se havia atribuído esse sintoma às supostas águas. Não restava dúvida quanto à maneira pela qual esse homem tinha engravidado, mas, para se ter mais segurança, pegaram o seu companheiro de cama, prenderam-no e, por meio de ameaças reiteradas, o obrigaram a confessar aquilo de que se suspeitava violentamente (*Gazeta das Duas Pontes*, a. 1775, n.22).

Creio que, dada a exfoliação do útero, talvez seja essa a razão do pequeno número de filhos. Haveria muitas observações a fazer sobre esse assunto.

1º – Se a exfoliação deixa no útero traços subsistentes, em consequência dos quais se poderia, pela inspeção desse órgão interno, contar os filhos, como se acredita que se pode contá-los pelas cicatrizes do ovário.

2º – Se é possível que uma placenta se forme no lugar onde havia outra, ou onde houve uma primeira esfoliação. Depois perguntar ao jardineiro se dois frutos podem nascer sucessivamente no lugar de um primeiro pedículo; isso explicaria a fecundidade e a esterilidade de certas mulheres pela extensão da placenta ou das esfoliações sucessivas.

Admito os germes preexistentes, mas que não têm nada em comum com os seres. É uma produção subsequente ao desenvolvimento. Produção que não existia e que começa a existir e cuja expansão sucessiva forma um novo ser semelhante ao primeiro. Um olho é feito como uma anêmona; o que há em comum entre a garra e a flor? Um homem é feito como um olho. O que há em comum entre a molécula da casca do salgueiro e o salgueiro? Nada. Entretanto, essa molécula produz um salgueiro. De que modo? Por meio de uma disposição que não pode, com uma matéria nutritiva, produzir um efeito diferente.

Isso me parece tão simples quanto soprar numa bexiga murcha para fazer um corpo redondo. Se essa comparação com a bexiga for chocante, é porque ela é muito simples, mas não por isso é menos real e verdadeira. As moléculas que devem formar o germe se dirigem necessariamente para lá e formam uma semente, que terá um desenvolvimento necessário. É uma árvore; o mesmo ocorre com o homem.

O sonho de d'Alembert e outros escritos

Concepção

Pelo coito, há uma fricção acompanhada de contração convulsiva em todas as partes que envolvem a vagina, inchaço do clitóris, das ninfas, do plexo dos lábios e depois a emissão (nem sempre e nem em todas as mulheres) de um líquido mucoso e viscoso que vem de diferentes fontes. Isso no exterior. No interior, as trompas se entumecem, se avermelham e se enrijecem. A parte separada se eleva e se adapta ao ovário.

Se, depois do coito, a mulher experimenta uma espécie de formigamento que se parece muito com uma cólica, para que ela se engane, e se esse movimento for acompanhado de um pouco de calor nas partes naturais, raramente se enganará quando crer que ficou grávida. Essa observação foi feita muitas vezes por um médico. Mas ela pode estar grávida sem ter sentido esses dois sintomas, que são um tremor ao longo da trompa e uma espécie de vertigem.

Sorano, tal como Hipócrates, reconhecia se uma mulher era estéril ou fértil. Seu segredo consistia em colocar na vagina, à noite, quando a mulher se deita, um dente de alho descascado enrolado em lã. Se pela manhã, ao acordar, ela tiver na boca o odor desse aromático, ele a considerava hábil para conceber.

Segundo o mesmo médico, um sinal muito seguro e nada enganador para ver se a mulher espera um menino é quando o pulso do braço direito é mais frequente, mais forte que o do braço esquerdo; do mesmo modo, quando a mulher espera uma filha, é o pulso direito que reúne essas qualidades.

Denis Diderot

Capítulo XXV
Feto

Feto, ou primeiros rudimentos do animal. Vimos que havia três opiniões sobre sua origem. Ou ele vem do macho, ou da fêmea, ou dos dois. Por que tantos animais mais fortes e maiores para fazer um só?

O desenvolvimento do feto se faz do seguinte modo: em torno de uma vesícula do ovário se produz um grúmulo que aumenta, cresce e parece se transformar num corpo amarelo semiesférico, na forma de um grão, côncavo por dentro e contendo, nessa cavidade, um pequeno ovo ou pelo menos uma pequena membrana vazia. Esses corpos são aparentes na mulher depois da concepção.

No momento da concepção, sai do ovário alguma coisa que se tornará o animal ou contribuirá para seu desenvolvimento. Alguns dias depois de o suposto ovo, ou o feto, independentemente do que ele seja, chegar ao útero, sua membrana, que era simples, fornece, em toda a sua superfície, flocos moles e galhudos que se implantam nos flocos exalantes e absorventes do útero e aderem a eles. Essas aderências ocorrem em todas as partes do útero, sobretudo no fundo.

Mas, antes de sua formação, se o feto é apenas um ovo, de que ele se alimenta?

Formadas as aderências, há muita água límpida e coagulável sob o fogo e sob o álcool etílico.

De início, o feto é invisível. Quando começa a aparecer, tem cabeça grande, corpo pequeno e sem extremidades; é uma espécie de girino. O umbigo é grande e achatado, ligado à extremidade arredondada do ovo.

Diz-se que o ovo e o feto crescem juntos, mas de modo desigual; o feto cresce mais que o ovo, e a água do ovo diminui.

Os flocos se recobrem de uma membrana lisa chamada cório, e apenas a parte elevada na direção do alto arredondado do ovo cresce e forma, pouco a pouco, um corpo redondo circunscrito, chamado placenta.

Esse é o estado do ovo no segundo mês. Depois disso, ele não muda mais, só aumenta de volume. A parte do ovo que encontra o útero pelo alto, mais ou menos um terço de sua superfície, mostra um disco arredondado, achatado, suculento, desigual, vascular e transformado em tubérculos semelhantes entre si, unido com precisão ao útero.

É em consequência dessa união que há uma comunicação entre a placenta e o útero, que de início envia ao feto um líquido soroso e em seguida sangue. As artérias exalantes do útero se comunicam com a placenta. As artérias da placenta se abrem nas grandes veias do útero.

A outra parte do ovo e a superfície da placenta são recobertas por um envelope externo, aveludado, cheio de pequenos flocos reticulares. É o cório. Essa membrana é colada, mas de modo mais frouxo, à superfície do útero, a qual é coberta por pequenos flocos que o evocam pelos vasos menores do que os da placenta. Ela é sustentada por outra membrana interna, branca e mais sólida, que pode ser considerada como uma lâmina interna do cório ou um segundo revestimento do feto.

O cório é amarelado, mole, escorregadio, lubrificado como a gordura, fácil de rasgar, filamentoso, de fios entrelaçados e flutua no exterior. A parte interior da membrana é mais unida, mais firme, reticulada, porosa. A quantidade de córios é proporcional ao número de crianças.

O âmnio é a membrana interna do feto; é aquosa e transparente, muito lisa, sempre a mesma e unida à lâmina interna do cório por um tecido celular.

A água do âmnio é um pouco salgada, semelhante à serosidade do leite. Tem odor de leite; a exalação nasce como no pericárdio. Essa água pode alimentar? Sim, mesmo pela boca. Ela é absorvida pela pele.

O feto vive pela mãe e se alimenta pela água do âmnio? Ele se alimenta pela boca? Suga da cavidade do âmnio o líquido linfático coagulado no qual ele nada?

Houve fetos sem cordão.

O líquido que encontramos no estômago do feto é semelhante ao do âmnio. O líquido deste último diminui à medida que o feto cresce. Foram encontradas estrias contínuas e como que geladas no âmnio, na boca, na garganta e no estômago do feto.

A água do feto, no começo, é nutriente; no final, diz-se que se torna ácida. Então, a criança passaria fome? Seria essa uma das causas do nascimento?

O alimento do feto, do primeiro ao último instante, vem provavelmente da veia umbilical e pela artéria umbilical, que é contígua àquela veia. A veia umbilical é formada por raízes dos vasos exalantes do útero.

Os excrementos produzidos no feto são em pequena quantidade. A vesícula urinária é grande e longa; nela há urina.

O mecônio é uma substância polposa e esverdeada que pode ser o resíduo dos líquidos que foram exalados nos intestinos. Encontra-se uma substância inteiramente semelhante em outras cavidades cheias de líquido exalado. Pode-se encontrá-la na membrana vaginal do testículo. Os intestinos grossos e uma parte dos pequenos são cheios de mecônio.

O úraco sai do alto da bexiga. É oco e se prolonga bastante até o cordão umbilical. Se aí houvesse uma alantoide, esse reservatório da urina seria contíguo ao úraco.

Talvez o cordão umbilical do homem, sendo esponjoso, receba a urina em suas células. Mas o úraco é curto. Vai até o cordão, mas não até a placenta; e que importa mais?

O feto envia para a placenta uma parte de seu sangue por dois vasos umbilicais. O sangue parece passar dos vasos arteriais da placenta para as veias do útero, de onde vai para o pulmão da mãe.

Sigamos o crescimento do feto. Tubérculos saindo do tronco anunciam a formação das extremidades e de todas as partes do feto. A cabeça se forma primeiro, depois o baixo-ventre e as extremidades.

Seus pulmões são pequenos, proporcionais ao coração. Eles caem para o fundo da água quando o feto ainda não respirou. Uma criança que já respirou e que volta para o útero morre. Morre como um pato: quer respirar e respira a água, que o afoga.

A parede que une a aurícula direita do coração à esquerda é furada com um buraco largo e oval.

Os revestimentos do feto são apenas uma exfoliação da placenta. O útero é um porta-criança assim como o galho de uma árvore é um porta-fruto. Há exemplos de placenta acoplada ao orifício do útero. Há partos durante os quais foi necessário furar a placenta para a criança nascer.

O útero se abre à medida que se aproxima o parto. Até então, o feto tinha a cabeça entre os joelhos; com a aproximação do nascimento, ele tomba para a frente e o alto da cabeça se alinha com a abertura dilatada do útero, cujos esforços para a saída do feto começam, saída essa que será favorecida pelo peso do feto, pela incomodidade e pelos movimentos.

A criança é, durante todo o tempo, um hóspede incômodo para o útero, porém o é ainda mais aos nove meses. Todo órgão tende, de maneira automática, a se aliviar. Mas um órgão sensível e vivo só tende a se aliviar quando sente essa possibilidade. Num outro momento, sente que sua dor ou seu mal aumentam.

O útero ferir-se-ia se tentasse a expulsão do feto quando, pela grande adesão da placenta, que é sua exfoliação, ele e a placenta ainda são uma coisa só.

Mas quando a superfície convexa da placenta começa a ficar lisa, o útero sente a possibilidade de se aliviar do peso que o incomoda e assim o faz por sua contratilidade, posta em ação por meio de uma extrema dilatação, que tem um período, para além do qual o útero romper-se-ia ou temeria se romper. Pois os órgãos têm temores, aversões, apetites, desejos, rejeições. Eu comi. Será que no primeiro momento da deglutição o estômago tende a empurrar os alimentos para o intestino? De modo algum. Precipitados para os intestinos, os alimentos são empurrados logo para fora? De jeito nenhum.

Toda operação animal tem seus progressos, que são regrados pela facilidade que o órgão encontrar, pela dificuldade que experimentaria caso se apressasse, por sua necessidade, pelo seu prazer ou pelo seu mal-estar.

Quanto maiores as ninhadas, menor a duração da gravidez.

O motivo de espanto não é a variedade na duração das gestações, mas sua uniformidade aproximada.

Nos uníparos, a gestação variará segundo a mesma lei. Se o filhote tem um crescimento muito grande em volume e peso, o pedículo destacar-se-á mais depressa, e a reação das partes sobre o filhote será mais rápida.

Com nove meses, a criança, com todos os seus envoltórios, é uma massa estranha ao útero e, se não cessar de ser alimentada, deve sofrer e se agitar. Ao se agitar, deve incomodar o órgão. O órgão incomodado deve agir e agirá na direção em que espera alívio, assim como os intestinos são atormentados por certos alimentos.

Quando várias causas convergem para produzir um efeito, não se pode excluir nenhuma. O parto é uma espécie de vômito. Deve fazer parte dele a dilatação extrema do útero, seu mal-estar, sua contratilidade, o aumento do peso, a posição da criança, a simpatia das partes vizinhas e conspirantes, a bexiga e o reto incomodados, duas almofadas tentando ao mesmo tempo se liberar, assim como as veias, as artérias, os ligamentos, os músculos, o estômago, o diafragma.

Função do esfíncter na mulher

Esforços da mãe comparados aos que se faz para evacuar os excrementos quando o reto está muito cheio.

A contratilidade do útero algumas vezes basta para encerrar todo o trabalho.

O âmnio, cheio d'água, entra em forma de cone no orifício; o saco se rompe, as águas lubrificam a passagem, então a criança sai como uma flecha, com a face virada para o osso sacro.

Algumas vezes os ossos do púbis se afastam. A placenta se destaca sem dificuldade do fundo do útero.

O útero se retrai de modo tão violento e súbito que prende a mão do parteiro e a placenta.

Vêm os esvaziamentos: as mamas, que haviam inchado, dois ou três dias depois do parto, em vez de um pouco de serosidade que continham, se enchem de um líquido soroso, fino, um pouco como o quilo.

Separada de sua mãe, a criança passa para seus braços, que a abraçam; ela é abraçada pela criança; o bebê está sob seus olhos, ela o segura, o cinge, ele mesmo se cinge ao seu seio, ela continua a alimentá-lo; são dois seres que procuram se reidentificar. O leite soroso purga a criança.

Por que a mãe, a criança e eu digerimos o leite da mãe e por que esse leite, transmitido das mamas para os intestinos, não é digerido? Prova da necessidade da mastigação e do trabalho do estômago.

Um dos absurdos mais espantosos que eu li é que a formação do leite é mais o efeito da conveniência moral do que da necessidade física ("Sobre a mulher", de Roussel).

A supressão do leite faz mal, assim como a supressão de qualquer outra secreção. Ele reflui para a massa do sangue, o inflama, o torna espesso; compleição débil, obstruções, febres exantematosas, abcessos, tumores, câncer.

As melhores mamas não são as maiores. São as mais sensíveis, aquelas em que os mamilos têm uma ereção mais rápida e mais longa. Essa ereção cessa com o tempo para o bebê, assim como cessa também a outra, do homem, para uma mulher; assim, são duas espécies de desmame.

Caso todos os filhotes sejam tirados de um animal carnívoro que tem muitas mamas e leite, ele se torna furioso. Deixe com ele apenas um, que basta para seu alívio, e ele fica contente. Mas as mães dos pássaros sofrem a mesma dor. Por quê?

As mamas do macho, do asno e do cavalo, situadas na proximidade da glândula, para que servem?

No progresso da incubação, eu queria que me assinalassem o momento em que a alma se introduziu no animal.

O sonho de d'Alembert e outros escritos

É uma grande tolice comparar a incubação com a gestação. Nesta, o animal e a mãe são uma coisa só. Concordo que não há nervo que vá de um ao outro. Entretanto, se uma notícia faz a mãe ter uma síncope, o que acontece com o feto? Se uma injúria a enche de cólera, o que ocorre com o feto? Se um acidente a mergulha numa melancolia duradoura, estado no qual todos os seus membros, seus órgãos, sobretudo o estômago, o diafragma, os intestinos, o coração e o cérebro são afetados, o que acontece com o feto?

Se um ligeiro acesso de febre põe toda a massa do sangue em efervescência, por que o da criança seria excetuado? A mãe tem um ataque nervoso, ao qual ela só resiste pela força. O quanto dessa ação, então, será transmitido à massa fraca, delicada, e quase informe do feto?

Um acesso de paixão produz um aborto. Sofremos quando vemos alguém sofrer; uma dor do outro age sobre nós, então como a dor da mãe não agiria sobre o feto, parte dela mesma? A visão de um doente dos pulmões afeta nosso pulmão; a alegria mesmo é contagiosa.

É certo que estranhas sensações passam da mãe para a criança, e os desejos caprichosos da mãe podem ser efeitos disso. Na doença, e mesmo na convalescência, também ocorrem essas coisas. Descartes moribundo queria comer batatas.

Negar os efeitos da imaginação das mães sobre o filho por meio de raciocínios mecânicos é esquecer que se pode matar um homem lhe fazendo cócegas na planta dos pés ou nas costelas.

Não creio nas manchas. Entretanto, Haller, depois de ter negado os efeitos da imaginação da mãe, confessa que crianças estiveram sujeitas durante toda a sua vida a convulsões ocasionadas por terrores e outras afecções violentas experimentadas pelas mães durante a gravidez, embora não haja nenhuma comunicação nervosa entre eles.

Eu não gostaria que uma mãe fosse exposta a ver, durante toda a sua gravidez, um rosto careteiro. A careta é contagiosa, nós a tomamos para nós; se a mãe a toma para si, por que a criança também não tomaria? Essa criança é, durante nove meses, parte triste e parte alegre de um sistema que sofre ou se alegra. A natureza se dobra ao hábito.

Por que o homem e por que todos os animais não seriam espécies de monstros mais ou menos duráveis? Por que a natureza, que extermina o indivíduo em poucos anos, não exterminaria a espécie no longo prazo? O universo algumas vezes parece ser uma reunião de seres monstruosos.

O que é um monstro? Um ser cuja duração é incompatível com a ordem existente. Mas a ordem geral muda sem cessar. Os vícios e virtudes da ordem precedente levaram à ordem atual, cujos vícios e virtudes levarão à ordem seguinte, sem que se possa dizer que o todo melhora ou se deteriora. Melhorar e deteriorar são termos relativos aos indivíduos de uma espécie entre eles e às diferentes espécies entre si.

A quantidade de monstros é proporcional à quantidade de órgãos e funções no homem: monstros de olhos, de orelhas, de nariz, que vivem (enquanto outros não vivem), de posições das partes, por superfetação, por defeito.

Todas as vísceras internas, desde o início do esôfago até a extremidade do canal intestinal, passando pelos pulmões, coração, estômago e baço, podem estar numa ordem inversa à ordem comum, que chamamos de ordem natural, sem consequência indesejável para todo o sistema.[8]

---

8 Em 17 de janeiro de 1605, nasceram gêmeas em Paris. Elas tinham duas cabeças, quatro braços e quatro pernas que se juntavam pelos

O sonho de d'Alembert e outros escritos

Homens, seres monstruosos, entram na classe dos animais não perfectíveis. (Examinar esses monstros órgão por órgão; monstros da imaginação, monstros do estômago, monstros da memória.)

As crianças acéfalas vivem, mas da vida da mãe. O momento de seu nascimento ou da separação da mãe é o momento de sua morte.

Touro com útero (Diógenes Laércio)

---

braços, o todo bem formado em suas partes, com pelos e unhas. Cada uma tinha as suas partes sexuais e o ânus abertos. Estavam coladas desde o meio do peito até o umbigo. Nasceram no oitavo mês.

Na dissecção, feita nas escolas de medicina, foram encontrados um coração, dois estômagos e todo o resto das partes naturais separadas por uma membrana intermediária. O fígado era muito grande, assentado ao meio, liso e contínuo por cima e por baixo dividido em quatro lobos, onde chegavam as veias umbilicais.

O coração também era muito grande, assentado no meio do peito, tendo quatro aurículas, quatro ventrículos, oito vasos, quatro veias e quatro artérias, como se a natureza quisera fazer dois corações. E embora houvesse dois ventres inferiores, havia apenas um peito, separado dos ventres inferiores por um diafragma (Diário de Henrique IV).

Uma mulher teve três crianças: um menino bem formado e duas filhas coladas uma na outra, desde o alto do pescoço até o umbigo. Monstro, mostrava de frente um único externo e uma só cavidade do peito, um único cordão umbilical, duas nádegas, quatro rins, canal intestinal duplo, um coração com duas pontas, à direita para uma e, consequentemente, à esquerda para outra. Eram como dois corações unidos e acoplados. Duas cabeças se olhavam de frente. A união começava abaixo das orelhas, nos maxilares e pela pele do pescoço; duas colunas vertebrais, dois pescoços distintos por detrás; um terceiro braço inserido entre as duas colunas vertebrais, comum às duas crianças; nesse braço, uma mão com dez dedos bem distintos, tocando-se pelos dois polegares. Esse braço é feito de dois braços que estão de tal modo unidos e incorporados que formam um só antebraço, um só braço, um só punho. É somente no microscópio que se veem as duas mãos geminadas situadas sobre um mesmo plano. Essas duas meninas nasceram vivas (Jornal de Medicina).

Heraís, depois de um ano de casamento, tornou-se homem e lhe brotou um membro viril da abertura que se acreditava ser uma vagina (Deodoro de Sicília).

Plínio viu esse fato *internúpcias*.

Há poucos exemplos de ocorrência simultânea dos principais órgãos da geração num mesmo indivíduo, embora possa ocorrer (Haller).

Ver o *Tratado dos hermafroditas*, de Gaspard Bauhin.

Há hermafroditas entre as cabras (Aristóteles). Há hermafroditas com clitóris provido de uma uretra aberta. Há hermafroditas que tinham mais ou menos partes do homem e da mulher, mas nos quais os dois sexos eram incompletos.

Terceira parte
Fenômenos do cérebro

Capítulo I
Sensação

Chama-se sensação a toda maneira de ser da alma consciente de si, produzida nela por suas próprias operações ou por uma alteração no sistema nervoso. Sentir é viver.

Quando a alteração no sistema nervoso vem dos corpos que nos rodeiam e atuam em nossos órgãos, a impressão depende do órgão afetado: o gosto, o odor, a visão, o som ou o tato.

Tato

Se a impressão é feita sobre a pele, a sensação é do tato. Não há nenhum lugar da pele que não seja sensível. Mas por que a sensação das narinas, que são pele redobrada, é tão diferente daquela da vagina ou do ânus?

A pele é um tecido denso, composto de um grande número de células unidas cujas fibras estão entrelaçadas. É extensível, contrátil e porosa. Tem suas veias e suas artérias, com uma grande quantidade de nervos que não conseguimos acompanhar até a extremidade.

Entre a pele e os músculos há o tecido celular. A pele se confunde com ele pouco a pouco ao se relaxar e, quando se afunda nos intervalos cheios de gordura, produz as "covinhas" ou reentrâncias.

Em poucas partes as fibras musculares estão situadas imediatamente sob a pele sem uma camada de gordura. Há partes em que as fibras tendinosas dos músculos se inserem na pele, como na palma das mãos e na planta dos pés.

Se tiramos a epiderme, a pele parecerá quase uniforme; tudo o que se vê nela são grãos bem pequenos.

A extremidade dos dedos mostra, além disso, grandes papilas arredondadas, situadas nas reentrâncias da epiderme. É difícil ver os nervos que aí se distribuem.

Essas papilas são feitas de vasos e nervos, interligados pelo tecido celular. Elas parecem longas e em forma de pelos nos lábios macerados. São muito visíveis na língua.

A pele e o muco de Malpighi se distribuem em reentrâncias, nos locais onde parecem perfurados. As papilas são móveis, como mostra a horripilação e o retesamento da ponta dos mamilos das mulheres.

As papilas, aplicadas ao objeto do tato, recebem a impressão sobre sua parte nervosa, que a transmite ao tronco dos nervos.

Concebo um tato tão refinado que substituiria os outros quatro sentidos. Ele seria afetado de formas diferentes pelos odores, sabores, formas e cores.

Boerhaave, em sua obra intitulada *Hyppocrates impetum faciens*, diz, sobre si mesmo, que, tendo perdido a audição, ouvia uma melodia pondo a mão sobre o instrumento.

Por que há tanta diferença entre o toque de uma pinça de metal ou de ferro e o de uma de carne, feita por dois dedos? A pinça de metal não sente, a de carne sofre. A de metal não sente cócegas, a de carne sim. A de metal não resiste à sua ruptura, a de carne sim. A pinça de metal não sente sua própria força ou fraqueza, a de carne sim; a de metal, quando quebra, não se move mais, a de carne sim; a de madeira não tinha nenhum movimento próprio antes de se quebrar, a de carne sim; a primeira estava isolada antes de sua ação e permanece isolada depois dela; a outra se associava por simpatia com outros órgãos. A primeira não vivia, a outra crescia e vivia. Em geral, no animal e em cada uma de suas partes, há vida, sensibilidade, irritação. Não há nada semelhante na matéria bruta.

Paladar

Se a impressão for feita sobre as papilas da língua, a sensação é de gosto. Se a sede do gosto é a língua, ele se enfraquece ao se aproximar da epiglote. Uma moça que tinha apenas um tubérculo na língua sentia gosto. A língua tem papilas de duas espécies: as truncadas e as em forma de franja.

O palato, as bordas da boca e a garganta ainda são órgãos do paladar.

O gosto é o último dos órgãos a se extinguir; não admira, pois, que os velhos amem a boa mesa.

Olfato

A parte exterior do órgão que discerne os odores é o nariz. O olfato opera por meio de uma membrana polposa, mole, vascular, papilar, porosa que atapeta a cavidade interna das narinas, as quais têm grande número de nervos, que são muito moles e quase nus. O muco fornecido pelas artérias as defende.

Formigamento da membrana, espirro; lágrimas descendo pelo nariz, diluição do muco.

Cornetos e cavernas dão lugar à extensão da membrana odorífera. Sino, conchas etc. Há o sino pituitário, a membrana pituitária e suas glândulas. Há cornetos espirais e membranosos nos animais com olfato aguçado e cornetos paralelos em forma de pente nos peixes.

O cão tem um olfato muito aguçado. O urso branco sente de forma ainda mais aguçada, e a foca melhor ainda do que o urso branco.

O odor serve também para discernir os alimentos sãos dos malsãos. Os animais que precisam procurar sua presa longe ou discernir seu alimento entre as plantas têm o olfato muito aguçado.

O catarro não vem do cérebro; é uma excreção útil, própria do nariz.

Audição

O órgão da audição é feito de cartilagens e ossos duros. A orelha é cartilaginosa e elástica; suas glândulas são ceruminosas.

Na orelha, deve-se distinguir o meato auditivo, o tímpano e o labirinto. O ar ondula, e os raios sonoros se reúnem no meato auditivo, no fundo desse canal; depois, a membrana oscila, e essa oscilação põe em movimento os pequenos ossos: o martelo, a bigorna e o estribo. De lá, os raios sonoros seguem para a tuba auditiva. A oscilação continua no vestíbulo, na cóclea e no labirinto, de onde vai para o cérebro.

O tímpano é como um escudo por dentro, muito esticado e muito suscetível à oscilação.

Para que sejam ouvidas, é preciso que ocorram ao menos trinta oscilações por segundo. O som mais agudo produz 7.520 oscilações. O som percorre 316 metros em um segundo. Sua velocidade aumenta com o calor. Na Guiné, sua velocidade é de 334 metros por segundo.

O eco supõe, entre o corpo sonoro e o ouvido, uma distância de 33 metros, sem a qual o som tornar-se-ia contínuo, fazendo pressão, assim como a língua de fogo faz com o olho.

Os pássaros ouvem sem a cóclea; o elefante não tem os canais semicirculares. Uma queimadura na orelha produz som. O som entra pela boca, pelas narinas e pela trompa de Eustáquio. Um grão de poeira nesse canal e deixamos de ouvir. O som se comunica com o nervo auditivo pelos dentes, pelos ossos do crânio. A lebre medrosa tem cinco voltas na cóclea. A audição é difícil de ser explicada. É a anatomia comparada que esclarecerá isso.

Por que o ar sonoro não abala a luz de uma vela se abala outra corda?

Visão

O órgão da visão é feito de humores e é propício à refração. É composto de partes delicadas, que precisam ser preservadas.

Sobrancelhas: defesa exterior, dirigindo o suor para os lados da face.

Pálpebra: cobre o globo ocular e se deita sobre a esclera, conjuntiva ou córnea, à qual se une intimamente. As pálpebras são muito sensíveis.

Cílios: expulsam o excesso de luz.

Glândulas sebáceas de Meibomius ao longo das pálpebras: fornecem sebo que unta as pálpebras e impede que a fricção seja dolorosa.

A matéria das lágrimas molha a córnea, mantém sua elasticidade e arrasta os insetos e outros pequenos corpos. Essa matéria é o produto de uma glândula; o excesso passa pelos pontos lacrimais no saco lacrimal e de lá vai para a narina, pelo canal de mesmo nome.

A órbita é o lugar gorduroso do olho.

O nervo ótico é a extensão desse órgão.

O revestimento geral do globo ocular é a membrana interna da dura-máter, separada do nervo.

O periósteo do olho é a membrana externa da dura-máter, separada do nervo.

A pia-máter cobre a parte interna da esclera, separando-se do nervo.

Retirada a substância medular da parte interna do nervo, ela continua no cérebro; entretanto, separada pelas paredes celulares, se reúne em uma papila cônica branca e achatada, penetra pelos orifícios do círculo branco da coroide, se dilata e forma a retina, a membrana mais interna do olho.

A esclera é perfurada em sua parte anterior, tendo um orifício orbicular. Em torno desse orifício se encontra uma parte mais convexa, transparente, formada de várias lâminas sensíveis, quase circulares. É a córnea, passagem da luz no fundo do olho.

A conjuntiva se afasta das pálpebras na parte anterior mais plana da esclera e se torna a córnea. A conjuntiva é unida à esclera.

A coroide começa como um círculo branco com vários furos e, terminando a substância do nervo ótico no lugar em que a retina e sua artéria central o abandonam, tornando-se mais concêntrica, ela se estende sobre a esclera e, chegando à origem da córnea transparente, se une a ela.

Essa membrana, cuja dilatação tendia a formar uma esfera, se estende em torno da córnea, formando um círculo chamado pupila. A parte anterior desse anel se chama íris. A parte posterior coberta se chama úvea.

Os humores sustentam essas túnicas. O humor vítreo concerne à retina. Na frente do corpo vítreo e atrás da úvea está o cristalino. O humor aquoso ocupa o espaço triangular curvilíneo entre a úvea e o cristalino.

Caminho dos raios de luz no olho: eles atravessam a córnea, se refratam, passam pelo humor aquoso, convergem (mas um pouco menos), se tornam quase paralelos, caem sobre o cristalino, convergem muito, saem do cristalino e continuam a convergir no humor vítreo (menos do que no cristalino, porém mais do que antes de entrar) e depois atingem a retina, onde a imagem é pintada, porém de cabeça para baixo, porque as extremidades dos raios do objeto se cruzaram.

O cristalino é móvel pela frente e por trás. Avançando para frente, ele corrige os raios divergentes; recuando para trás, corrige os raios muito convergentes.

O ponto de visão distinta dos míopes ou daqueles que têm olhos densos está entre 2 e 18 centímetros de distância do olho. O ponto dos presbiopes está entre 38 e 76 centímetros.

Medida da grandeza: objeto no alto de um ângulo do qual a córnea é a base.

A forma do olho é variável; ele se achata ou se torna esférico segundo a distância dos objetos a serem vistos.

Aqueles que enxergam de noite iluminam a si mesmos: eles têm os olhos fosfóricos.

As cobras não têm olhos.

Aqueles que não têm olhos veem pelo tato.

Artérias de Ridley inchadas mostram moscas que voam.

A duquesa de Portland perde a visão da metade dos objetos durante um intervalo bem considerável, por qualquer sensação dolorosa ou violenta.

O sr. Kleikenberg, de Haia, não podia distinguir o verde do vermelho. O filho de um escritor de Amsterdã não distingue nenhuma meia cor. Quantas experiências a serem feitas sobre esses dois indivíduos singulares!

As cores branca e preta estão entre as sensações menos variáveis da vista.

Há exemplos de homens que só veem a forma dos objetos.

Se na amaurose um olho for privado da visão e fecharmos o olho bom, a pupila fica imóvel. Se devolvemos luz a esse olho, a pupila doente se move e se contrai; efeito da simpatia.

Não creio que possa existir, na forma dos objetos, algumas desagradáveis ou agradáveis ao olho, a não ser aquelas que o fatigarem, como pequenas dobras, irregularidades, bizarrices, falta de simetria, tudo o que rompe o encadeamento natural, a lei da unidade, enfim, as que utilizam demais o órgão.

Não creio que o olho possa ser reconstituído ou ferido. O prazer e a dor estão noutro lugar. É verdade que o olho muda de forma segundo o objeto, mas penso que o prazer não está no olho. Observação particular a esse órgão e que ainda não foi feita.

O olho obscurece no medo e na tristeza, se ilumina na cólera, brilha no amor. No amor, ele fica úmido; na cólera, seco e algumas vezes sanguinolento.

Parece que passamos os dias em pequenas noites e pequenos dias. Primeiramente, anoitece todas as vezes que fechamos nossas pálpebras. E quantas vezes isso não acontece conosco? Se não percebemos todas essas pequenas noites, é porque não prestamos atenção, pois as percebemos quando ficamos atentos. Ou então é porque a impressão da luz dura em nós mais do que a duração do piscar, então não há, assim, cessação de luz. Aqui é como a língua de fogo formada na ponta do carvão ardente.

Exercemos nossos sentidos como a natureza nos deu tais sentidos e como exigem as necessidades e circunstâncias, mas não os aperfeiçoamos; não podemos aprender a ver, a cheirar, a sentir, a ouvir, a menos que nossa profissão nos force a isso.

Tudo o que pertence a uma classe numerosa de homens pertence a todos, com poucas diferenças. Alguém que nunca aprendeu música escutá-la-á como um músico se seu ouvido for exercitado. Alguém que não enxerga como um selvagem verá como ele se seu olho for exercitado.

O quanto o olho seria enganador se seu juízo não fosse sem cessar corrigido pelo tato?

Exame experimental da maneira como se produz a sensação do olho sobre uma árvore, e de como a alma tem a ideia de uma árvore

O campo do olho abarca uma parte da árvore; se o olho não reiterar a experiência, não conhecerá a árvore se a porção abarcada na segunda experiência pelo campo do olho não se ligar com a porção abarcada na primeira, de modo que uma parte do que se viu se junte a uma parte do que se vê. Ter-se-á percorrido toda a árvore, mas, por mais que se multipliquem as experiências, se elas não se ligarem, não se terá a noção precisa de uma árvore.

Para ter a noção exata das partes e do todo, é preciso que a imaginação pinte o todo no entendimento e que eu experimente a sensação como se a árvore estivesse presente. E se examinarmos bem o que se passa no entendimento quando queremos perceber a árvore inteira, procedemos, dentro de nós, como procedemos fora de nós, por campos mais ou menos extensos que se amontoam uns sobre os outros e que percorremos com uma rapidez extrema, uma rapidez tão grande que ficamos *persuadidos* de que estamos vendo internamente toda a árvore ao mesmo tempo, assim como nos persuadimos de que vimos tudo ao mesmo tempo fora de nós, o que não é verdade, nem num nem noutro caso.

É preciso começar pelo seguinte: ver um objeto, associar um som, a ele depois dizer e ouvir a palavra "árvore". Ver um objeto, abarcar um campo (o do olho) e proceder da extremidade das raízes, de campo em campo, até o cume, associando a cada parte que oferece formas bem distintas as palavras "filamentos", "raízes", "tronco", "casca", "galhos", "pedículos", "folhas", "nervuras", "flores", "frutos" e depois a palavra "árvore", que compreende o todo, seguida por essa mesma palavra repetida.

É assim que todas as sensações são compostas, e se é impossível que a sensação seja simples, é também impossível que o pensamento o seja. O pensamento se torna simples por abstração, mas essa abstração é tão rápida e tão habitual que nós não nos apercebemos dela. O que aumenta nosso erro são as palavras, que em sua maioria designam uma sensação simples.

A duração da sensação não é menos certa; é provada pelo tremor dos nervos, dos órgãos ou dos sentidos exteriores, pelo ofuscamento dos olhos afetados pelo raio, pelas lembranças acidentais no órgão da audição, pela duração do prazer e da dor. Não há melodia sem a duração da sensação dos sons, que algumas vezes se sucedem tão rapidamente.

A sensação se executa pelos nervos, pois não se poderia tocá-los sem que o sentimento não percebesse. Daí vêm a sensação simples, a agradável, a dolorosa. Pode-se morrer de uma dor extrema.

Mas nem tudo no corpo pode sentir. Há nervos por toda parte, mas eles não são tudo que há. Os ossos não sentem, nem os tendões, nem os ligamentos, nem as cápsulas.

A origem da sensação está na extremidade do nervo tocado. Não há sensação se o nervo for destruído ou danificado. A sensação vai do membro ao cérebro. Se essa comunicação não estiver livre, não haverá sensação. Além disso, é preciso que o cérebro, aonde os nervos levam a sensação, também sinta.

Quando se teve um membro que foi perdido, a sensação desse membro ia até o cérebro. Se, por alguma causa, a mesma sensação for ressuscitada, então remeteremos a sensação à sua antiga origem e sentiremos dor no membro que não existe mais.

Com frequência a dor se faz sentir num lugar diferente da parte ferida. É um efeito da ligação do nervo afetado com outro cuja origem é a mesma.

Parece que a variedade das sensações se explica muito bem pela variedade das maneiras pelas quais um mesmo nervo pode ser afetado. Como a evaporação das angélicas não é a mesma das rosas, o órgão deve ser diversamente afetado por elas, e a sensa-ção será diferente. A evaporação da rosa em botão não é a mesma da rosa aberta ou da rosa murcha; quanto mais impressões diver-sas, mais sensações diferentes. O mesmo ocorre com o quente e o frio em todos os graus. O que seria muito extraordinário, dada a variedade dos órgãos e dos corpúsculos agentes, é que as sen-sações fossem pouco variadas.

Sua diferença se deve à das impressões, e a das impressões se deve à diferença dos objetos, dos órgãos, do *sensorium commune*.

Denis Diderot

A afecção dos órgãos é mais ou menos forte, mais ou menos durável. Daí o fato de que aquilo que é dor num instante se tornar prazer num outro, de que aquilo que é prazer para mim é dor para outra pessoa. Daí o julgamento diverso sobre um espetáculo, um relato, um poema, um discurso, uma história, um romance, um quadro, uma ação.

Quando a impressão é fraca, o órgão próprio para recebê-la não a sente. Sinto que vejo, mas meu olho não sente; sinto que ouço, mas meu ouvido não ouve; e então não distingo o que vejo nem o que ouço. O mesmo ocorre em casos de afecções violentas; elas abalam a origem do cérebro, mas cada fibra oscila separadamente.

Na impressão violenta, parece que o órgão só sente como órgão do tato em geral, e não como órgão de tal tato.

Aprecia-se a força das sensações pela natureza do abalo das fibras nervosas, cujos órgãos são tecidos; se a sensação fosse tão forte na ausência como na presença dos objetos, veríamos, tocaríamos, sentiríamos sempre e ficaríamos loucos.

Se as sensações externas (que me vêm de fora) e as internas (que emanam de mim) fossem igualmente intrínsecas, tudo seria eu e eu seria tudo. Mataria com tão pouco escrúpulo quanto arranco um espinho do pé ou corto um calo que dói. Mas, felizmente, o mal de outro é apenas sonho, e existe uma grande diferença entre a dor que vejo e a que sinto.

As sensações despertadas têm o caráter de sensações produzidas, tendo a mesma duração e composição destas.

Há pessoas para as quais o signo desperta a sensação tão fortemente quanto a coisa. Conheci um homem que faríamos saltar pela janela e talvez morrer apenas lhe expondo ao signo das cócegas. Não sei se esse signo despertava nele a própria sensação das cócegas ou se era só a ameaça de uma coisa que ele temia excessivamente.

Relação da sensação com o discurso. O míope fala lentamente: uma única sensação é um quadro variado, produz um grande número de palavras.

Efeito recíproco da sensação sobre os objetos e dos objetos sobre a sensação: sou feliz, e tudo o que me rodeia fica bonito; sofro, e tudo o que me rodeia se obscurece. Mas esse fenômeno só ocorre nos prazeres ou dores moderadas.

Um pouco de bile pode atrapalhar a circulação no fígado e transformar toda cor dos objetos: elas se tornam escuras, melancólicas, desgostamos de tudo. Uma mulher arruma suas malas; prontas, as malas são atadas atrás do carro; ela diz adeus aos seus amigos; os cavalos são atrelados, um de seus filhos lhe dá a mão; ela é tomada por uma necessidade, volta ao banheiro e expele uma pedra biliar. Eis que ela fica curada e não vai mais embora.

E nossa razão, nossos gostos, nossas aversões, nossos desejos, nosso caráter, nossas ações, nossa moral, nossos vícios, nossas virtudes, nossa felicidade e nossa infelicidade, assim como a felicidade e a infelicidade dos que nos rodeiam, se sustentam sobre tais causas!

Capítulo II
Entendimento

Os objetos agem sobre os sentidos; a sensação tem uma duração no órgão. Os sentidos agem sobre o cérebro, e essa ação tem uma duração; nenhuma sensação é simples ou momentânea, pois, se me for permitido me exprimir assim, ela é um feixe. Daí nascem o pensamento e o juízo.

O julgamento distingue as ideias, o gênio as aproxima, o raciocínio as liga. Julgamento, raciocínio, formação das línguas. Tentemos explicar essas operações do entendimento.

Julgamos: é um fato. Como se faz o julgamento? Eis o que precisa ser explicado. Talvez, à primeira vista, esse fenômeno pareça muito mais fácil do que o é para os ignorantes e muito mais difícil para os homens instruídos.

Pela única razão de que toda sensação é composta, ela supõe julgamento e afirmação de várias qualidades experimentadas ao mesmo tempo. Porque são duráveis, há coexistência entre as sensações. O animal sente essa coexistência. Ora, sentir dois seres coexistentes é julgar. Eis o julgamento formado; o homem diz parede branca, e eis o julgamento pronunciado.

A coisa se torna ainda mais fácil de conceber se tenho a presença dos objetos. Aqui está uma parede. Digo "parede" e, enquanto pronuncio a palavra, eu a vejo branca e digo "branca". Ora, aquilo que ocorre na presença dos objetos ocorre do mesmo modo em sua ausência, quando a imaginação supre sua falta.

Experimentamos uma sensação; temos uma ideia; produzimos um som representativo dessa sensação ou que lembra essa ideia. Se a sensação ou ideia é representada, a memória lembra, e o órgão produz o mesmo som. Com a experiência das sensações, as ideias se multiplicam. Mas como se introduz a ligação entre as sensações, as ideias e os sons de modo a formar não um caos de sensações, de ideias e de sons isolados e disparatados, mas uma série sensata e contínua que chamamos de raciocínio? Do seguinte modo: há, na natureza, ligações entre os objetos e entre as partes de um objeto. Essa ligação é necessária. Ela acarreta uma ligação ou uma sucessão necessária de sons correspondente à sucessão necessária das coisas percebidas, sentidas, vistas, farejadas ou tocadas.

Por exemplo: vê-se uma árvore, e a palavra "árvore" é inventada. Não se vê uma árvore sem imediatamente ver também e constantemente juntos os galhos, folhas, flores, uma casca, um tronco, raízes, e eis que logo que a palavra "árvore" é inventada, outros signos também são inventados, se encadeiam e se ordenam. Daí vem uma série de sensações, ideias, palavras ligadas e regulares. Olho, cheiro um cravo, recebo um odor forte ou fraco, agradável ou desagradável, e aparece uma outra série de sensações, ideias e palavras. Daí nasce a faculdade de julgar, raciocinar e falar, embora não possamos nos ocupar de duas coisas ao mesmo tempo.

O mais extenso tipo de raciocínios, sua ligação e sua consequência são necessários em nosso entendimento, assim como são necessários o encadeamento, a ligação dos efeitos, as causas dos objetos, as qualidades dos objetos na natureza.

Quando separamos, pelo entendimento, objetos que estão encadeados na natureza, há consequências. Não se pode juntá-los sem anomalias. Se, por falta de experiência, os objetos não se encadeiam, se, por falta de memória, eles não podem se encadear, se, pela perda da memória, esses objetos se desordenam, o homem parece louco. O mesmo ocorre se a paixão se fixa sobre um único fenômeno ou se ela junta fenômenos diferentes. A criança parece louca por falta de experiência, o velho parece estúpido por falta de memória, o velho violento parece louco.

Bom juízo e bom raciocínio supõem um estado de saúde (ou privação de mal-estar e de dor), de interesse ou de paixão.

A experiência diária dos fenômenos forma a sequência das ideias, das sensações, dos raciocínios, dos sons. Mistura-se a ela uma operação própria à faculdade de imaginar. Imagine uma árvore. A imagem é una em seu entendimento. Se sua atenção se dirige a toda a imagem, sua percepção é turva, perturbada, vaga, mas é suficiente para seu raciocínio bom ou mau sobre a árvore inteira.

Os erros sobre os objetos são fáceis. Só há um meio de conhecer a verdade, o qual consiste em proceder tão somente por partes e só concluir depois de uma enumeração precisa e completa; mesmo assim, esse meio não é infalível. A verdade pode provir de tal modo à imagem total que não se possa afirmar nem negar segundo o mais rigoroso detalhe das partes.

Um efeito produzido na natureza ou em nós involuntariamente traz consigo uma longa série de ideias. A razão tem isto em comum com a loucura: seus fenômenos ocorrem tanto num estado quanto no outro, com a diferença de que o homem sensato não toma o que se passa em sua mente como cena do mundo, e o louco se engana nisso. Ele crê que aquilo que lhe parece, que ele deseja, existe realmente. A marcha do espírito é, pois, uma série de experiências.

"O que é suspender o julgamento?" É esperar a experiência.

O raciocínio se dá por identidades sucessivas: *discursus series identificationum*. A organização, a memória e a imaginação são os meios para instituir a série mais segura e mais extensa das identificações. O tempo e a perseverança substituem a prontidão.

A prontidão é a característica do gênio. Um homem pode ser inepto num estado e excelente em outro.

Se olhamos a coisa como ela é na natureza, somos filósofos.

Se formamos o objeto de uma escolha de partes dispersas, que torna a sensação mais forte na imitação do que ela seria na natureza, somos poetas.

A lógica, a retórica e a poesia são tão antigas quanto o homem.

A analogia é a comparação de coisas que foram e são para concluir coisas que serão.

Por que a continuidade da sensação não sustenta a continuidade do juízo, assim como no olho a imagem está sempre invertida? Pelo mesmo motivo que, se tocamos uma esfera com dois dedos cruzados, sentimos como se fossem duas e, continuando a experiência, logo sentimos só uma.

O sonho de d'Alembert e outros escritos

Ações interrompidas e retomadas após um longo intervalo: fenômenos a serem explicados. Não sei se já mencionei o caso deste homem que recebe, do braço da alavanca de uma prensa de uva, um golpe na cabeça. Ele fica seis semanas inconsciente e, ao final desse período, volta a si como se tivesse dormido e se vê no momento do acidente, continuando a dar ordens sobre o vinho. Sabe-se a história daquela mulher que continuou o discurso que tinha sido interrompido por um ataque de epilepsia. Como nossos espiritualistas explicam esses fatos?

Se alguma parte do cérebro é comprimida por sangue, água, um câncer, um osso ou alguma outra causa mecânica, as operações do cérebro ficam danificadas: ocorrem, então, delírios, mania, estupidez; tire a compressão e o mal cessa.

Nós nos perturbamos com movimentos giratórios, ofuscamento e espetáculos de grandes profundidades ou grandes alturas. Então todo o sistema é afetado ao mesmo tempo por uma causa comum ou pela violência de uma causa particular (*sensorium commune*).

Quando estamos com os olhos abertos e o espírito distraído, nossos sentidos não são, por conta disso, menos afetados pelos objetos, como ocorre normalmente, mas a alma, ocupada, dizem alguns metafísicos, não deixa de receber imagens e não se lembra nunca delas. Para a alma, eles acrescentam, é como se nada houvesse afetado sua visão. Não creio nisso.

Cada sentido ou órgão tem seu nervo ou sua função. Qualquer que seja a função do órgão, do princípio ou da origem de todos os nervos reunidos, em qualquer lugar em que o situemos, certamente ele tem sua função particular. Qual é ela?

O cérebro também não pensa por si mesmo, assim como os olhos e os outros sentidos não veem e não agem por si mesmos.

É preciso que o cérebro pense objetos, assim como o olho precisa de objetos para ver. Por mais que esse órgão, auxiliado pela memória, misture, confunda, combine e crie seres fantásticos, esses seres só existem esparsos.

O cérebro é um órgão como os outros. É mesmo um órgão secundário que nunca entraria em função sem a intervenção dos outros órgãos. Está sujeito a todos os problemas dos outros órgãos. É vivo ou obtuso como eles. Nos imbecis, é paralisado. Os testemunhos são sãos, o juiz é nulo.

Não se pensa sempre, não se pensa em sono profundo. Não pensamos quando somos vivamente afetados. Todas as vezes que a sensação é violenta ou que a impressão de um objeto é extrema e ficamos inteiramente tomados por ele, sentimos, não pensamos; não podemos raciocinar. Nosso entendimento não é mais do que um órgão como os outros, não tem nada de especial. Ele é sensível, e não pensante. É assim que ficamos na admiração, na ternura, na cólera, no medo, na dor, no prazer.

Não há juízo nem raciocínio quando a sensação é única. Os animais nos quais predomina um sentido sentem fortemente e raciocinam pouco. As grandes paixões são mudas. Elas nem mesmo encontram uma expressão para se mostrar.

Todas as espécies de impressões ocorrem, mas nós estamos sempre com uma. A alma está no meio dessas sensações como a de um conviva numa mesa tumultuada, que conversa com o vizinho e não escuta os outros.

Não podemos pensar, ver, ouvir, saborear, cheirar e tocar ao mesmo tempo. Só podemos experimentar com um de cada vez. Só se vê claramente um objeto por vez. A passagem é infinitamente rápida. Não prestamos atenção a ela. Cessamos de ver quando ouvimos, de escutar quando tocamos, e assim com as outras sensações. Acreditamos no contrário, mas a experiência logo mostra nosso erro.

O que menos conhecemos são os sentidos íntimos, nós mesmos, o objeto, a impressão, a representação, a atenção.

A vontade, a liberdade, a dor que protege o homem, o prazer que o corrompe, o desejo que o atormenta, a aversão, o medo, a crueldade, o terror, a coragem, o tédio, o que são todas essas coisas? Que ideia tem o homem tranquilo da cólera, e o velho do amor? Que ideia se pode ter de uma dor que não se experimentou? Que ideia permanece de uma dor quando ela já passou?

O que é a memória? O que são a imaginação, o sono, o sonho?

Capítulo III
Memória

Sou levado a crer que tudo o que vimos, conhecemos, ouvimos e percebemos, até as árvores de uma longa floresta, digo, até a disposição dos galhos, a forma das folhas e a variedade das cores, dos verdes e das luzes, até o aspecto dos grãos de areia da beira do mar, até as desigualdades da superfície das ondas, sejam agitadas por um vento leve, sejam espumosas e elevadas pelos ventos da tempestade, até a multidão de vozes humanas, gritos de animais e ruídos físicos, a melodia e a harmonia de todas as canções, de todas as peças de música, de todos os concertos que ouvimos, tudo isso existe em nós sem que saibamos.

Revejo, atualmente desperto, as florestas da Vestfália, da Prússia, da Saxônia e da Polônia que atravessei. Eu as revejo em sonho tão fortemente coloridas quanto seriam num quadro de Vernet.

O sono me levou de volta aos concertos, que são executados mais uma vez como quando eu lá estava. Após trinta anos, voltam-me as representações das peças cômicas e trágicas. São os mesmos atores, a mesma sala, nos camarotes estão os mesmos homens, as mesmas mulheres, as mesmas roupas, os mesmos barulhos de vaias ou aplausos. Um quadro de van der Meulen não me teria levado de volta a uma vista da praia de Sablons, num belo dia de verão com a grande quantidade de incidentes e pessoas reunidas como o sonho o fez após alguns anos. Todos os quadros de um salão aberto há vinte anos, eu os revi precisamente tais como via passeando na galeria. Mas acrescentemos um fato público à minha experiência, que poderia ser contestada.

Um operário, para quem o espetáculo era todo seu divertimento em dias de repouso, é acometido por uma febre ocasionada pelo sumo de uma planta venenosa que lhe havia sido administrada de modo imprudente. Então, esse homem se põe a recitar cenas inteiras de peças das quais não tinha a menor lembrança no estado de saúde em que se encontrava. E mais: ele ficou com uma infeliz disposição para fazer versos. Ele não sabe nem o primeiro verso que declamava em sua febre, mas tem a fúria de versificar.

Outro fato público: uma criança, educada até a idade de 5 anos e meio na Rússia, esquece a língua russa mas a fala em delírio, porém com um tom de criança; curada, ela volta a esquecer o russo.

Para explicar o mecanismo da memória, é preciso considerar a substância do cérebro como uma massa de cera sensível e viva, mas suscetível a todas as espécies de formas, não perdendo nenhuma das que recebeu e recebendo sem cessar novas formas que ele conserva. Eis o livro. Mas onde está o leitor? O leitor é o próprio livro. Pois esse livro é sensível, vivo, fala e se comunica por sons, por traços da ordem das sensações; e como ele lê a si mesmo? Sentindo o que ele é e manifestando isso por sons.

Ou a coisa está escrita ou não está. Se não está escrita, ignora-se. No momento em que está escrita, sabe-se. Dependendo de como estava escrita, sabia-se da coisa recentemente ou depois de muito tempo. Se a escrita se enfraquece, esquecemos; se ela se apaga, é esquecida; se ela revive, lembramos.

Para explicar o esquecimento, vejamos o que se passa em nós: fazemos esforços para nos lembrar as sílabas do som (se for uma palavra), o caráter de uma coisa (se o objeto for físico) ou a fisionomia (se for uma pessoa). Os signos ajudam muito a memória. Uma criança de 10 anos que cresceu entre ursos ficou sem memória.

Cada sentido tem seu caráter e seu cinzel. A memória constitui o eu. A consciência de si e a consciência de sua existência são diferentes. Sensações contínuas sem memória dariam uma consciência interrompida de sua existência; elas não produziriam nenhuma consciência de si.

Sem a memória, a cada sensação o ser sensível passaria do sono à vigília, nem teria tempo de confessar que existe. Experimentaria apenas uma surpresa momentânea; a cada sensação sairia do nada e recairia no nada. Mas há hábitos e movimentos que se encadeiam por meio de atos reiterados nos órgãos sensíveis e vivos. Tal movimento se produz no órgão, e daí se segue tal sensação e tal série. Outros movimentos nesse órgão ou em outros resultam em tais sensações e tais séries de sensações. O hábito liga até mesmo as sensações dos outros órgãos. Assim, a memória imensa é a ligação de tudo o que fomos num instante a tudo o que fomos no momento seguinte, estados que, ligados pelo ato, lembrarão a um homem tudo o que ele sentiu durante sua vida. Creio que todo homem tem essa memória. As conclusões são fáceis de tirar.

Lei da continuidade de estados, assim como há lei de continuidade de substância. Lei da continuidade de estados próprios do ser sensível, vivo e organizado. Essa lei se fortalece pelo ato reiterado e se enfraquece por falta de exercício, mas nunca se rompe no homem sadio; tem somente saltos, e esses saltos se ligam, ainda, por algumas qualidades: pelo lugar, pelo espaço, pela duração.

Para meditar: um fenômeno que permanece fenômeno, que indica a ausência, estado total que desaparece, diferentes estados que se misturam etc.

A memória imensa ou total é um estado de unidade completo; a memória parcial, um estado de unidade incompleto.

Memória de visão, memória do ouvido, memória do gosto, hábitos que ligam uma longa sequência de sensações, de palavras e de movimentos de órgãos sucessivos e encadeados. A prova é que aqueles cujas ocupações são interrompidas muito frequentemente e que passam rapidamente de um objeto a outro perdem a memória.

Impressões que se fazem em nós pelos olhos sem que tenhamos conhecimento, em seguida reminiscência no sonho ou na febre.

Os olhos fechados nos lembram uma longa sucessão de cores; os ouvidos, uma longa sucessão de sons. Esse despertar pode acontecer por si mesmo, apenas pelo movimento do órgão, que se dispõe espontaneamente como se tivesse sido afetado pela presença do objeto. Se há alguma ordem nesse despertar das sensações, o sonho se parece com a vigília se estamos dormindo; há memória fiel se estamos acordados.

Assim, a memória pode ser considerada um encadeamento fiel de sensações, que despertam sucessivamente como foram recebidas. Propriedade do órgão.

Destrói-se a memória daqueles que a têm rompendo o fio entre as sensações por meio de sensações desordenadas.

O órgão da memória me parece sempre passivo. Ele, em si mesmo, não me faz lembrar de nada. É necessária uma causa que o ative.

Memórias rápidas, lentas, felizes ou fiéis, infiéis, com ligação entre ideias, sem ligação de ideias como sons puros de uma língua desconhecida e sons puros de uma língua conhecida são efeitos de movimentos autômatos.

Se prestarmos bastante atenção à representação de uma paisagem que vimos, trata-se de um fenômeno instantâneo, tão surpreendente quanto a lembrança sucessiva de palavras que compõem uma longa obra que se leu uma vez.

Tem-se a memória mais durável e mais fiel das coisas que nos afetaram mais fortemente do que das outras.

A memória varia com a idade. O cérebro endurece, e a memória se apaga.

As crianças aprendem rápido e não retêm; os velhos se lembram do passado, esquecendo o presente.

Trinta e seis mil nomes repetidos pelo jovem da Córsega na ordem em que ele tinha ouvido uma só vez. Esse fato explicaria como Cardano pôde saber o grego de um dia para o outro e se levantar com esse conhecimento.

Pascal não esqueceu nada do que tinha lido ou pensado desde a idade da razão. Ouvi várias pessoas dizerem que nunca tinham esquecido nada do que haviam sabido.

Há fenômenos da memória que conduzem à estupidez ou à loucura.

Se mostrássemos a uma criança perpetuamente objetos novos, ela teria visto e ouvido tudo e tornar-se-ia imbecil.

Um meio técnico de suprimir a memória é ler um dicionário ou mudar continuamente o objeto de atenção.

Os microcéfalos normalmente têm pouca memória, pouca perspicácia, pouca vivacidade. É efeito da compressão das fibras brancas, princípio dos nervos.

Doce ao gosto, agradável ao olfato, bom para comer; isso se encadeia na memória.

O império da memória sobre a razão nunca foi bem examinado.

A memória é uma fonte de vícios e virtudes. Ela é acompanhada de prazer ou de dor. Um som de voz, a presença de um objeto, um certo lugar, e eis um objeto – que digo eu, um longo intervalo de minha vida – que é lembrado. Eis que mergulho no prazer, no remorso ou na aflição. Esse império se exerce seja no abandono de si, seja no meio da distração.

A memória é a fonte da imaginação, da sagacidade, do gênio? A variedade da memória produz toda a variedade dos espíritos? Por mais que vejamos, escutemos, cheiremos e toquemos, se não retivermos nada, recebemos em vão.

Capítulo IV
Imaginação

É a faculdade de pintar objetos ausentes como se eles estivessem presentes, de tomar emprestadas dos objetos sensíveis imagens que servem de comparação, de associar a uma palavra abstrata um corpo, eis a ideia que tenho da imaginação.

A memória é de signos, a imaginação é de objetos. A memória é quase palavra sem imagem; um músico permanece músico após perder a memória das notas.

O sonho de d'Alembert e outros escritos

A imaginação ressuscita no homem vozes, sons, todos os acidentes da natureza; as imagens se tornam ocasiões de se perder. O homem de imaginação passeia em sua cabeça como um curioso num palácio, onde seus passos são a cada vez desviados por objetos interessantes. Ele vai, volta, não sai de lá.

A imaginação é a imagem da infância que é atraída por tudo, sem regra. Ela é o olho interior e a medida das imaginações é relativa à medida da vista. Os cegos têm imaginação porque o defeito está apenas na retina.

Haveria um meio de medir as imaginações por desenhos de um mesmo objeto executados por dois desenhistas diferentes, mas com igual habilidade. Cada um deles faria um modelo diferente, segundo seu olho interior (ou sua imaginação) e seu olho externo. Os desenhos serão como dois órgãos. O leitor sabe desenhar, leu o tratado dos insetos de Réaumur; ler-lhe-ei a descrição da asa do escaravelho. Conhece o animal inteiro. Só exijo uma coisa: me apresente em seu desenho, de uma maneira visível, distinta e sensível, as partes detalhadas, à medida que farei a leitura.

Aquele que tem os olhos microscópicos terá também a imaginação microscópica. Com ideias muito precisas de cada parte, ele bem poderia ter ideias muito precárias do todo.

Daí as diferenças de olhos, de imaginação e de espíritos, separadas por uma barreira insuperável. O conjunto nunca ficará claro na cabeça de uns, outros terão apenas noções pouco seguras das pequenas partes. Retomemos o exemplo da árvore. No momento em que se passa de uma visão geral do todo ao detalhe das partes, onde a imaginação se fixa sobre a folha, deixa-se de ver a árvore e se vê menos claramente a folha inteira do que seu pedículo, sua borda dentada, sua nervura. Quanto menor a parte, mais distinta a percepção, até um certo limite, porque se

273

a atenção se fixa sobre uma parte muito pequena, a imaginação vivencia a mesma fadiga que o olho.

Uma palavra sobre as formas vagas e indecisas para o olho. Por exemplo: vejo no mar somente um ponto nebuloso que não me diz nada, mas esse ponto é um navio para aquele que o observou com frequência, e talvez um navio bem distinto. Como isso é possível? De início, ele era um ponto nebuloso para o selvagem, assim como o era para mim. Mas esse ponto nebuloso, de tanto se tornar, para o selvagem, um sinal característico de um navio, realmente se tornou um navio, que ele vê distintamente em sua imaginação. É sempre um ponto nebuloso, mas que desperta a imagem de um navio. Esse ponto é como uma palavra, a palavra "árvore", que é apenas um som, mas que me faz lembrar uma árvore que vejo.

A imaginação dispõe de sentidos, de olho, ao mostrar objetos onde eles não estão. Dispõe de gosto, de tato, de ouvido. Se creio ouvir um som, eu o ouço; se creio ver um objeto, eu o vejo.

O olho e o ouvido são, então, afetados como se eu visse ou ouvisse? Creio que sim. Ou os órgãos estão em repouso e tudo se passa no entendimento? Essa questão me parece difícil de resolver.

Pela aplicação um pouco forte, a imaginação cria uma realidade ao longe, sem sonhar. É assim que uma criança fez um colégio inteiro ver uma serpente no teto.

"No sonho, são os sentidos que dispõem da imaginação, pela simpatia dos órgãos e pela simpatia dos objetos."

Se prestarmos bastante atenção, veremos que esses quadros parecem estar fora de nós a uma distância mais ou menos grande. Descobriremos que vemos esses quadros imaginários precisamente como vemos os quadros reais com nossos olhos, com uma sensação forte de suas partes e uma sensação menor do todo e do conjunto.

Descobriremos, ainda, que as imagens despertadas no cérebro pela agitação dos órgãos são tão ou mais fortes do que aquelas despertadas pela agitação do próprio cérebro. Talvez ele seja mais pintor quando é passivo do que quando é ativo. Pode-se seguir minha hipótese.

O sonho ascendente é mais vivo do que o sonho descendente.

Se o encadeamento das sensações e dos movimentos dos órgãos é vivo e rápido, a imaginação e a memória são fiéis. Se o encadeamento se rompe, a memória e a imaginação são infiéis.

Como tudo é ligado no entendimento, se as sensações e os movimentos dos órgãos se dirigem para o objeto, há confusão entre memória e imaginação. O homem que está falando interrompe sua fala por causa de uma sensação e um encadeamento de movimentos orgânicos de um lado; ele não sabe mais onde está, é preciso que seus ouvintes o lembrem. Se essa ordem de sensações e movimentos orgânicos se perturba a cada instante, há distração, primeiro grau da loucura.

Não há imaginação sem memória, mas há memória sem imaginação.

Há diferença entre quem escreve, fala ou pensa com a imaginação e quem escreve, fala ou pensa de memória. Quando um homem de memória escreve ou fala como um homem de imaginação, ele é bom ou mau copista.

Fala-se como se sente.

Diz-se que a imaginação mente, mas é porque as pessoas de imaginação são mais raras do que as de memória. Torne raras as pessoas de memória e comuns as de imaginação e elas serão as primeiras que mentirão.

Os homens sem imaginação são duros, cegos de alma, assim como os cegos são cegos do corpo.

Denis Diderot

É possível que a imaginação nos dê uma felicidade maior do que o gozo. Um amante sem imaginação deseja sua amante, mas não a vê. Um amante com imaginação a vê, a escuta, fala com ela. Ela lhe responde, e nele ocorre toda a cena de volúpias que espera de sua ternura e sua complacência. A imaginação põe em cena tudo o que pode ser, mas que só encontramos raramente.

A imaginação é a fonte da felicidade que não existe e o veneno da felicidade que se segue. É uma faculdade que exagera e engana, razão pela qual os prazeres inesperados afetam mais do que os prazeres preparados. A imaginação não teve tempo de estragá-los por meio de promessas enganosas.

Um infeliz, inocente ou culpado, é preso como suspeito de um crime. Examina-se seu caso. Pensa-se em mandá-lo para casa, para mais informações. A justiça, na partilha de votos, tende a interpretar o caso de maneira favorável a ele. Chega um conselheiro, a quem se expõe o caso, e que opina que o preso deve ser mandado para tortura. O infeliz é, então, torturado, desarticulado, quebrado, sem que pudessem lhe arrancar uma queixa, um suspiro, uma palavra. O carrasco dizia aos juízes que esse homem era feiticeiro; ele não era nem mais feiticeiro nem mais insensível que qualquer outro. Mas a que se devia, então, essa constância na dor, da qual não se conheciam exemplos? Adivinhe se puder. Era um camponês; ele esperava um suplício preliminar que iria sofrer; tinha desenhado uma forca em um dos seus tamancos e, enquanto o torturavam, fixava os olhos no desenho. Que importa se a imagem esteja gravada no tamanco ou no cérebro? Só sabemos por exemplos tirados da história até onde se pode subjugar um homem pela força das imagens, das ideias, da honra, da vergonha, do fanatismo, dos preconceitos.

O que não pode produzir a exaltação da alma?

Um preceptor de pajens da corte de Osnabrück, tal como Scévola, pôs seu braço no fogo, disposto a perdê-lo, para mostrar a força da alma sobre o corpo (*Ensaio de Teodiceia*). Os huronianos, os iroqueses, os galibis.

Há homens que imaginaram que eram animais, lobos, serpentes. Fenômenos a serem explicados.

A memória move menos a vontade dos homens do que a imaginação. A memória é loquaz, metódica e monótona. A imaginação, também abundante, é irregular e variada. Algumas vezes ela se contém, mas parte bruscamente. A memória parte imediata mas tranquilamente.

A imaginação é um colorista; a memória é um pintor fiel. A imaginação agita mais o orador e o ouvinte do que a memória. Algumas vezes a memória imita a imaginação.

Capítulo V
Sono

O sono é um torpor que algumas vezes suspende toda a massa da teia e que passa da origem do feixe aos filetes ou dos filetes à origem do feixe. O sono é perfeito quando o torpor é geral; é interrompido, perturbado e agitado quando o torpor dura em certas partes e cessa em outras.

A insônia é um vício da origem do cérebro. Na insônia, há representação involuntária de um ou vários objetos.

No estado de sono, o animal não sente, não se move e não pensa, mas vive. Ou então, se ele pensa, sente e age, não é a presença dos objetos que o move, mas o movimento espontâneo dos órgãos internos que dispõe dele involuntariamente.

Na vigília, é a presença dos objetos que move o animal; ou ele age voluntariamente ou fica desperto como se dormisse.

Certamente acontece com um homem desperto de sonhar como se estivesse adormecido. Tal é seu estado quando se abandona à ação dos órgãos internos.

Saber que se está lá e sonhar que se está lá são duas coisas muito diferentes.

O homem que sonha não sabe nada. Crê que está lá e de fato está, mas poderia ter a mesma crença estando em outro lugar. O homem desperto sabe onde está. Se ele se perde numa floresta, sabe que está numa floresta e que está perdido, e isso é sempre verdade.

O amante que pensa em sua amada, fenômenos que se seguem: o vingativo que pensa em seu inimigo, fenômenos que se seguem; esses fenômenos estabelecem claramente a ação do entendimento sobre os órgãos, o movimento dos órgãos e sua ação sobre o entendimento. Essa ação e essa reação mostram uma conformidade entre a vigília e o sono.

O sono nasce do cansaço, da doença ou do hábito. É preciso fazer entrar aí também a vontade particular dos órgãos, do estômago, por exemplo, vontade à qual os outros órgãos se sujeitam por hábito.

Nós chamamos o sono fechando os olhos. A noite ou a privação de luz traz o sono. O sol reaparece e tudo desperta. A noite é o tempo do sono para o homem e para os animais. Ela se faz no entendimento, assim como na natureza.

As funções intelectuais são suspensas durante o sono, mas não as vitais.

O sono é longo e profundo na infância e na juventude, é curto e interrompido na velhice. O dia se prolonga à medida que a vida se abrevia.

Os órgãos, diversamente cansados, são como viajantes que se separam; um ainda anda enquanto outro, extenuado, interrompe seu caminho; de lá vem esta sucessão de imagens, sons, gostos, sensações fragmentadas na origem do feixe ou no *sensorium commune*.

Sonho: ação e reação das fibras umas sobre as outras.

O sonho é ascendente ou descendente: sobe dos filetes à origem ou desce da origem aos filetes. Se o órgão destinado ao ato venéreo se agita, a imagem de uma mulher será despertada no cérebro. Se essa imagem é despertada no cérebro, o órgão destinado ao gozo se agita.

Sonâmbulo: (explicar como a coisa se dá neles, hábito dos órgãos).

O sonho incoerente vem do movimento tumultuado dos filamentos: um faz ouvir um discurso, outro excita um desejo, um terceiro suscita uma imagem. É a conversa entre várias pessoas que falam ao mesmo tempo sobre diferentes assuntos, tal como num jogo no qual se escreve o começo da frase, outra pessoa a continua, e assim sucessivamente.

Os sonhos das pessoas jovens, no estado de inocência, vêm da extremidade dos filamentos, que levam ao surgimento de desejos obscuros, inquietações vagas, uma melancolia cuja causa ignoram; elas não sabem o que querem por falta de experiência. Consideram esse estado como uma inspiração, gosto pela solidão, pelo isolamento, pela vida monástica.

Há muita afinidade entre o sonho, o delírio e a loucura. Aquele que persistisse num dos primeiros ficaria louco.

Delírio racional e sonho contínuo são a mesma coisa. A diferença está apenas na causa e na duração. A passagem da vigília ao sono é sempre um pequeno delírio.

Ao sair de um sono profundo ou de uma forte meditação, não sabemos quem somos nem onde estamos. A lembrança das coisas passadas nos devolve a nós mesmos.

De onde nasce o despertar natural? Das fibrilas que se agitam por si mesmas, por necessidade, por sensibilidade, por bem-estar e por mal-estar e vivem: por hábito, despertar sempre à mesma hora.

O bocejo alivia os pulmões; é ocasionado por [...].

Capítulo VI
Vontade

A vontade não é menos mecânica do que o entendimento. A volição precede a ação das fibras musculares. Mas ela segue a sensação. São duas funções do cérebro; são corporais.

A vontade é o efeito de uma causa que a move e a determina. Um ato de vontade sem causa é uma quimera. Nada se faz por salto na natureza; tudo nela está ligado. O animal, o homem, tudo deve estar submetido a essa lei geral.

A dor, o prazer, a sensibilidade, as paixões, o bem-estar ou o mal-estar, as necessidades, os apetites, as sensações externas e internas, o hábito, a imaginação, o instinto, ação própria dos órgãos comandam a máquina e a comandam involuntariamente. O que de fato é a vontade, abstração feita de todas essas causas? Nada.

"Quero" é apenas uma palavra. Examinando-a bem, encontramos tão somente impulsão, consciência e assentimento: impulsão involuntária, consciência ou asseidade, assentimento ou atração sentida.

Reflito e ando: o primeiro passo é uma ação voluntária, mas os outros ocorrem sem que pensemos neles. Quero socorrer e vou; aqui há apenas uma ação de minha vontade, a de prestar socorro. Os outros movimentos dos braços, do corpo, das mãos e da voz são resultado da simpatia entre os membros ou do hábito. A vontade certamente não toma parte nisso.

Ação voluntária, ação involuntária. Aquela que chamamos voluntária não o é mais do que a outra; só a causa é que recua um grau. Na ação voluntária, o cérebro está em ação; na involuntária, o cérebro é passivo, e o resto age. Eis toda a diferença. Expliquemos claramente o que há de verdade na distinção entre movimentos voluntários e involuntários.

Se há liberdade, é só para o ignorante. Se entre duas coisas a serem feitas não se tem nenhum motivo de preferência, é então que se faz o que se quer, que se quer sem causa. Esse homem é abstrato, e não o homem real.

Dois filósofos discutem, sem se entender, a respeito da liberdade do homem, por exemplo. Um diz: o homem é livre, eu o sinto. O outro diz: o homem não é livre, eu o sinto. O primeiro fala do homem abstrato, do homem que não é movido por nenhum motivo, do homem que só existe no sono ou em seu entendimento. O outro fala do homem real, agindo, ocupado e atuado pelo movimento.

História experimental deste último: eu o sigo, o examino; era um geômetra. Ele acorda e, ao abrir os olhos, se volta para a solução do problema que o ocupava na véspera. Pega seu roupão, se veste sem saber o que está fazendo; põe-se à mesa, pega sua régua e seu compasso, traça linhas; escreve equações, combina e calcula sem saber o que faz. Seu relógio toca; ele olha que horas são, se apressa em escrever várias cartas que devem ir para o correio nesse dia mesmo. Escritas as cartas, se veste, sai, vai almoçar na casa de seu amigo. A rua onde mora esse amigo está cheia de pedras; ele serpenteia entre as pedras e para. Lembra que as cartas ficaram sobre sua mesa, abertas, sem selos e sem despachar. Volta, então, acende sua vela de cera, sela as cartas e as leva ao correio. Do correio, ele retorna à casa onde se propõe a almoçar; entra e se vê no meio de uma sociedade de filósofos dos quais é amigo. Ali se fala da liberdade, e ele defende, exaltado, que o homem é livre. Eu o deixo falar, mas, no fim do dia, eu o trago para um canto e lhe peço contas de suas ações. Ele não sabe nada, nada do que fez, e vejo que a máquina pura, simples e passiva aos diferentes motivos que o moveram, longe de ter sido livre, não produziu um só ato deliberado de sua vontade. Ele pensou e sentiu, mas não agiu mais livremente do que um corpo inerte ou um autômato de madeira que tivesse executado as mesmas coisas que ele.

Diz-se que o desejo nasce da vontade; é o contrário; é do desejo que nasce a vontade. O desejo é filho da organização; a felicidade e a infelicidade são filhas do bem-estar e do mal-estar. Queremos ser felizes.

Capítulo VII
Paixões

Existe apenas uma paixão, a de ser feliz. Ela adquire diferentes nomes, dependendo de seus objetos. É vício e virtude, dependendo da violência, dos meios e dos efeitos.

O órgão é um animal sujeito ao bem-estar que procura e ao mal-estar do qual quer se livrar.

O interesse nasce, em cada órgão, de sua posição, de sua construção, de suas funções. O homem, reduzido a um sentido, ficaria louco. Só sobraria a sensibilidade, qualidade cega da molécula viva; nada é tão louco como ela. O homem sábio é apenas um composto de moléculas loucas.

Diferença entre o todo e o órgão: o todo prevê e o órgão não. O todo se experimenta, o órgão não se experimenta. O todo evita o mal, o órgão não, apenas o sente e tenta se livrar dele.

Por que somos mais suscetíveis (ou mais sensíveis) à dor do que ao prazer? É que a dor agita os filamentos do feixe de uma maneira violenta e destrutiva, e o prazer, ao contrário, não os estira em todas as direções até feri-los, ou, quando isso acontece, o prazer se transforma em dor. Nem a dor corporal nem a dor física são paixões.

Não duvido de que cada paixão tenha uma espécie de pulso próprio, assim como cada órgão e cada doença.

Cada paixão tem sua ação própria. Essa ação se executa por meio de movimentos do corpo. O furor inflama os olhos, fecha os punhos e dentes, arredonda as pálpebras. A altivez eleva a cabeça, a gravidade a fortalece.

Todas as paixões afetam os olhos, a fronte, os lábios, a língua, os órgãos da voz, os braços, as pernas, a postura, a cor do rosto, as glândulas salivares, o coração, o pulmão, o estômago, as artérias e veias, todo o sistema nervoso, tremores, calor.

A correspondência entre as paixões e o movimento dos órgãos pode ser observada no homem e nos animais. É a realidade profunda para o imitador da natureza. É essa correspondência que é preciso deduzir dos olhos ternos do amante apaixonado, da ereção, e talvez do aumento de força em todos os instantes da paixão, no terror, na febre. Nada mostra tanto a conspiração entre os órgãos do que aquilo que acontece na paixão, tal como o amor, a cólera ou a admiração.

Denis Diderot

Da ligação das paixões com os órgãos nasce a voz ou o grito e algumas vezes o silêncio. Grandes paixões são mudas. Há homens que ficaram mudos durante vários anos após um acesso de cólera. Se a dor ataca uma criança chinesa ou europeia, é o mesmo instrumento, a mesma corda, o mesmo harpista: por que o grito seria diferente? As interjeições são as mesmas em todas as línguas. É assim que um som se liga necessariamente com a sensação; a boa música é bem vizinha da língua primitiva.

As exclamações e as interjeições pertencem a todas as sensações fortes e súbitas. Elas pertencem também às paixões, mas cada paixão tem seu grito e seu silêncio. As metáforas das paixões vêm do fato de que ignoramos verdadeiramente a natureza do mal e que partimos dessa ignorância para exagerar, para excitar a compaixão. Só se exagera uma ferida quando ela está curada ou escondida. Quando a vemos, isso não acontece mais, mas exageramos sua dor.

Toda paixão começa de modo diverso, mas não há nenhuma que não possa acabar no delírio ou na perturbação de um órgão que põe em movimento todos os outros. O olho se obscurece, o ouvido tilinta.

A paixão varia, o delírio é sempre o mesmo. O delírio do amor é o mesmo do delírio da cólera. Ninguém falou dessa identidade do delírio. Ela mostra bem, entretanto, que há muitos objetos da paixão, mas poucas paixões ou poucos órgãos das paixões.

Nos acessos de paixões violentas, as partes se aproximam, se encurtam, se tornam densas como pedra. Por pouco que dure esse estado, ele é seguido de um grande cansaço. Os violentos acessos de paixão podem corromper os licores. Prova disso é o homem do qual se fala nas *Miscelâneas curiosas da natureza*, do ano de 1706, que, num acesso de cólera, se mordeu e foi acometido pela doença da raiva.

Ficamos vermelhos ou empalidecemos na cólera segundo os movimentos do coração, que podem se acelerar ou relaxar. Se a constrição começa na extremidade dos vasos e se estende para o coração e para os pulmões, a cólera é pálida. Se, ao contrário, a constrição começa na origem dos grandes vasos, a cólera é vermelha.

Há febre nas paixões, assim como a febre física. Ambas se manifestam no pulso.

Creio que as paixões têm também suas crises. As que não experimentam crises são crônicas ou habituais. As crises das paixões se dão por erupções, diarreias, suores, desmaios, lágrimas, calafrio, tremores, transpiração: relação entre doenças reais e doenças das paixões, sejam tristes, sejam alegres.[9] Essas crises

---

9 Uma mulher, com ciúme de seu marido e de sua camareira, cai num estado deplorável de corpo e de espírito. Ela estava no banho quando vieram lhe contar que seu marido tinha morrido. Ela pergunta: "É verdade?". "Verdade mesmo", lhe respondem. E eis que ela fica curada.
Um jovem desesperado por não poder obter o objeto de sua paixão se dá um tiro de revólver na cabeça. Ele não morreu, mas o ferimento o deixou louco. Durante a sua doença, seus pais se lembraram de chamar sua amada e apresentá-la a ele. Ele levanta os olhos, a vê e grita: "Ah, senhorita! É você!". E fica curado.
Um oficial francês perde uma freira enfermeira que havia cuidado dele e pela qual se apaixonara. Seus amigos descobrem uma cortesã que se parecia muito com a freira. Convidam seu camarada para jantar. No final da refeição, fazem entrar a cortesã, disfarçada de enfermeira. O oficial olha para ela e grita: "Ah, meus amigos, eu vejo em dobro, estou ficando louco!". Em seguida cai sobre a poltrona e morre.
O cavaleiro de Louville é atacado pela apoplexia. Chamam-no, gritam e não conseguem tirar dele uma palavra. Maupertuis, presente nesta cena, diz: "Aposto que o faço falar". Logo se aproxima do ouvido do

são boas ou más, assim como nas doenças. Elas aumentam ou diminuem o mal.

Na mesma paixão se vê uma sucessão de paixões distintas. O amante em cólera não ama mais. O amante ciumento não ama mais; entretanto, ama sempre. O amante cansado não ama mais, mas ama sempre. Mesma paixão, diferentes movimentos. Se uma dessas paixões que se sucedem vier a durar, o amor se extingue.

Estabelece-se uma necessidade de causas e efeitos, e uma vez pressuposta essa necessidade, os defeitos essenciais à produção do belo efeito deixam de ser defeitos. O adubo perde sua qualidade repugnante, considerado como princípio da fecundidade da terra. A necessidade transforma em beleza a papada de certos povos dos Alpes e dá importância às matinas dos monges.

Em toda paixão há a visão do objeto, a necessidade que nasce de órgãos movidos, desejo, desejo involuntário, algumas vezes permanente.

---

moribundo e grita: "Senhor cavaleiro, doze vezes doze?". O cavaleiro responde: "Cento e quarenta e quatro". E foi a única coisa que ele disse. Um homem tinha uma esposa que sofria de vapores. Essa mulher o amava perdidamente. Veio-me à cabeça me servir dessa paixão para criar um vivo interesse nela, pois, nesse gênero de doença, eis aí toda a dificuldade. Todo vaporoso se cura se quiser. Mas a questão é fazê--lo querer e empregar esse interesse para a cura. Aconselhei ao marido que simulasse ter a doença da mulher. E eis que ela esquece seus vapores para se ocupar dos de seu marido: leva-o para passear, o faz andar a cavalo e ela mesma cavalga, o faz trabalhar e ela mesma trabalha, se entregar aos divertimentos da sociedade e ela se diverte, perder seus vapores simulados e ela perde os reais. Recomendei ao marido que fingisse uma recaída de tempos em tempos e o proibi de revelar à mulher o nosso segredo. Com isso, seus vapores nunca voltaram, a não ser quando a mulher é ameaçada pelos seus.

O sonho de d'Alembert e outros escritos

Há causas que agem sobre nós tanto interna quanto externamente.

A presença do bem alegra, o desejo do bem dá o amor. A espera do bem produz a esperança. A presença do mal dá tristeza e terror; a consequência do mal dá ódio; a espera do mal dá medo. O medo é do mal que virá, o terror é do mal presente.

Há uma série de efeitos das paixões que se encadeiam e se seguem no corpo cuja origem está na presença do objeto, na memória da palavra ou na imaginação. Primeiro, choque; o resto se segue.

Os exemplos de aversão são inúmeros. Cai-se de fraqueza à vista de uma aranha. Fica-se louco com o barulho das asas de um morcego. Jacques I tremia à vista de uma espada nua. Germânico tinha horror de ver e ouvir um galo. O marechal d'Albret desmaiava quando via um filhote de javali.

O amor e a aversão parecem produzir efeitos contrários nos órgãos. O amor lança o homem para fora, a aversão o faz se retirar para dentro de si. Deitamos no leito daquela que amamos; nós a levamos para o nosso; estamos sobre um trono; eis os soldados; os comandamos. Daí vêm o delírio e o êxtase; fica-se no céu e se vê tudo.

O desejo estende as dimensões do corpo. A aversão as diminui. O desejo é inoportuno, ele solicita, é impaciente. Limitado no animal, é imenso no homem, cresce em razão direta da importância real ou ideal do objeto e inversa dos obstáculos, e algumas vezes em razão composta dos dois segundo o caráter. Então, o obstáculo irrita duas forças conspirantes; a proibição irrita igualmente, pois ela superestima a coisa e comanda um ser livre.

Há feiuras que causam não somente aversão, mas também ódio e horror. Isso se deve às fisionomias e às paixões que elas manifestam exteriormente.

Denis Diderot

Prazer e dor de reminiscência. Paixão de reminiscência. Estas últimas, algumas vezes, produziram efeitos no longo prazo, inspiraram projetos, levaram a procedimentos que elas não haviam ocasionado no momento em que tinham sido excitadas, o que levaria a crer que a memória de uma injúria tem mais efeito do que uma injúria e que o ressentimento é mais perigoso do que a cólera.

A cólera se agrava pela memória para além do seu efeito no momento em que a experimentamos. Persuadimo-nos de que não ficamos suficientemente zangados e nos zangamos mais ainda. Normalmente, a cólera se extingue com seu objeto.

O amor é mais difícil de explicar do que a fome, pois o fruto não experimenta o desejo de ser comido.

Comparar a ação dos nervos ao furor do apetite, da fome, da sede e das outras paixões; explicar o efeito do objeto de uma paixão e de um temor sobre o entendimento; algumas vezes, ele tira tanta força quanto dá.

Creio que as ilusões do amor vêm da arbitrariedade das formas da beleza. Quanto mais determinadas as ideias de beleza, menos fortes essas ilusões. Um pintor é menos sujeito a elas do que nós.

Associação falsa e caprichosa entre a ideia de prazer e a ideia de beleza. Sou muito feliz nos braços desta mulher; logo, ela é bela; logo, é preciso ter os olhos como os dela e a boca como a dela para ficar tão feliz. Sofisma do prazer. Raciocinamos sobre seus defeitos como raciocinamos sobre um grande homem: se não tivesse tal defeito, não seria esse gênio.

Dê à coisa que você faz toda utilidade da qual ela é suscetível ou toda a sua bondade. Faça de tal modo que o efeito útil seja produzido da maneira mais simples e se certifique de que alcançará ao mesmo tempo a graça e a bondade; essa regra me parece não ter exceção.

O desgosto é a passagem da indiferença ou do desejo à aversão, ocasionada por algumas más qualidades ignoradas no início e em seguida reconhecidas.

A alegria é falante, companheira da confiança, da indiscrição, da indulgência e da credulidade. Familiar, ela abarca todo mundo; benfeitora, ela é liberal; ela tem corpulência e saúde.

A esperança, espera do bem, é inquieta. A imaginação aumenta ou enfraquece a esperança. Ela a aumenta no homem forte e a diminui no homem fraco; é oscilatória, constante, impaciente, crédula. Suspira como o desejo. A esperança moderada é a confiança; a presunção é a confiança imoderada.

A ousadia é a consciência de uma força ou de uma habilidade que faz desafiar o perigo. Ela ataca com a cabeça baixa, corre e muda de posição. O temor foge, a ousadia vai na frente.

A vergonha é uma espécie de medo, assim como o respeito. A apreensão é um medo fraco.

A confiança é a consciência de estar seguro; a esperança nos meios, e a resolução, são efeitos da confiança.

O medo com surpresa espanta e faz fugir; tem-se medo do diabo e se teme Deus.

A consternação é efeito do terror.

O desespero é a certeza de que não se pode obter um bem violentamente desejado ou evitar um mal violentamente temido. Ele é acompanhado de toda espécie de desprezo; pode seguir qualquer paixão.

A coragem suporta, espera, se defende e não ataca; é possível abalá-la. O valor é a coragem do militar; a bravura é a ostentação do valor: ela pode ser verdadeira ou falsa.

Força do corpo, proporcional aos obstáculos físicos que ele pode superar; força do espírito, proporcional aos obstáculos morais que ele pode superar. Ciências: força da alma. A força da alma, proporcional aos perigos e combates, segundo a natureza, é coragem ou intrepidez.

A paciência, pouca sensibilidade com muita solidez.

A constância é a medida da duração dos vícios e das virtudes. A constância passiva resiste e suporta sem se desmentir. A paciência resiste e suporta, mas se desmente. A constância fica no seu lugar, é uma firmeza que dura. A firmeza é a consciência do que se pode suportar sem ruptura, sem destruição.

O ódio é a cólera contínua. No ódio de si mesmo, castiga a si próprio. A cólera se mostra, o ódio algumas vezes se esconde.

A teimosia é uma resistência sem considerar a duração.

O ciúme é uma espécie de ódio passageiro ou constante acompanhado de medo de perder o que se tem.

A inveja, outra espécie de ódio, acompanhada do desejo de tirar do outro o que ele possui. A inveja se lança, o ciúme se retira.

A malevolência é efeito do ódio, do ciúme, do temor.

O ressentimento é esse movimento penoso mais ou menos violento que é excitado em nós pela ofensa que nos foi feita e que nos leva à vingança. A magnanimidade perdoa a injúria.

A vingança é efeito da cólera e a reparação é efeito da injúria.

A indignação nasce da opinião de que não se merece a injúria e que não se devia esperá-la.

O desdém nasce da alta opinião que se tem de si mesmo e da má opinião que se tem do defensor.

O despeito nasce da vingança frustrada.

O horror é o extremo da aversão. Se a ele se junta algum sentimento religioso, tem-se a execração; se a ele se junta algum pressentimento ou ameaça de mal, tem-se a abominação.

O ódio é a expressão do horror, da execração e da abominação juntos, ação tão atroz quanto se deseja, uma vez que tenha sido cometida; se fica sem testemunhas, é enterrada no esquecimento.

A dor e a alegria fazem igualmente chorar. A criança, quando vem ao mundo, chora, mas não derrama lágrimas, e só ri após quarenta dias.

O riso no homem físico e no animal é efeito da alegria. Os estúpidos riem como os animais e as crianças.

Progresso do riso: o olho, os lábios, os pulmões, o diafragma, os flancos, todo o corpo. Em alguns, o riso é produzido pela memória de um prazer passado; em outros, pela presença de um objeto que os satisfaz. Riso na dor, riso no delírio, efeitos da contração dos nervos.

Riso sem saber por quê; é pela ideia do ridículo que se procura conhecer. Procura-se o que é corcunda, procura-se quem disse uma tolice. O riso é contagiante; rindo, fazemos rir.

Riso sóbrio, riso imoderado. O riso decompõe, tira a dignidade. O grande riso é burguês. Por que não se dá gargalhada sozinho, e sim sempre em companhia? Homens e mulheres da corte não dão gargalhadas.

Capítulo VIII
Órgãos

Os órgãos têm seu tato particular. O olho não poderia suportar o óleo. O estômago rejeita o vomitivo, que não provoca nada no olho. Os órgãos têm, cada um, sua infância, sua juventude, sua idade do vigor, sua velhice e sua decrepitude. Essas idades variam num indivíduo e de um indivíduo para outro.

Se cada órgão tem seus próprios nervos, como o olho, os ouvidos etc., então eles apetecem, rejeitam, se cansam.

Todos têm sua vida particular. À medida que a ligadura o aperta, o movimento, a sensibilidade e a vida diminuem num músculo. Chega um instante em que esse órgão parece ficar sem sensibilidade e sem vida. Pergunto se está morto, se a alma se retirou dele. Não se poderia dizer que está morto, pois, uma vez retirada a ligadura, o movimento e a vida reaparecem. Se o órgão vive, então ele tem sua porção de sensibilidade e a preserva. Por que se concederia à ligadura o que se recusa à amputação?

Não há nenhum órgão que, separado do animal, não conserve por algum tempo a sensibilidade e a vida. A abelha com patas cortadas ainda voa. As enguias, as rãs cortadas e o músculo separado do boi ainda se movem. Os intestinos separados preservam o movimento peristáltico. Se cortamos a cabeça da víbora, tiramos sua pele, a abrimos e tiramos dela o coração, o pulmão e as entranhas, durante vários dias após esse suplício ela ainda se move, se agita, se dobra e se redobra. Seu movimento desacelera ou acelera. Ela ainda sente se a picamos como se estivesse inteira e viva. Por que eu diria que ela não está viva?

Cada órgão tem seu prazer e sua dor particulares, sua posição, sua construção, sua carne, sua função, suas doenças acidentais e hereditárias, seus desgostos, seus apetites, suas sensações, sua vontade, seus movimentos, sua nutrição, seus estimulantes, seu tratamento apropriado e seu desenvolvimento. O que o animal tem além disso?

Como é possível que atravessemos toda a cidade de Paris passando por toda espécie de obstáculos, profundamente ocupados com uma ideia, consequentemente perfeitamente distraídos em relação a tudo que encontramos, a tudo que acontece,

O sonho de d'Alembert e outros escritos

nos toca, se opõe a nós e nos rodeia sem acidentes, sem nos matar, sem ferir os outros? Como é possível que, no que diz respeito às coisas de puro hábito e de pura sensação, nós as façamos melhor quanto menos pensarmos? Subimos perfeitamente nossa escada durante a noite se não pensarmos no que estamos fazendo. Se hesitamos, começamos a pensar. De dia, com o espírito ocupado, subimos e descemos a escada como se fosse noite. Mais ainda: é noite, e noite profunda, em pleno meio-dia nas ruas para aquele que está pensando profundamente. O olho nos guia; somos cegos. O olho é o cão que nos conduz. E se o olho não fosse realmente um animal que se presta à diversidade das sensações, como ele conduzir-nos-ia? Pois aqui não se trata de uma questão de hábito. Os obstáculos que ele evita são novos a cada instante para ele. O olho vê, vive, sente, conduz a si mesmo, evita os obstáculos e nos leva (ainda por cima com segurança). Se ele for afetado subitamente, ele para. Ele acelera, retarda, desvia, cuida da própria conservação e do resto da equipagem. O que faz mais e melhor um cocheiro no seu assento? É que o olho é um animal no animal, que exerce muito bem suas funções sozinho. O mesmo vale para os outros órgãos: essa é uma ideia à qual se pode atribuir toda verossimilhança imaginável.

Ela pode ser muito bem reconhecida pelo seguinte fato, do qual fui testemunha: um músico toca o cravo; conversa com seu vizinho; a conversa o interessa; ele esquece que está tocando sua parte num concerto. Entretanto, seus olhos, seu ouvido e seus dedos não deixam de estar em consonância; nem uma nota falsa, nem um acorde fora de lugar, nenhuma pausa esquecida; não há o menor equívoco em termos de movimento, de gosto e medida. A conversa cessa, nosso músico volta para a partitura, perde a cabeça; não sabe onde está; fica perturbado; o animal se confundiu. Se a distração do homem tivesse durado uns minutos a mais, o animal teria seguido o concerto até o fim sem que o homem percebesse. Trata-se, pois, de órgãos sensíveis e vivos, unidos, simpatizantes e convergindo para um mesmo fim sem a participação do animal inteiro.

O homem pode, assim, ser considerado uma reunião de animais na qual cada um guarda suas funções particulares e simpatizam uns com os outros, seja naturalmente, seja por hábito.

Por que esses pequenos animais não teriam seus órgãos depravados? Por que não teriam sua digestão? Certamente têm seu próprio alimento e sua própria excreção. Cada um tem sua própria transpiração, em suma, todas as funções dos diferentes animais.

O que é um remédio próprio a um órgão? É um alimento que lhe convém. Como discerni-lo? Pela experiência.

Examine o que se passa em si para ver se quer de fato comer ou vomitar ou se é seu estômago que o quer; se quer urinar ou se sua bexiga o quer, e assim para as outras funções. Independentemente de quanto desejar, nada acontecerá se o órgão não o quiser também. Quer gozar com a mulher que ama; quando gozará? Quando o órgão quiser.

Cada órgão tem suas doenças particulares. Daí vêm a complexidade da medicina e a incerteza e perigo dos remédios. Todos os órgãos estão sujeitos a diarreia e vômitos.

Se não considerarmos os órgãos como animais particulares, sempre haverá doenças inexplicáveis e fenômenos que não compreenderemos. Toda a língua da medicina prática parece ter sido feita segundo essa suposição. O médico não o confessa, mas raciocina e preceitua de acordo com isso. Uma doença, transferida por metástase de um órgão a outro, apresenta fenômenos

O sonho de d'Alembert e outros escritos

e sensações mais variadas do que essa mesma doença fixada no mesmo lugar em animais diferentes. A gota queima, pica e lacera a pele. Na mão, é outra coisa; nos intestinos, no estômago, nos rins, nos pulmões, na cabeça, nos olhos e nas articulações, provoca dores diferentes.

Se considerarmos o órgão como um animal particular, não é de se espantar que cada um tenha seu veneno e seu miasma, que o afetam. Para diferentes plantas, são necessárias terras diferentes. Também não é de se espantar que aquilo que fere e irrita um satisfaça o outro. A urina não provoca nada na uretra. O esperma, indolente, insípido e doce, a afeta voluptuosa e fortemente. As cócegas leves na planta dos pés agitam a máquina inteira. O espinho doloroso causa nela apenas uma sensação local. A diversidade das sensações locais é infinita, e se negligenciou demais o seu estudo.

Os órgãos têm não somente formas, mas também qualidades diferentes no gosto e no olfato, tão diferentes quanto os animais o são. Essa ação lhes é própria.

Ocorre um tremor involuntário no órgão que sofre. Essa ação lhe é própria. É então que ele se mostra como um animal distinto.

Cada órgão tem, de início, seu caráter particular; depois, vêm sua influência sobre os outros e a influência dos outros sobre ele. Daí vem a variedade desses sintomas, que parecem próprios de um só e estranho aos outros, os quais, contudo, também são afetados. Daí vem a simpatia que existe entre vários órgãos: os dentes com a orelha (sons graves e sons agudos), o olfato com o estômago (o odor dos medicamentos purga), o útero com os seios nas mulheres (as papilas do seio têm ereção), a glande com as vesículas seminais nos homens etc.

Denis Diderot

Há uma simpatia muito notável entre o diafragma e o cérebro. Se o primeiro se crispa violentamente, o homem sofre e se entristece. Se, por sua vez, o homem sofre e se entristece, o diafragma se crispa. Diafragma e cérebro são órgãos pouco conhecidos.

Há, ainda, uma simpatia entre os olhos e o cérebro. A noite ou a privação de luz leva ao sono ou ao torpor da origem dos filetes no cérebro. Quem lê durante a noite sentirá o sono chegar à medida que a luz da lâmpada se enfraquecer. Chamamos o sono fechando os olhos. A mais forte distração vem dos olhos. Quase tudo o que se diz do olho se diz também do entendimento.

A simpatia faz que se sinta a dor onde ela não está. Porque com frequência a parte simpática ou é mais sensível ou é mais incomodada do que o órgão o é pela dor. Algumas vezes, a simpatia de um órgão pelo outro na dor ou no prazer vem das anastomoses das artérias e das veias, que empurram o sangue de uma parte para outra; outras vezes, ela vem da semelhança de organização (útero e mamas), da continuação das membranas (pedra na vesícula provoca irritação na glande), enfim, da comunicação e anastomose dos nervos.

O eunuco quer gozar, assim como aquele que tem a mão cortada quer pegar objetos com a mão que não tem mais.

Há uma espécie de imitação nos órgãos, que é efeito da simpatia, ou então essa simpatia é ordenada pela imaginação. Se ri quando se quer rir, se chora quando se quer chorar; isso pode esclarecer um pouco as emoções populares e outras doenças epidêmicas.

Em Haarlem, há um conservatório, ou espécie de hospício, onde as moças se ocupam de diferentes trabalhos de seu sexo. Entre essas moças, uma é sujeita a um curto acesso de epilepsia, que a ataca todos os dias à mesma hora. Essa doença passa para uma, duas, três companheiras. O número dessas epiléticas aumenta a cada dia, e os sintomas pioram. O médico da casa perde a cabeça com isso. Boerhaave é chamado. O Hipócrates de Leiden, instruído sobre a origem e os progressos dessa doença, chega no dia seguinte ao conservatório uma ou duas horas antes do ataque de epilepsia, que tinha se tornado quase geral. Manda acender uma fogueira e aquecer no fogo um ferro pontudo. Tira o ferro do fogo e o mostra em brasa a essas moças, declarando que o único remédio que conhece para sua indisposição é furar o braço com o ferro ardente de todas que forem atacadas. Chega a hora da epilepsia e todas continuam trabalhando. Nenhuma cai epilética, nem mesmo aquela que tinha tido o primeiro ataque. O medo e a emoção violenta, levados à origem do feixe, suspenderam a ação de todas as fibras. Um terror bizarro teria produzido o mesmo efeito. É como o paralítico que corre com medo das chamas.

As palavras "cálculo renal", "gota" e "febre", pronunciadas ou ouvidas, são algumas vezes acompanhadas por um movimento dos órgãos. Como são excitados esses movimentos? Pela força da imaginação, que nos oferece a presença dos objetos e as sensações que eles ocasionam.

A imagem de alguém que chora se transmite ao cérebro. O cérebro se move em consequência disso e vai afetar os nervos, os mesmos que são afetados pelo choro. É quase sempre efeito do hábito. Isso não acontece com as crianças; elas são incapazes de ter ideias acessórias que se juntam às imagens.

A simpatia não supõe sempre conexão. Basta um hábito; o hábito fixou a ordem das sensações e a ordem das ações.

Se, pelos mesmos atos reiterados, uma pessoa houver adquirido a facilidade de executá-los, ela terá esse hábito. Assim, um primeiro ato dispõe a um segundo, a um terceiro etc., porque se quer fazer o que se faz com facilidade. Isso vale para o espírito e para o corpo.

Os órgãos adquirem hábitos. A fome, o sono, o despertar em certas horas. O fluxo menstrual se torna periódico muito pelo hábito, assim como todas as excreções. Mas como esses órgãos adquirem hábitos? Talvez esse seja o único ponto em que são obrigados a se conciliar e se colocar em sociedade. Cada um sacrifica uma parte de seu bem-estar pelo bem do outro.

Comandamos os órgãos por hábito. O ator adquiriu o hábito de comandar seus olhos, seus lábios, seu rosto. Não é pelo efeito do sentimento súbito da coisa que ele diz, mas pelo efeito de um longo estudo, é pelo hábito.

Os órgãos se acostumam a uma lesão que aumenta gradativamente. Pode-se furar os pés e as mãos. A dor súbita mataria um animal. Ocorre com os órgãos o mesmo que acontece com os animais: pode-se acostumá-los a tudo; quebra-se a sua indocilidade.

Vi uma criança na qual o orifício da vulva tinha assumido a ação de um esfíncter, se abrindo e se fechando para soltar e reter a urina que descia na vagina através de uma fenda que ficava na parede inferior que separa esse canal daquele da uretra, como consequência de um corte feito de modo inábil em uma operação.

Quantas causas desconhecidas produzem hábitos em nós e causam retornos periódicos! Prova de surdas habilidades é que a febre retorna algumas vezes sem que o princípio febril subsista.

O homem envelhece, os hábitos também. Se a máquina perde a habilidade de servir aos hábitos, surge o tédio. O hábito de pensar, não podendo suportar o que não o mantém ou o que não o distrai, recorre ao tédio, assim como a delicadeza do tato

O sonho de d'Alembert e outros escritos

recorre ao desprezo. Fixe os órgãos na inação e provocará o tédio. Uma obra medíocre nos faz ter sono assim como o murmúrio monótono de um riacho. Esse é o efeito do silêncio, das trevas, das florestas de pinheiros, de vastos campos estéreis e desertos; nada mais contrário do que o repouso para a natureza do ser vivo animado, sensível.

A falta essencial de exercício aniquila os órgãos. O exercício violento os fortalece e os exagera. Remadores têm braços grandes; o selvagem, pernas; tamanho da cabeça e massa do cérebro nas crianças raquíticas: elas são sedentárias e meditativas. A abstinência de mulheres produz nos monges o efeito da castração. A memória negligenciada se perde. Um longo período nas trevas torna os olhos fracos.

Não estou longe de crer que há órgãos supérfluos, mas não chego a assegurar isso. Nem todos são essenciais à vida do animal inteiro ou do sistema. Não há órgão cuja falta não possa ser vista num animal. A natureza se dobra ao hábito. Talvez a longa supressão de um braço poderia criar uma raça maneta. A mancha que vemos na pata do boi é uma unha obliterada. O javali da Tessália, outrora unicórneo, tem hoje o pé fendido.

Nossas virtudes e nossos vícios estão ligados a nossos órgãos. O cego não vê as formas do homem que sofre; o surdo não ouve seus gritos. Aquele que tem a fibra rígida ou dura e que só tem sensações obtusas, aquele que tem falta de imaginação e que não pode se lembrar do espetáculo dos acontecimentos passados não pode ser dotado de uma grande comiseração, nem de um gosto refinado pela bondade e pela beleza, nem de um violento amor pela verdade.

É verdade que algumas vezes o vício natural de um órgão é reparado pelo exercício mais frequente de outro. Se o cego

299

perdeu a sensação das formas e de todos os sentimentos que delas emanam, ele é bem mais sensível aos gritos; o som da voz é, para ele, o que a fisionomia é para aquele que vê. Conheci uma jovem cega que recebia, pelo ouvido, sentimentos e ideias que desconhecemos. Ela distinguia vozes louras de vozes morenas.

Capítulo IX
Doenças

Só há uma maneira de estar bem e uma infinidade de maneiras de ficar mal. Daí o fato de haver poucos temperamentos alegres. Esses temperamentos estão para os temperamentos tristes como os instantes de bem-estar estão para os de mal-estar. Daí vêm a uniformidade dos caracteres alegres e a variedade dos temperamentos tristes, a abundância dos caracteres alegres que se tornam tristes e a raridade dos tristes que se tornam alegres, a menos que seja na infância, quando a máquina não está desenvolvida.

A alegria é a qualidade dos homens comuns. O gênio supõe sempre alguma desordem na máquina.

Há duas espécies de doença. Uma é produzida por uma causa estranha que provoca a desordem; a outra, por uma parte excessivamente vigorosa que lança a perturbação na máquina. É como um cidadão muito poderoso na democracia. A matriz é sadia, mas sua ação é muito forte para o resto.

Não se pode duvidar de que haja doenças hereditárias. Quaisquer que sejam os primeiros rudimentos do homem, é certo que eles fazem parte do animal, e se esse animal for viciado nos humores, é evidente que ele compartilhará seu vício variólico, escorbútico, escrofuloso, gotoso etc. Razão para prevenir essas doenças bem cedo.

O sonho de d'Alembert e outros escritos

Certas doenças degeneram em um cacoete. Sem dúvida, a mulher que conheci havia desenvolvido um arrepio ou um tremor convulsivo de todo o sistema nervoso, mas esse tremor, que se tornou habitual, havia continuado quando a causa não existia mais. Era um verdadeiro hábito. A prova é que ele não lhe causava mais nenhuma enfermidade; ela o havia preservado durante outras doenças sem que houvesse relação entre o tremor e tais doenças, sem que essas doenças tivessem aumentado ou diminuído, sem que o tratamento exigisse outros remédios, sem que os remédios tivessem efeito maior ou menor; o tremor, então, durou e continuou após a cura das outras doenças. Ele tinha inicialmente como causa uma supressão prematura das regras na idade de 18 a 19 anos.

Há doenças em que a vida cessa subitamente, outras em que ela se retira gradativamente. A putrefação é mais rápida nas primeiras, embora se tenda a pensar o contrário. Há um resto de vida nas segundas.

No tétano, o corpo fica rijo, desprovido de sensibilidade, não há mais movimento, só a cabeça fica viva. O mesmo ocorre na paralisia.

A extrema divisibilidade da matéria lhe dá um caráter de veneno. Nos Países Baixos, aqueles que serram arenito morrem do pulmão e da tísica. A poeira da rocha cortada penetra nos recipientes hermeticamente fechados, nas vesículas, nos ossos; nenhum trabalhador pode exercer esse ofício durante catorze anos. O mesmo ocorre com os reparadores de porcelana em *biscuit*, dos que cavam as minas etc.

Há inúmeras artes malsãs para aqueles que se dedicam à pintura, ao verniz, à carda de lã; todos eles são doentes do peito e dos olhos. Quase todos os impressores perecem pelas pernas.

301

O que é veneno para um animal não o é para outro. Um se alimenta daquilo que mata o outro.

Miasmas, contágio. O terror da peste a difunde. Os parentes e os amigos estão mais dispostos a ter doenças contagiosas pelo medo e pela tristeza do que pela indiferença do médico.

Não há livros que eu leia com mais prazer do que os de medicina; não há homens cuja conversa seja mais interessante para mim do que os médicos. Mas só quando estou com saúde.

Conhecer a linguagem corrente da medicina é um perigo para os doentes. Ela se exprime por termos técnicos vinculados a hipóteses bem ou mal fundadas e abandona as verdadeiras vozes da sensação, que sempre significam algo verdadeiro.

Não são os remédios que agem comumente sobre a máquina inteira; é o tempo, é a idade que cura ou faz aumentar a desordem.

Até o presente, há apenas alguns remédios nos quais se pode confiar, como o regime, os exercícios, a distração, o tempo e a natureza. O resto poderia frequentemente ser mais prejudicial do que salutar, apesar das luzes e da intrepidez com que o sr. M. Camus (que ele me perdoe) receita a sangria, a purgação, as águas, os banhos, as infusões, as decocções e todo o aparato da arte de curar, tão louvada pelos grandes médicos.

Natureza. O que é esse agente? São os esforços do órgão doente ou de toda a máquina, esforços resultantes do mal-estar para se aliviar. Em todos os tempos, a natureza faz, no doente, aquilo que o mal-estar da máquina executa durante o sono. Ela se move espontaneamente e se agita até encontrar a situação mais cômoda, exceto na fraqueza extrema ou na lassidão. Então, fica-se mais cansado ao despertar do que ao se deitar quando o mal-estar vem da situação incômoda das partes externas; se vem das partes internas, é outra coisa.

Nada é mais contrário à natureza do que a meditação habitual ou o estado de sábio. O homem nasceu para agir. Sua saúde depende do movimento. O verdadeiro movimento do sistema não é o de se dirigir constantemente de suas extremidades ao centro do feixe, mas do centro às extremidades dos filetes. Nem todos os serviçais são feitos para permanecer na inércia. Então as grandes operações são suspensas: a conservação, a nutrição, a propagação. O homem da natureza é feito para pensar pouco e agir muito. A ciência, ao contrário, pensa muito e se mexe pouco. Observou-se muito bem que havia, no homem, uma energia que solicitava emprego, mas o emprego dado pelo estudo não é o verdadeiro, já que a concentra e é acompanhado pelo esquecimento de todas as coisas animais.

Não fazemos uso o bastante das indicações da natureza. Observou-se que os habitantes dos climas quentes têm a pele oleosa, e nenhum dos estrangeiros se lembra de recorrer às unções da mesma espécie. Os americanos engorduram sua pele quando ela deixa de ser oleosa, restituindo-lhe o vigor pela unção de óleo de palmeira.

Se toda sensação e toda afecção é corporal, consequentemente há uma medicina física igualmente aplicável ao corpo e à alma. Mas creio que ela é quase impraticável, porque só a última perfeição da fisiologia levada do todo aos órgãos, dos órgãos à sua correspondência, em suma, quase até a molécula elementar, poderia prevenir os perigos dessa prática.

Não sei se não ocorre com a moral o mesmo que aconteceu com a medicina, que só começou a se desenvolver à medida que os vícios do homem tornaram as doenças mais comuns, mais complicadas e mais perigosas.

Quando os costumes nacionais são puros, os corpos são sãos e as doenças são simples. Os preceitos dessa moral delicada e profunda não são comuns e não se teve interesse em procurá-los. Onde então será possível encontrar grandes médicos e grandes moralistas? Nas sociedades mais numerosas e mais dissolutas, nas capitais dos impérios. Como aperfeiçoar a medicina? Multiplicando e tornando geral a abertura dos cadáveres.

A abertura dos cadáveres seria muito vantajosa para os progressos da medicina. Segundo La Mettrie, alguém confundiu uma hidropisia comum com uma hidropisia encistada na duplicação do peritônio. Quem teria cometido esse erro se tivesse sido esclarecido pela dissecção? Mas para encontrar as causas das doenças pela dissecção, não bastaria se contentar com um exame superficial. Seria necessário explorar as vísceras e observar atentamente os acidentes produzidos em cada uma delas e em toda a economia animal. Pois um corpo morto difere de um corpo vivo mais pelo interior do que pelo exterior. A conservação dos homens e o progresso da arte de curar são objetos tão importantes que, numa sociedade bem organizada, os padres deveriam receber os cadáveres apenas das mãos do anatomista, e deveria existir uma lei que proibisse a exumação de um corpo antes de sua abertura. Quantos conhecimentos não se adquiriria por esse meio? Quantos fenômenos dos quais nem suspeitamos, porque apenas a dissecção frequente dos cadáveres permitiria percebê-los! A conservação da vida é um objeto do qual os particulares se ocupam suficientemente, mas que me parece ser excessivamente negligenciada pela sociedade.

O sonho de d'Alembert e outros escritos

Conclusão

Como pode não haver algo louco demais que já não tenha sido dito por um filósofo? Não há nenhum sonho extravagante que não tenha sido apresentado por um sábio como verdade. É a ignorância, que não conhece os fenômenos, a imbecilidade, que não vê nisso nenhuma dificuldade, a falta de cuidado, que os toma pelo que eles não são, sem que se busque pela razão que protege os outros homens contra esses desvios. Não é espantoso ver os autores cujas obras estão cheias de visões afetarem desprezo por aqueles cujo espírito justo e firme só admite o que concebem claramente? (Percorra as últimas páginas de Needham.) Se julgarmos a clareza de suas ideias pela maneira como se exprimem, como sua cabeça é tenebrosa!

Para explicar o que não entendem, recorrem a um pequeno harpista ininteligível, que nem mesmo é atômico, que não tem órgãos, que não ocupa lugar, que é essencialmente heterogêneo em relação ao instrumento, que não tem nenhuma espécie de tato e que pinça as cordas. A organização e a vida, eis a alma.

Acusam os ateus de maus costumes, os ateus, que nunca foram vistos praticando uma ação desonesta, no meio de devotos manchados de toda espécie de crimes.

Asseguram que a existência de Deus é evidente, e Pascal disse expressamente: "Não se sabe nem o que ele é, nem se é". A existência de Deus evidente! E o homem dotado de gênio fica paralisado pela dificuldade de uma criança, e Leibniz é obrigado, para resolvê-la, a produzir, com esforços inacreditáveis, um sistema que não resolve a dificuldade e que faz nascer mil outras!

As causas finais, dizem os defensores das causas, não demonstram a existência de Deus? Mas Bacon diz que a causa final é uma virgem consagrada a Deus, que não gera nada e que deve ser rejeitada. "Veja o homem", acrescentam os defensores; de que estão falando? Será do homem real ou do homem ideal? Não pode ser do homem real, pois não há, em toda a superfície da Terra, um único homem perfeitamente constituído, perfeitamente são. A espécie humana é uma multidão de indivíduos mais ou menos desfigurados, mais ou menos doentes. Ora, que elogio se pode tirar daí do pretenso criador? Não se deve pensar num elogio, mas numa apologia. Não há um só animal, uma só planta, um único mineral do qual eu não possa dizer o mesmo que digo do homem. Se o todo atual é consequência de seu estado anterior, não há nada a dizer. Caso se deseje fazer dele uma obra-prima de um ser infinitamente sábio e todo-poderoso, isso contraria o senso comum. O que fazem, então, seus preconizadores? Felicitam a providência pelo que ela não fez. Supõem que tudo é bom, enquanto, relativamente a nossas ideias de perfeição, tudo é ruim. Para que uma máquina receba um operário, é preciso que ela seja perfeita? Certamente, se o operário for perfeito.

O mundo é a casa do mais forte. Só saberei no final o que terei perdido ou ganhado nesta vasta casa de jogos onde terei passado sessenta anos, *tesseras agitans* [agitando os dados no copo].

> *Felices quibus ante annos secura malorum*
>
> *Atque ignara sui per ludum elabitur aetas.*
>
> [Felizes são aqueles que morrem jovens, brincando,
>
> sem serem atormentados por males e sem perceber]
>
> (Daniel Heinsius, *De contemptu mortis*, livro IV)

O sonho de d'Alembert e outros escritos

O que percebo? Formas. O que mais? Mais formas. Ignoro a coisa. Passeamos entre sombras, somos nós mesmos, sombras para os outros e para nós. Se olho o arco-íris traçado na nuvem, eu o vejo; para aquele que olha por outro ângulo, não há nada.

Uma fantasia muito comum aos vivos é supor que estão mortos, de pé ao lado de seu cadáver e seguindo o cortejo. É um nadador que vê sua roupa estendida na margem. Homens que não se temem mais, o que ouviram?

Outro aprendizado da morte é a filosofia, meditação habitual e profunda que nos retira de tudo o que nos rodeia e que nos aniquila. O medo da morte, diz o estoico, é uma argola com a qual o robusto nos agarra e nos leva para onde quiser. Quebre a argola e engane a mão do robusto.

Só há uma virtude: a justiça; um dever: o de ser feliz; um corolário: não superestimar a vida e não temer a morte.

Índice de nomes próprios

ADANSON, Michel (1727-1806), botânico francês que colaborou no suplemento da *Enciclopédia*. Fez uma classificação de plantas baseada na linha de separação entre as espécies. Estudou a *Tremella*, cogumelo a que Diderot se refere em *Elementos de fisiologia*.

ANDRY DE BOISREGARD, Nicolas (1658-1742), médico francês autor de *De la génération des vers dans le corps de l'homme* [Da geração de vermes no corpo do homem], livro publicado em 1700 que teve quatro edições até 1741.

ANFITRITE, deusa da mitologia grega, esposa de Poseidon.

ANTOINE LOUIS (1723-1792), médico e cirurgião francês que escreveu verbetes de medicina e de anatomia para a *Enciclopédia* de Diderot e d'Alembert.

BARTHEZ, Paul-Joseph (1734-1806), médico e naturalista francês autor de *Nouveaux éléments de la science de l'homme* [Novos elementos da ciência do homem], no qual afirma a existência, nos seres vivos, de um princípio vital, causa de todos os fenômenos da vida que salvaguarda a continuidade, a unidade e a harmonia de todo ser vivo. Barthez é da mesma escola de medicina de Montpellier de onde veio o médico Bordeu, personagem de *O sonho de d'Alembert*.

BARTHOLIN, Thomas (1616-1680), dinamarquês que desenvolveu pesquisas sobre o sistema linfático e tem um importante papel na história da anatomia.

Denis Diderot

BAUHIN, Gaspard (1560-1624), médico e naturalista suíço que foi um dos primeiros a tentar classificar as plantas.

BECCARI, Jacopo Bartolomeo (1682-1766), químico italiano que era um dos principais cientistas de Bolonha na primeira metade do século XVIII. É conhecido principalmente por ter descoberto o glúten na farinha de trigo.

BOERHAAVE, Herman (1668-1738), médico e anatomista holandês da corrente médica denominada iatromecânica.

BONNET, Charles (1720-1793), biólogo e filósofo suíço que foi um dos principais defensores da ideia da "escala dos seres" e responsável por importantes descobertas biológicas, como a partenogênese. Em 1762, publicou *Considerations sur les corps organisés* [Considerações sobre os corpos organizados], obra bem conhecida por Diderot, onde apresentava sua teoria sobre a preexistência dos germes, segundo a qual a produção de um novo ser vivo se deve à evolução de um germe preexistente. Essa teoria permitiu explicar o surgimento dos seres sem contradizer a Bíblia, segundo a qual todos os germes teriam sido criados por Deus.

BORDEU, Théophile de (1722-1776), médico e filósofo francês que estudou medicina em Montpellier. Fez descobertas sobre as glândulas e sobre a estrutura dos tecidos. Diderot o transforma em personagem de *O sonho de d'Alembert*.

BORELLI, Giovanni Alfonso (1608-1679), médico e fisiologista italiano que ocupa um importante lugar na história da fisiologia.

BOUCHER, François (1703-1770), célebre pintor, gravurista e desenhista francês.

BOUGAINVILLE, Louis Antoine de (1729-1811), navegador francês que, entre 1771 e 1778, fez uma viagem ao redor do mundo. O relato dessa viagem foi publicado em 1782 e teve grande sucesso. Bougainville lutou na guerra de independência americana.

BUFFON, Georges-Louis Leclerc (1707-1788), naturalista e filósofo francês cuja obra influenciou gerações de naturalistas, incluindo Lamarck e Darwin. A partir de 1739, se tornou diretor do Jardin des Plantes, onde começou a reunir e classificar espécies zoológicas e botânicas. O Jardin se tornou museu e centro de pesquisa. Sua célebre obra *História natural*, em 44 volumes, publicada entre 1749 e 1789, foi uma fonte decisiva para as investigações sobre as relações entre os seres da natureza, causando um impacto significativo nas reflexões filosófico-metafísicas da época. Sua obra é constantemente referida por Diderot, desde *Pensamentos sobre a interpretação da natureza* até *Elementos de fisiologia*, passando por *O sonho de d'Alembert*.

BURIDAN, Jean (1300-1358), filósofo e astrônomo medieval francês pouco conhecido por seus estudos científicos e mais conhecido pelo paradoxo chamado "o asno de Buridan", no qual se pergunta o que faria um cão para decidir entre duas iguarias igualmente apetitosas. Mas o paradoxo não é dele, aparecendo em *De caelo* [Sobre o céu], de Aristóteles.

CARDANO, Gerolamo (1501-1576), médico, filósofo e matemático italiano possuidor de uma cultura enciclopédica.

CASTEL, Louis Bertrand (1688-1757) formulou uma teoria das cores a partir da hipótese de uma harmonia entre as cores e os sons. Assim, imaginou um cravo que transcrevesse os sons e as cores. Em 1728, publicou o livro *Clavecin pour les yeux, avec l'art de peindre les sons, et toutes sortes de pièces de musique* [Cravo para os olhos, com a arte de pintar os sons e todo tipo de peças musicais].

CONNOR, Bernard (1666-1698), médico e historiador irlandês que estudou medicina na França, em Montpellier e em Paris.

CUREAU DE LA CHAMBRE, Marin (1594-1669), médico francês autor de *Nouvelles conjectures sur la digestion* [Novas conjeturas sobre a digestão] (1636) e *Les charactères des passions* [Os caracteres das paixões] (1648-1662).

D'ACQUAPENDENTE, Girolamo Fabrici (1537-1619), médico e professor na Universidade de Pádua, onde foi aluno e sucedeu seu mestre Falloppio. É considerado o precursor dos estudos de embriologia. Escreveu, entre outras obras de medicina, *De formatione ovi et pulli* [Da formação do ovo e da galinha].

D'HUEZ, Jean-Baptiste (1729-1793), escultor francês.

DAVIEL, Jacques (1696-1762), cirurgião que se especializou em operações de catarata.

DE GRAAF, Reinier (1641-1673), médico e fisiologista holandês que realizou estudos sobre os folículos ovarianos.

Denis Diderot

EPIMÊNIDES, poeta, filósofo e místico grego.

FALCONET, Étienne-Maurice (1716-1791), um dos principais escultores da França do século XVIII.

FALLOPE, Gabriel (1523-1562), naturalista, botânico, anatomista e cirurgião italiano que estudou o aparelho genital feminino e descobriu as tubas uterinas chamadas de trompas de Falópio.

FONTANA, Felice (1730-1805), professor em Pisa e depois diretor do Museu de Física e de História Natural de Florença. Em 1775, publicou *Observações sobre a Tremella e sobre a ferrugem dos grãos*.

GRÉTRY, André (1741-1813), compositor nascido na Bélgica e naturalizado francês.

HALLER, Albrecht von (1708-1777), médico, fisiologista e naturalista suíço que publicou, em 1757, *Elementa physiologiae corporis humani* [Elementos da fisiologia do corpo humano] e, em 1755, *Dissertação sobre as partes sensíveis dos animais*. Nesta última obra, a irritabilidade dos órgãos da sua sensibilidade. A doutrina halleriana da irritabilidade foi um elemento decisivo na elaboração do materialismo de Diderot.

HARTSOEKER, Nicolaas (1656-1725), matemático e físico holandês que inventou o microscópio simples, em 1694.

HARVEY, William (1578-1657), médico inglês que descreveu o sistema circulatório. Publicou, em 1628, *De motu cordis* [Sobre o movimento do coração].

KERCKRING, Theodor (1638-1693), anatomista e químico holandês que estudou medicina na Universidade de Leiden. É conhecido por seu atlas anatômico.

LA CONDAMINE, Charles Marie de (1701-1774), matemático, astrônomo e explorador francês que foi o primeiro a percorrer o curso do Rio Amazonas.

LA METTRIE, Julien Offray de (1709-1751) médico e filósofo francês autor de *O homem-máquina* (1748) e *L'histoire naturelle de l'âme* [A história natural da alma] (1745).

LA PEYRONIE, François Gigot de (1678-1747), cirurgião francês.

LANDOIS, nascido em 1746, se dedicou tardiamente às letras. É o destinatário de uma carta de Diderot na qual se discute a questão da liberdade à luz da doutrina materialista.

312

O sonho de d'Alembert e outros escritos

LE CAMUS, Antoine (1722-1772), médico e cirurgião francês que publicou, em 1753, *La médecine de l'esprit* [A medicina do espírito], livro no qual investiga as relações entre os mecanismos do corpo e as funções da alma.

LE CAT, Claude-Nicolas (1700-1768), naturalista e cirurgião francês responsável por vários estudos sobre urologia. Inventou também, em 1757, o aparelho auditivo.

LEEUWENHOEK, Antoni van (1632-1723) ficou conhecido pelo aperfeiçoamento dos microscópios. Foi também o primeiro que descreveu a estrutura celular dos vegetais.

LESPINASSE, Julie de (1732-1776), escritora francesa amiga de d'Alembert que se tornou personagem de *O sonho de d'Alembert*.

MALACARNE, Vincenzo (1744-1816), cirurgião italiano que foi um dos pioneiros da anatomia comparada. É o autor de *Nova exposição de verdadeira estrutura do cerebelo humano*, de 1776, e *Tábua universal da encefalotomia*, de 1780.

MALPIGHI, Marcello (1628-1694), médico, anatomista e biólogo italiano que foi pioneiro na utilização do microscópio, considerado um dos fundadores da fisiologia.

MARAT, Jean-Paul (1743-1793), médico, naturalista e filósofo político mais conhecido por sua atuação como jornalista radical durante a Revolução Francesa. Entre suas obras científico-filosóficas, Diderot cita com frequência, em *Elementos de fisiologia*, *De l'homme, ou des principes et des loix de l'influence de l'âme sur le corps* [Sobre o homem, ou princípios e leis da influência da alma sobre o corpo] (1775-1777).

MASSINISSA, primeiro rei da Numídia (239 a.C.).

MECKEL, Johann Friedrich (1781-1833), anatomista e médico alemão autor de *Investigações sobre as causas da loucura, que vêm do vício das partes internas do corpo humano*, publicado em 1764.

MENURET DE CHAMBAUD (1739-1815), médico francês formado na Escola de Medicina de Montpellier. Redigiu vários verbetes para a *Enciclopédia* de Diderot e d'Alembert entre 1757 e 1765. Autor de *Nouveau traité du pouls* [Novo tratado sobre o pulso], de 1768.

NEEDHAM, John (1713-1781), naturalista inglês defensor da geração espontânea que fez várias experiências com frascos de vidro

Denis Diderot

contendo "caldos nutritivos" abertos, fechados com rolhas, aquecidos ou não, conseguindo proliferação de microrganismos em todos os casos. Assim, defendeu a existência de uma força vital responsável pelo aparecimento de vermes microscópicos em líquidos. À época, esses microrganismos foram chamados de "enguias".

PAPIN, Denis (1647-1712), físico e inventor francês que estudou o movimento por pressão. Foi o criador da famosa marmita de Papin, que deu origem à panela de pressão.

PEYRILHE, Bernard (1737-1804), médico, cirurgião e botânico francês autor de *Histoire de la chirurgie, depuis son origine jusqu'à nos jours* [História da cirurgia desde sua origem até nossos dias] (1774-1780).

ROUELLE, Guillaume-François (1703-1770), químico e farmacêutico francês. Iniciou um curso público em seu laboratório em 1738, que foi frequentado por Diderot e Lavoisier. Em seu curso de química, fez menção a plantas análogas a animais.

ROUSSEL, Pierre (1742-1802), médico e jornalista francês autor de *Système physique et moral de la femme* [Sistema físico e moral da mulher], de 1775.

RUYSCH, Frederik (1638-1731), médico, botânico e anatomista holandês que estudou na universidade de Leiden. Especializou-se na preservação de órgãos em preparados especiais e montou uma famosa exposição de peças anatômicas.

SORANO, médico grego de Éfeso.

STAHL, Georg Ernst (1659-1734), médico e químico alemão autor da teoria do flogístico.

TREMBLEY, Abraham (1710-1784), naturalista suíço que foi um dos primeiros a estudar pólipos e hidras e a desenvolver experimentos na zoologia. Seu método experimental levou alguns historiadores da ciência a considerá-lo um dos pioneiros da biologia.

VALLISNERI (1661-1730), médico e naturalista italiano que publicou, em 1721, *Istoria della generazione dell'uomo e degli animali, se sia da' vermicelli spermatici o dalle uova* [História da geração do homem e dos animais, ou seja, dos vermes espermáticos ou dos ovos].

VAN DER MEULEN (1632-1690), pintor flamengo especialista em cenas de batalha.

VAUCANSON (1709-1782), fabricante de autômatos. Criou um famoso pato mecânico que parecia ingerir milho.

VERNET, Claude Joseph (1714-1789), pintor e gravurista francês.

WHITE, Gilbert (1720-1793), naturalista inglês autor de *Ensaio sobre o movimento vital*.

ZIMMERMANN, Johann Georg von (1728-1795), médico, botânico e filósofo suíço que foi aluno de Haller. É autor de *Tratado da experiência em geral e em particular na arte de curar*.

SOBRE O LIVRO

Formato: 13,7 x 21 cm
Mancha: 23,5 x 39 paicas
Tipologia: Venetian 301 BT 12,5/16
Papel: Off-white 80 g/m² (miolo)
Cartão Supremo 250 g/m² (capa)

1ª edição Editora Unesp: 2023

EQUIPE DE REALIZAÇÃO

Edição de texto
Giuliana Gramani (Copidesque)
Carmen T. S. Costa e Clara Castro (Revisão)

Capa
Vicente Pimenta

Editoração eletrônica
Sergio Gzeschnik

Assistência editorial
Alberto Bononi
Gabriel Joppert

Impressão e Acabamento:

www.graficaexpressaoearte.com.br